KB149549

불확실한 시기, 확실한 투자전략

경제위기
투자 바이블

경제위기 투자 바이블

지은이 곽상빈 · 김피비
발행처 도서출판 평단
발행인 최석두

등록번호 제2015-000132호
등록연월일 1988년 7월 6일

초판 1쇄 발행 2023년 11월 30일
초판 2쇄 발행 2023년 12월 05일

주소 (10594) 경기도 고양시 덕양구 통일로 140 삼송테크노밸리 A동 351호
전화번호 (02)325-8144(代)
팩스번호 (02)325-8143
이메일 pyongdan@daum.net

ISBN 978-89-7343-567-8 13320

불확실한 시기, 확실한 투자전략

경제위기 투자바이블

곽상빈·김피비 지음

CRISIS INTO OPPORTUNITY

평단

들어가는 글

투자로 큰 부자가 된 사람들은 경제위기에 과감하게 투자했다

코로나 위기 때 한국은행에서는 기준금리를 인하했다. 코로나19 사태는 금융 충격이 아닌 생물학적 충격이자 물리적 단절이었기에 한 번도 경험해 보지 못한 상황은 사람들을 더욱 불안하게 만들었다. 코로나19 초기에 주가가 급락하고 경제도 하강국면으로 접어들자 정부에서는 돈을 풀었다. 주가가 완전히 저점을 찍을 즈음 정부에서 돈을 풀고 금리를 낮춘 부양 효과가 서서히 나타났다. 풀린 돈이 갈 곳을 찾다가 주식시장, 부동산 시장, 코인시장으로 유입되었고 유동성이 가격상승을 만들어냈다. 이 공포 속에서 거시경제 상황과 저점을 정확하게 분석한 사람들은 크게 돈을 벌어 상상조차 어려운 부를 이루어냈다.

경제위기는 표면적으로는 위기이지만 역발상을 하면 기회이기도 하다. 공부가 되어 있는 사람은 이러한 시점을 이용해 우량한 주도

주를 저렴한 가격에 매수한다. 부동산도 마찬가지로 조정이 크게 온 시점에는 저가에 좋은 매물을 구매할 수 있다는 이점이 있다. 이런 시기를 잘 이용하면 그리고 그 전에 시드머니가 준비되어 있다면 부의 급등곡선을 만들어낼 수 있는 것이다.

금융위기가 왔을 때 오히려 조정기간이 끝나는 타이밍을 잘 잡으면 가치투자를 제대로 실현할 수 있다. 가치투자는 내재가치가 충분히 오를 만한 종목이 저평가되었을 때 투자하여 중장기적으로 큰 차익을 노리는 전략이다.

게다가 시장이 전체적으로 침체기를 거쳐 바닥을 횡보하는 시기에는 급등하는 자산이 발견될 확률이 매우 높다. 이럴 때일수록 준비되어 있어야 수익을 낼 수 있다.

요즘 같은 고금리 시대에 재테크 공부는 필수가 되었고, 주식과 부동산은 재테크에서 크게 돈을 벌 수 있는 항목임이 분명하다. 하지만 주식이나 부동산 모두 쉽게 시작했다가는 낭패를 보기 쉽다. 주식은 단기에 큰 손실을 볼 수 있고 부동산은 무턱대고 매수했다가는 거래절벽으로 거래가 되지 않아 오랫동안 현금화가 어려울 수 있다. 특히 경제위기에는 이런 상황에 빠질 가능성이 더 크기 때문에 더욱 조심해야 한다.

나 또한 경제적으로 어려운 시기를 수차례 경험했다. 대학생 때는 멋모르고 투자를 시작했다가 2008년 금융위기에 큰 손실을 보았고, 회계사 생활을 시작한 2012년만 해도 월급이 생각보다 적어서 주식 투자에서 큰돈을 모으지 못했다. 그러다가 실전과 공부를 병행하며 군 생활 중 주식 관련 동아리를 만들어 운영하고 사람들과 다양한 투자정보를 공부한 이후에는 주변 사람들과 함께 성공투자 경험을 누릴 수 있었다.

이 책에는 경제위기 이야기뿐 아니라 경제위기 전후로 투자기법을 고민하고 현명하게 대처해 큰 수익을 낼 수 있도록 다양한 노하우를 정리했다. 그동안 회계사로서 다양한 회사와 상담한 경험, 로펌에서 코인프로젝트를 하면서 쌓은 경험, 직접 법인 설립과 건물투자를 하면서 쌓은 노하우를 경제위기 분석과 함께 담아내고자 최선을 다했다.

우리는 코로나 초기에 코스피 1,600선을 경험했고 이후 3,200선도 경험했다. 시장 전체가 두 배나 오르락내리락한 것이다. 이는 경제위기나 단기적 충격으로 얼마나 많은 수익률을 얻거나 손실을 볼 수 있는지 단적으로 보여준다. 지수가 저 정도로 급락하거나 급등한다는 것은 그 지수를 구성하는 개별 종목은 변동 폭이 더 클 수 있다는 뜻이다. 지수의 저점 그리고 여러 경제지표가 위기를 가리키고 실제로 가격이 저점을 형성할 때 그동안 모아둔 안전자산을 위험자산에 베팅할 준비를 하면 된다.

큰 부자가 된 사람들은 대부분 위기에 체계적으로 투자하고 자신의 투자에 확신이 있던 이들이었다. 그러한 내공을 단기간에 쌓기는 쉽지 않겠지만 이 책이 모든 독자가 투자를 자신 있게 하는 길잡이가 될 것이다.

곽상빈

불확실한 시기,
확실한 투자전략을 제시한다

벌써 방송을 시작한 지 5년이 흘렀다. 팩트 기반의 경제, 금융, 온체인 데이터 분석에 대한 관점을 '에임리치', '투자한스푼' 유튜브나 케이블방송 등의 매체에서 공개해 오고 있다. 특히 2021년 9월부터는 2년 가까이 '비트코인, 주식, 부동산을 현금화하고 경제위기에 대비하라'는 내용을 다루어오고 있는데, 실제로 비트코인과 주식, 부동산은 종목별로 약간 다르지만 대체로 그 시기를 기점으로 가격이 고점에 도달한 뒤 하락세를 지속하고 있다.

많은 사람이 착각하는 것 중 하나는 '경제 예측은 불가능하다'는 것이다. 하지만 실제는 그렇지 않다. 앞으로 경제가 좋아질지 나빠질지, 주식과 부동산, 비트코인, 채권 등의 가격이 오를지 내릴지 누구나 충분히 예측할 수 있다. 다만 우리가 여름에 덥고 겨울에 추울 거라는 것은 알아도 올해 첫눈이 언제 올지, 12월 25일에 화이트 크리스마스가 될지는 정확히 알 수 없는 것처럼 예측할 수 있는 범위가 어느 정도 한계가 있을 뿐이다. 그럼에도 경제의 사이클을 정확하게 알고 있다면, 투자와 사업에 큰 도움을 받을 수 있다.

만약 경제 예측이 불가능한 것이라고 생각한다면 워런 버핏을 부정하는 것과 같다. 워런 버핏은 "나는 메일함에 하워드 막스가 보낸 메일이 있다면 그것을 가장 먼저 읽는다"라고 얘기한 바 있다. 그의 경제 인사이트가 투자에 큰 도움이 되기 때문이다. 하워드 막스의 오크트리캐피털은 거시경제 예측을 기반으로 하는 헤지펀드를 운영하고 있으며, 무려 200조 원 상당의 자금을 운용하고 있다. 그런데도 경제 예측은 불가능한가?

정말 불가능하다고 생각한다면 콘퍼런스보드의 경기선행지수LEI나 중국의 PPI, 마진데빗, 버핏지수 등을 구글링해볼 것을 권한다. 당신이 모르던 세상이 펼쳐질 것이다. 투자나 사업을 영위하는 데 경제 예측은 아주 중요하다. 5분 정도만 시간을 들이면 현재 경제 상황이 어떤지, 앞으로 어떠한 방향으로 나아갈지 누구나 예측할 수 있다. 단지 방법을 모를 뿐이다.

운전면허를 취득할 때는 학원에 다니며 연습을 충분히 한 뒤 면허를 따고 운전하면서 정작 투자와 사업을 할 때는 아무런 대책과 준비 없이 무면허 운전을 하는 사람들이 많다. 이를 바꿔서 말하면 경제의 기본기만 갖춰져 있어도 상위 10%로 출발할 수 있다는 것이다. 독자들이 이 책에서 좀 더 쉽고 유용하게 경제의 기본기를 다지기 바란다.

복잡하고 어렵게 느껴지는 경제를 누구나 쉽게 이해할 수 있도록 눈높이를 맞추어 잘 읽히는 책으로 만들고자 노력했다. 또한 당면한 경제위기뿐 아니라 앞으로 다가올 모든 경제침체와 위기를 대비하고 대처하는 데 큰 도움이 되도록 최선을 다했다. 데이터와 통계를 바탕으로 검증되지 않은 논리는 최대한 배제하고 올바른 지식을 익힐 수 있게 했다.

이 책을 집필하기까지 성장할 수 있도록 도와주신 지인들과 가족에게 사랑하고 감사하다는 말을 전한다. 어머니, 저를 낳아주시고 늘 무조건적인 사랑과 믿음을 주셔서 감사합니다. 성실하게 능력을 갈고닦아 세상에 더 기여하겠습니다. 사랑합니다.

김피비

차례

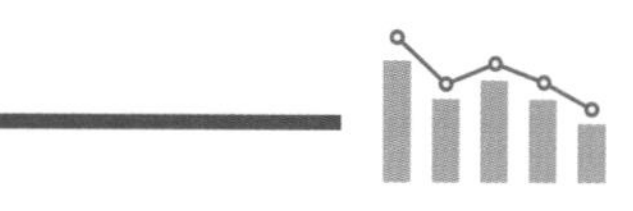

3장 경제에 대한 오해들

4장 경제위기 역발상 투자법

5장 경제위기에도 주식시장은 열린다

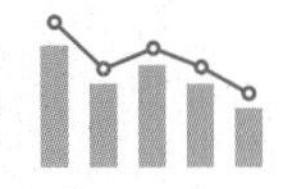

1장

대공황 이래 최대 경제위기

중국인은 '위기'를 두 글자로 쓴다.
첫 글자(위)는 위험의 의미이고 두 번째 글자(기)는 기회의 의미다.
위기 속에서 위험을 경계하되 기회도 함께 공존함을 명심하라.

- 존 F. 케네디(미국의 제35대 대통령)

겪어보지 못했던
엄청난 위기가 닥쳐온다

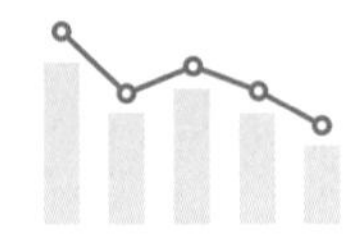

다양한 지표가 알려주는 경제위기

코로나19 이후 전 세계가 동시다발적으로 어마어마한 돈을 풀면서 코로나 상황 속에서도 자산가격이 엄청나게 상승했다. 모든 개인투자자가 투자시장으로 향했고, 매수와 매도 버튼을 모르는 사람들도 투자를 시작했다. 그 결과 주식이건 암호화폐이건 부동산이건 모든 자산이 다 올랐고, 투자하는 사람들은 모두 다 부자가 될 것만 같은 느낌을 받았다.

같은 기간에 미국의 물가는 소비자물가지수CPI 기준으로 9.1%까지 올랐고, 수십 년 만에 이례적으로 높아진 물가로 금리도 가파르게 인상한다. 즉, 역사적일 정도로 순식간에 매우 높은 물가상승률을 기록했고, 금리도 수십 년 만에 가장 가파른 속도로 올렸다. 하지

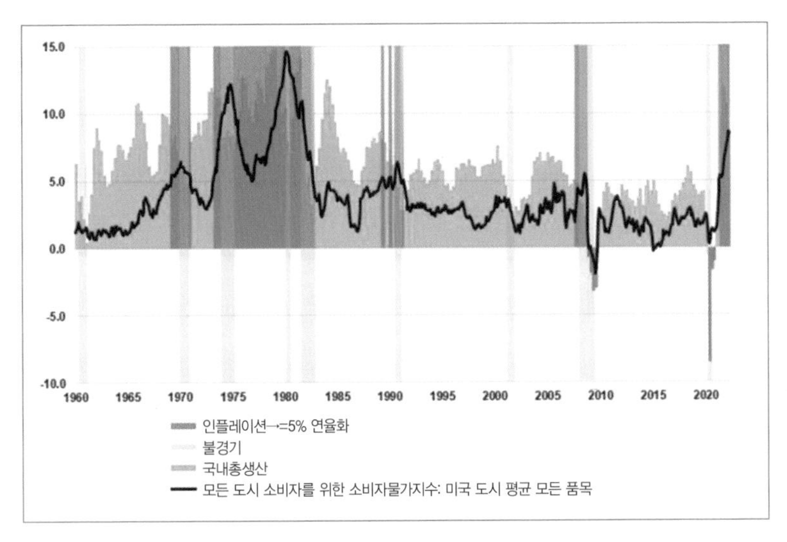

물가상승률이 5%를 넘었을 때 경기침체와 디플레이션
(출처: Isabelnet, Real Investment Advice)

만 이런 현상은 매우 큰 위기를 불러온다. 왜 그럴까?

사실 물가가 5%를 넘지 않아도 경제침체는 올 수 있지만 5%를 넘으면 반드시 경제침체가 발생한다. 경제학에서는 비용상승 인플레이션이니, 수요견인 인플레이션이니 하지만 결론적으로는 물가가 일정한 임계점을 넘어서면 경제침체가 온다는 것이 핵심이다.

경제 시스템의 특성상 돈을 많이 푼 만큼 물가도 오르게 되어 있다. 그 돈을 풀지 말지는 각 나라의 중앙은행이 결정하는데, 이를 '통화정책'이라고 한다. 그러나 실질적으로는 미국의 중앙은행인 연방준비제도(이하 연준)에서 양적완화 등으로 돈을 풀고 금리를 낮추면 다른 나라들도 이를 따라가는 모습을 보인다.

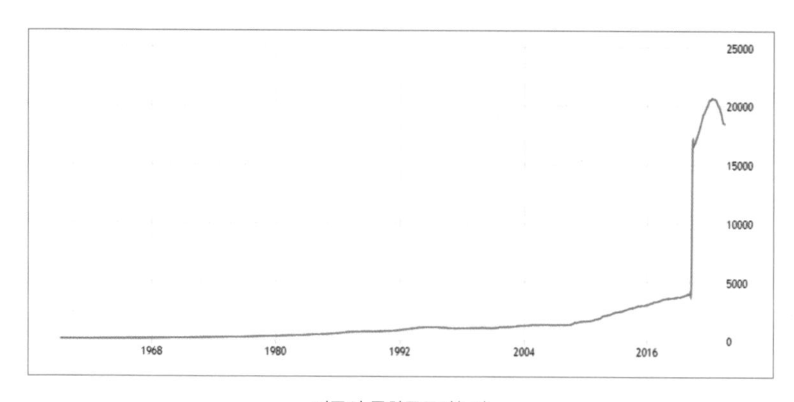

미국의 통화공급량(M1)
출처: TradingEconomics

2020년 코로나가 막 터졌을 때 미국에서는 화폐를 어마어마하게 발행해 이에 대응한다. 즉, 경제가 앞으로 어려워질 것에 대비해 돈을 말도 안 되는 수준으로 찍어내 경기를 활성화하는, 어떻게 보면 확실하지만 무식한 방법을 쓴 것이다. 한 연구자료를 보면, 2020년부터 2023년 코로나 쇼크 이후까지 발행된 미국 화폐는 미국 전체 발행량의 80% 수준이었다. 즉, 대부분의 돈이 코로나 쇼크 기간에 다 찍혀 나온 셈이다.

위의 그래프에서 확인할 수 있듯이, 코로나19 이후 돈이 어마어마하게 풀렸는데, 이 돈들은 대중에게 뿌려지면서 신용(빚)을 얹어 더 큰 스노볼이 되었고, 이 돈들이 모든 투자자산에 유입되면서 어마어마한 상승을 만들어냈다. 주가수익비율PER, 주가이익증가율PEG, 케이스-쉴러지수Case-Shiller Index 등 다양한 지표를 보면 최소 20년에 한 번, 최대 100년에 한 번 올 만한 버블이 만들어진 것이다.

다음 그래프에서 보듯이 통화량이 극단적인 수준으로 늘었다가

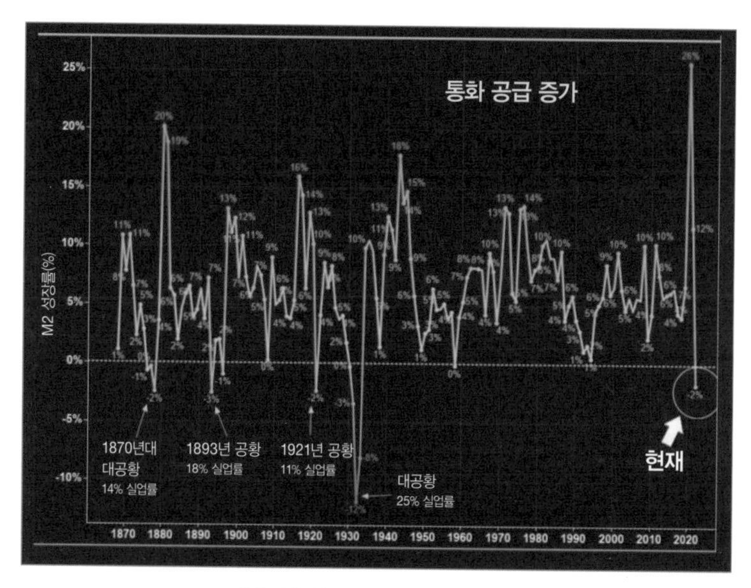

1800년대 이후 현재까지 미국 통화량(M2) 증가율
(출처: Reventure Consulting)

극단적인 수준으로 줄어들고 있다. 통화량 증가율이 마이너스권에 진입한 것은 30여 년 만에 처음 있는 일이고, 현재까지의 수준으로만 놓고 봤을 때는 미국 대공황 이래 최대 수준이다. 우리는 미국 대공황 당시를 살아보지 못했기에 역사적 사실로만 대공황을 체감할 수 있는데, 미국 대공황 당시에는 실업률이 25% 수준에 달했다.

참고로 2023년 현재 미국과 한국의 실업률은 3~4% 수준이다. 글로벌 금융위기나 한국 IMF 사태 당시에도 미국과 한국의 실업률은 10%를 넘지 않았다. 그런 점을 고려해 봤을 때 미국 대공황은 그야말로 인간이 만든 대참사, 즉 인재人災였다. 그런데 그때 이후로 통화공급량 증가율이 기록적인 수준으로 급감하고 있다. 이는 우리가 물가, 금리, 통화 공급 측면에서 지금까지 겪어보지 못한 세상을 살아간다는 뜻이고, 곧 다가올 위기의 크기도 겪어보지 못한 수준일 수 있다는 것을 감안해야 한다. 각국이 어떤 재정정책과 통화정책을 펼치느냐에 따라 결과가 달라질 수는 있지만 이미 미국을 비롯한 전 세계의 경제는 합병증을 앓는 환자와 같은 상태다.

이는 다양한 데이터에서도 확인할 수 있다. 뱅크오브아메리카BoA의 조사를 보면 2022년 주식 60%+채권 40%의 전통 포트폴리오를 기준으로 손실률이 미국 대공황 때만큼 이미 큰 폭락을 기록했다. 또 어드바이저 퍼스펙티브스Advisor Perspectives의 데이터를 보면 미국 증시가 미국 대공황, 닷컴버블 이래 가장 거대한 수준의 버블이라고 한다. 이렇듯 다양한 데이터로 교차검증을 해보면, 우리 인생에서 두 번 다시 겪지 못할 정도의 버블이 시간 차이를 두고 붕괴할 거라는 사실을 알 수 있다.

경제침체는 위기이지만 또 다른 기회

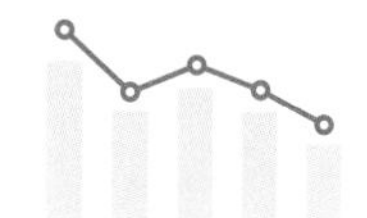

위기 속에서 기회 찾기

경제침체는 사실 그다지 특별한 일이 아니다. 주기적으로 발생하는 일 가운데 하나일 뿐이다. 중요한 건 경제침체가 얼마나 강하고 위험하게 오느냐이다.

경제위기와 관련해서 '10년 주기설'이 있다. 말 그대로 10년 주기로 경제가 어려워진다는 것인데, 잘 생각해 보면 틀린 말도 아니다. 1990년 경제침체, 2000년 닷컴버블, 2008년 글로벌 금융위기, 2020년 코로나 쇼크 등 지난 뒤 보면 대체로 10년 내외의 주기로 경제가 어려워지고, 주가가 폭락하고, 실업률이 크게 오르고, 기업과 가계의 파산율이 높아졌다.

'산이 높으면 골이 깊다'는 속담이 있는데, 주식시장에서는 이를

'많이 오르면 그만큼 많이 떨어진다'는 뜻으로 쓴다. 경제위기가 오는 이유는 간단한데, 과열된 경제가 식어가며 주가가 폭락하고 경제도 후퇴하는 것이다. 여기에는 일정한 주기가 있는데, 이를 '경제 사이클'이라고 한다.

우리 인생에서도 좋을 때가 있고 나쁠 때가 있다. 좋을 때는 좋은 일이 겹쳐서 들어오지만 안 좋을 때는 나쁜 일들이 겹쳐서 온다. 경제도 우리 인생과 다를 게 없어서 좋을 때가 있으면 나쁠 때가 있다. 그러나 인생과는 다르게 경제 사이클은 분명히 일정한 주기가 있으므로 그것을 이용해 돈을 벌 수 있다. 미국의 대통령 존 F. 케네디가 말했듯이 위기는 위험이 닥쳤다는 얘기도 되지만 반대로 그 속에 기회도 있다. 따라서 미리 준비한 사람에게는 위기가 오히려 기회가 되지만 미리 준비하지 못한 사람에게는 위기가 그저 힘들고 고달픈 시기가 될 뿐이다.

돈과 약간의 지혜 그리고 용기

어찌 보면 단순한 아이디어에서 출발한 전략이지만, 이렇게 위기를 기회로 만들려면 몇 가지 재료가 필요하다. 돈과 약간의 지혜 그리고 용기이다. 주식이든 코인이든 부동산이든 어떤 걸 매수하더라도 어차피 경제위기가 끝나면 가격은 오른다. 중요한 건 이러한 투자 종목들을 매수할 돈이 있어야 기회가 왔을 때 그것을 잡을 수 있다는 것이다. 큰돈이 아니라도 좋다. 현금이 1,000만 원만 있어도 이 돈이

3배로 불어날지, 5배로 불어날지, 10배 이상 불어나서 1억 원 이상이 될지는 어떻게 투자하고 판단하느냐에 따라서 천차만별이 된다. 중요한 건 당장 쓸 현금이 있느냐 없느냐이다.

이런 매수 대기 자금은 생각보다 더 넉넉히 준비해야 한다. 경제가 어려워지면 직장에서 해고될 위험이 커지고, 내 사업이 잘 안 될 확률도 높아지므로 어떠한 업에 종사하느냐에 따라 소득이 크게 줄어들 수도 있다. 게다가 원래 받을 돈도 못 받는 일이 더러 생긴다. 지인에게 돈을 빌려주었는데 때마침 경제가 어려워져 그 돈을 돌려받지 못하거나, 어떤 사업에 투자해서 지분만큼 수익금을 받고 있었는데 그 사업이 어려워져 돈을 받기는커녕 내 돈이 더 들어가야 하는 상황이 생기거나, 다른 업체에서 받아야 할 미수금을 못 받는 일 등이 생기게 된다. 그래서 경제침체를 기회로 삼으려면 생각보다 나갈 돈이 많을 수 있다는 점을 유념하고 현금을 넉넉히 모아야 한다.

그 많은 주식 가운데 어떤 종목을 살지 결정하는 데도 지혜가 필요하다. 딱 그 시기에 알맞게 망하지 않고 크게 오를 종목을 선정하면 좋겠지만, 누구나 그런 실력을 갖춘 것은 아니다. 오히려 경제침체는 정확히 예측했는데 내가 산 주식은 휴지조각이 된다면? 기회를 알고도 놓치는 꼴이 된다.

슬기로운 부동산 투자

그렇다면 부동산은 어떨까? 경제침체 이후 크게 오를 거라고 판단해서 부동산을 샀는데 떨어질 때는 크게 떨어지고 오를 때는 다른 물건들만 크게 올라서 기회를 알고도 놓치는 일이 생길 수 있다. 그래서 약간의 지혜는 ① 한 종목에 '몰빵'하는 것이 아니라 여러 종목으로 나눠서 투자하고 ② 위기 이후에 주목받을 수 있는 종목군을 선정하며 ③ 위기에 타격받더라도 생존할 수 있는 종목을 골라야 한다는 것이다.

주식을 예로 들어보자. 삼성전자는 위기에도 절대로 쉽게 망할 회사가 아니다. 재무비율로 보면 빚이 위험하게 많은 편이 아니며 브랜드 가치도 매우 높다. 게다가 경기를 잘 타는 반도체 업종이다 보니 하락할 때는 많이 하락하겠지만, 경제가 회복할 때는 잘 상승할 대표적 경기민감 업종이자 대형 우량주다. 그래서 또다시 IMF가 오더라도 삼성전자가 망할 일은 거의 없다고 할 수 있다. 그 대신 매우 높은 수익률을 기록해 주긴 어려울 거라는 점도 고려해야 한다. 당면한 경제위기 이후 어떤 종목과 산업군 등이 주목받을지는 뒤에서 설명하겠다.

마지막으로 용기가 필요하다. 다양한 학습으로 경제위기도 예측했고, 현금도 넉넉하게 준비해 놓았으며, 실제로 바닥에 가까운 상황에 좋은 종목도 찾아놓았다. 그런데 막상 매수를 못 한다면 어떤 결과도 얻을 수 없다. 그런 용기는 확신에서 나오며 확신은 경험과 지식에서 나온다. 그래서 유튜브 구독자들에게도 "공부 없이는 수익도 없다"라고 강하게 말한다. 경험이 없다면 지식이라도 풍부해야 판단할 기준과 근거가 생기게 된다.

부동산보다는 주식이, 주식보다는 코인이 변동성이 높고 그만큼 수익도 크다. 그 대신 부동산도 아파트가 있고 상가가 있으며, 서울 물건이 있고 지방 물건이 있듯이 물건별로 리스크와 수익률이 천지 차이다. 주식 또한 코스피의 대형주냐, 코스닥의 중소형주냐에 따라 리스크와 수익률이 천차만별이다.

부동산으로 예를 들면, 보통 경제가 어려워지면서 부동산 시장이 얼어붙으면 정부에서 각종 규제를 완화해 주므로 대출을 넉넉히 받을 수 있다. 즉, 부동산을 매수하면서 얼마나 큰 레버리지를 쓰느냐에 따라 수익률도 어마어마하게 차이 난다. 보통 대출을 늘려서 투자하는 방법은 경제가 좋을 때가 아니라 나쁠 때 하는 현명한 방식이라는 게 전문가들의 정설이라는 사실을 기억하자.

낙관론 vs 비관론, 경제위기에 매수 기회 있다

"중국과 신흥국들의 높은 성장세로 경제성장이 예상된다는 낙관론과 서브프라임모기지 사태 등의 영향으로 경제위기가 올 것이라는 비관론의 대립은 여느 경제위기 직전과 같았다."

2008년 금융위기 직전에도 낙관론과 비관론이 대립했다. 2007년 12월 21일 대외경제정책연구원에서 발간한 『오늘의 세계경제』에서는 세계경제 동향과 2008년 전망을 했는데, 선진국의 경제성장률이 하락했는데도 2008년 세계경제는 중국, 인도 등 신흥개발국의 고성장에 힘입어 4% 후반의 견조한 성장세를 유지할 것이라고 예상했다.

비관론자들 대부분이 예상한 대로 맞아떨어지기는 했지만 미국발 금융위기가 국내 증시에 큰 타격을 준 이후 2009년에 다시 시장이 살아나기 시작했다. 2006년 하반기에 불거지기 시작한 서브프라인 모기지 부실은 금융시장에 지속적인 불안요소로 작용하여 2007년에는 신용경색 우려와 함께 세계경제의 침체 요인으로 지목되었다. 하지만 2007년 3/4분기 실질 GDP는 4.9%로 예상치보다 웃돌아 2006년 이래 최고치를 기록했다. 폭락 직전에 설명되지 않는 급등이라고 해야 할지 의아한 수치였다. 이 때문에 미국 상무부에서 무역수지, 개인소비지출, 민간투자, 정부지출 등에 따라 실질 GDP 성장률을 잠정치 3.9%에서 4.9%로 1%나 상향 조정했다.

낙관론자들의 예상에 힘을 실어주는 근거는 중국에 있었다. 2007년 중국 경제는 금리와 지급준비율 인상, 투자 억제, 부동산 시장 규제 등 안정화 조치를 펼쳤는데도 11.5%의 고성장을 이어갔다. 물론 중국의 인플레이션은 경제에 걸림돌로 작용했지만 중국의 성장세는 모두 긍정적으로 평가했다.

일본도 경제 회복에 무게를 싣는 의견이 많았다. 2007년 일본 경제의 기조가 가계부문 회복이 지연되는 가운데 중국을 비롯한 신흥시장과 유럽에 대한 수출 확대, 설비투자 증가 등을 배경으로 기업부문이 주도하는 완만한 회복세가 이어질 것으로 전망했다. 게다가 2008년 건축 착공이 잠재적 수준으로 회복되면 2008년 중반부터 주택투자, 기업의 건축 투자 증가세가 강해져 경제성장률이 개선될 것이라는 의견도 있었다.

그러나 일본도 미국발 금융위기의 영향에서 벗어날 수 없었다. 2007년 중반부터 미국 서브프라임모기지 사태와 원유를 비롯한 원자재 가격 급등, 건축기준법 개정에 따라 건축 착공의 대폭 감소 등 위험요인이 경제 하강에 무게를 실었다.

"국제금융시장에서도 달러 약세론과 달러 가치 유지론이 팽팽하게 대립했다."

달러 약세론자들의 주장은 분명했다. 미국 서브프라임모기지 사태의 영향이 장기화할 경우에 2008년 미국 경제는 건축경기 부진과 소비 둔화에 따라 성장 위축 등을 경험할 테고, 이 과정에서 자본 순유입 감소로 달러화에 추가 약세 현상이 나타날 것으로 보았다.

반대로 달러 가치 유지론자들의 주장도 분명했다. 서브프라임모기지 사태를 수습하는 과정에서 단행한 미국 연방금리 인하가 경기부양의 효과를 발휘하면서 2008년에도 달러화는 국제 기축통화로 위치를 계속 유지해 나갈 것으로 전망했다.

달러화와 환율에 대한 두 견해 모두 타당한 의견이었다. 실제 데이터는 2008년과 2009년에 환율이 급등하여 원달러 환율 1,500원을 뚫고 올라간 적도 있었으나 그 뒤로 하락하여 안정적인 흐름을 보여주었다.

단기적으로는 2008년 경제위기 당시 환율이 급등하고 모든 경제 지표가 망가지면서 경제가 망할 것 같았으나 망하지는 않았다. 1929년 대공황도 버텨낸 미국을 믿고 투자하라는 워런 버핏의 말처럼 위기 때 오히려 공포심 속에 폭락한 종목을 주워 담는 것도 부자가 되는 길이라고 할 수 있다. 우리나라도 마찬가지로 IMF 금융위기를 극복한 만큼 경제적 자생력은 어느 정도 입증되었으니 경제 폭락기에 오히려 매수 타이밍을 잡는 것도 한 가지 투자 방법이다.

"비관론자는 명성을 얻고 낙관론자는 돈을 번다"

영국 수상 윈스턴 처칠은 "비관론자는 모든 기회에서 어려움을 찾아내고, 낙관론자는 모든 어려움에서 기회를 찾아낸다"라고 했는데, 이는 우리나라에서 한때 유명했던 인터넷 논객 미네르바의 예언에 딱 들어맞는 말처럼 들린다. 한동안 글로벌 금융위기를 예측하여 명성을 얻은 미네르바는 이후 여러 예측이 틀리면서 어느 순간 사람들의 관심에서 사라졌다.

돈을 크게 번 사람은 경제 시스템의 회귀능력을 신뢰해 우량종목을 쥐고 버텨낸 이들이다. 무조건적인 낙관론자는 돈을 크게 잃을 수 있는 것도 사실이다. 상장 폐지될 종목이나 경제침체기에 낙관론만 펴면서 전 재산을 투자했다가 다 날리는 사람들이 대표적이다. 따라서 비관론자나 낙관론자를 무작정 따르기보다는 정확한 데이터와 분석 그리고 자기 선택을 믿고 버티는 것이 필요하다.

2008년 10월 코스피는 최저점 892.16을 찍고 반등하여 1년 후인 2009년 9월 30일에는 1673까지 거의 두 배 올랐다. 그래서 2008년 말에 투자를 공격적으로 시작한 사람은 엄청난 돈을 벌었다. 주가지수가 두 배 올랐지만 개별종목 중에서는 5배 이상 오른 종목도 있었으니 위기 끝에 기회가 온 셈이다.

많은 사람이 매수 타점을 어떻게 잡아야 할지 물어볼 때마다 사회가 우울하고 비명이 들리는 시기에 주식을 사라고 조언한다. 존 템플턴도 "최적의 매수 타이밍은 시장에 피가 낭자할 때다"라고 조언했다. 그때 제대로 된 우량종목을 사면 반드시 큰돈을 벌게 되어 있다.

위기 직전 위기 징조와 대응방안

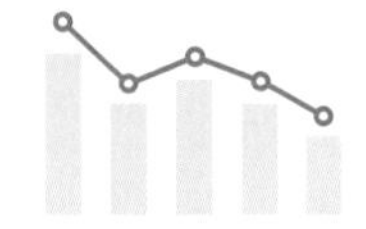

경제가 좋을 때 나타나는 일

경제와 사람은 비슷한 점이 많다. 사람이 나이가 들면서 큰병에 걸리기 전에 고혈압, 당뇨, 고지혈증과 같은 증세가 하나둘 나타나듯이 경제에도 그러한 증상들이 나타나서 경제침체가 발생하기 전에 우리가 느낄 수 있는 다양한 현상이 있다.

- 주식시장이 하락 없이 꾸준히 상승하고 각종 경제지표가 긍정적으로 발표된다.
- 시가총액 상위 1위 종목의 전체 시장점유율이 크게 높아진다.
- 언론사에서 연일 좋은 뉴스들만 보도한다.
- 미용실에서 사람들이 서로에게 주식, 부동산, 코인을 추천해 준다.

- 주위에 주식, 부동산, 코인으로 돈 벌었다는 사람들이 많아진다.
- 경제위기가 올 거라는 생각 자체를 하지 않는다.
- 대중은 영원히 시장이 오를 거라고 믿는다.
- 실업률이 계속 떨어져 바닥에 이르렀다.
- 부동산을 사려는 사람은 많은데 팔려는 사람은 없다.
- 변동성 지수VIX가 과거 평균보다 상당히 낮은 수준으로 내려왔다.
- 미국 연준에서 금리를 올리기 시작했다.
- 벤처캐피털의 투자가 계속 늘어나 정점에 달하고 있다.
- 주식시장에서 기업공개IPO가 급증하여 정점에 달하고 있다.

데이터를 바탕으로 하거나 기술적으로 판단하는 방법은 뒤에서 다루겠지만, 그래도 비교적 어렵지 않게 우리가 피부로 느낄 수 있는 건 위에서 말한 현상이다. 이와 같은 현상이 시작되면 시차를 두고 경제는 어려워지고 자산가격은 떨어진다. 특히 주식과 부동산, 암호화폐 등의 투자자산들은 오를 때 같이 오르고 떨어질 때도 같이 떨어지는 경향이 있다. 경제의 유동성에 공통적으로 영향을 받는 자산들이기 때문이다.

우리는 소나기가 오기 전에 미리 우산과 우비를 준비하려고 하지만 막상 투자할 때는 소나기가 온 뒤에야 우산을 꺼내곤 한다. 이렇듯 이미 시장에 소나기가 내려서 자산가격이 폭락한 뒤 대응하려고 하면 너무 늦는다. 그때는 모두가 팔고 싶어 하므로 주식이든 부동산이든 자산을 헐값에 내놓아야 한다.

사업을 하는 사람들은 이러한 경제 상황을 잘 이용해 볼 수 있다. 예를 들어 기업 오너라면 경제가 좋을 때는 현금을 확충하고 1년이든 2년이든 기다렸다가 경제가 어려울 때 기업을 인수하는 전략을 세울 수 있다. 보통 기업의 매물은 경제가 어려울수록 더 헐값에 나오기 마련이다.

자영업을 하는 사람도 마찬가지다. 장사가 잘되고 경제가 좋을 때 현금을 넉넉히 확보해 놓았다가 경제가 어려워지면 권리금도 없이 나오는 가게들을 헐값에 인수한다. 그리고 경제가 좋아져 다시 손님이 많아지면 가게 매출도 늘어나므로 가게를 성공적으로 운영하여 수익을 늘리거나 권리금을 넉넉히 받고 팔아서 차익을 남길 수 있다. 기업이나 장사나 메커니즘은 같다.

경제가 나빠질 때 벌어지는 일

경제가 나빠지기 시작해서 시간이 어느 정도 흘러 최악에 달할 때는 어떤 일이 벌어질까? 앞서 나열한 상황과 정반대 일이 벌어진다.

- 주식시장이 상승 없이 꾸준히 하락하고 각종 경제지표가 부정적으로 발표된다.
- 시가총액 상위 1위 종목의 전체 시장점유율이 고점에 도달해서 떨어진다.
- 언론사에서는 연일 최악의 뉴스들만 보도한다.
- 미용실에서 사람들이 주식, 부동산, 코인 얘기만 나와도 치를 떤다.

- 주위에 주식, 부동산, 코인으로 돈 날렸다는 사람이 많아진다.
- 경제가 좋아질 거라는 낙관론이 사라진다.
- 대중은 시장이 계속 안 좋을 거라고만 생각한다.
- 실업률이 계속 높아져 고점에 이르렀다.
- 부동산을 팔려는 사람은 많은데 사려는 사람이 없어 거래가 씨가 마른다.
- 변동성 지수VIX가 과거 평균보다 상당히 높은 수준으로 올라왔다.
- 미국 연준에서 금리를 내리고 있다.
- 벤처캐피털의 투자가 계속 감소하고 있다.
- 주식시장에서 기업공개IPO가 계속 급감하고 있다.

보통 경제가 악조건일 때 오히려 공격적으로 투자해야 하고 빚투, 즉 레버리지를 쓴다면(굳이 추천하진 않지만) 경제가 안 좋고 자산가격이 폭락했을 때 해야 한다. 그러나 사람들은 오히려 경제가 좋을 때 레버리지를 최대로 써서 공격적으로 투자하고, 경제가 최악일 때 주식과 부동산을 던진다.

경제위기에 현명하게 대응하려면 경제가 좋을 때 사업이나 투자로 벌어들인 돈을 현금화하여 현금 비중을 넉넉히 늘리고 투자하고 있는 주식, 부동산, 암호화폐 등을 분할해서 현금화해 두어야 한다. 경제가 어려워지면 현금과 채권의 가치가 오르는 경향, 특히 달러 가치가 많이 오르는 경향이 있으니 참고하자. 정리하면, 경제위기에 개인투자자들이 합리적으로 대응하는 방법은 현금보유량을 늘리고 채권에 투자하는 두 가지가 거의 전부다.

초보자도 경제침체 쉽게 예측하는 방법

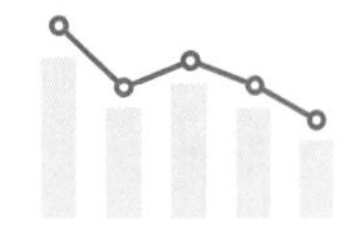

앞서 다룬 현상은 우리가 눈으로 보거나 귀로 들으며 오감으로 느낄 수 있는 것들이지만 비체계적으로 보일 수 있다. 이번에는 경제에 관심을 두고 공부하지 않으면 잘 모를 수밖에 없지만 알고 나면 간단한 기법, 금융기관에서 일하는 사람들조차 잘 모르는 세 가지 기법을 소개한다. 금융시장에서 전문가들이 활용하는 아주 간단하고 유용한 기법으로 경제침체를 좀 더 기술적·체계적으로 미리 알고 대비하려는 이들에게 도움이 될 것이다.

장단기금리차

경제침체가 올 것을 1년 전부터 알 수 있고 확률이 100%인 방법이 있다고 하면 어떨까? 누구라도 궁금해하지 않을 수 없다. 심지어 그 방법이 어렵지 않다면 더욱 그렇다. 누구나 조금만 익숙해지면 영화 〈국가부도의 날〉의 주인공 윤정학처럼 하락을 기회로 삼아 큰 부자가 될 수도 있고, 드라마 〈재벌집 막내아들〉의 주인공 진도준이 될 수도 있다. 거시경제 분석에 관심이 많다면 벌써 들어봤을 테지만 관심이 없다면 잘 모르는 것 중 하나가 '장단기금리차'다.

장단기금리차가 무엇인지 쉬운 예를 들어본다. 어느 날 친한 친구 A와 B가 거의 동시에 전화해 급하다면서 1,000만 원만 빌려달라고 한다. 둘의 차이는 A는 하루만 빌려달라는 것이고 B는 3년 동안 빌려달라는 것이다. 이때 A와 B 모두에게 이자를 받는다면 누구에게 이자를 더 많이 받아야 할까?

상식적으로 생각하면, A에게는 하루만 빌려주는데 이자를 받기

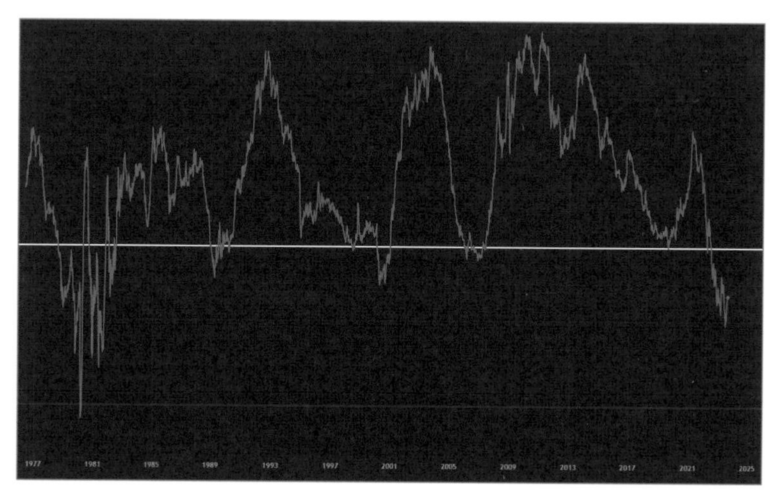

장단기금리차. 보통 미국채 10년물과 2년물을 활용한다.
(출처: TradingView)

도 뭐 하지만 B에게는 3년을 빌려주니 이자를 더 많이 받아야 할 것 같다. B가 돈을 못 갚을 위험도 있고 3년 동안 1,000만 원을 쓸 기회를 포기하는 것과 같기 때문이다. 1,000만 원을 주식이나 코인에 투자해 돈을 벌 수도 있고, 사업에 더 투자할 수도 있는데 그런 기회비용을 포기하는 것이다.

그런데 때로는 금융시장에서 A에게 이자를 더 많이 받는 일이 벌어지는데, 이를 '장단기금리차 역전'이라고 한다. 금리가 인상되기 시작하면 어느 시점부터는 단기금리가 장기금리보다 더 높아지는 순간이 온다. 이런 순간이 오면 늘 경제는 침체에 빠지고 자산가격은 하락한다. 실제로 미국에서는 1960년 이후 발생한 모든 경제침체에는 침체에 앞서 장단기금리차가 역전되었다. 장단기금리차가 시장의 붕괴를 알리는 경보기 노릇을 하는 것이다.

보통 실전에서는 장단기금리차가 역전되기 시작하면 바로 경제침체에 빠지는 것이 아니라 일정한 시차를 두고 경제가 어려워진다. 짧으면 6개월, 길면 2년 이상 걸린다. 따라서 경제가 어려워지기 전에 미리 경제위기의 전조 증상을 파악할 수 있다.

금리 인상

금리는 말 그대로 돈의 값어치다. 금리가 높다는 것은 내가 돈을 빌릴 때 대가(이자)를 비싸게 치러야 한다는 뜻이지만 반대로 내가 돈을 빌려줄 때는 대가를 비싸게 받을 수 있다는 것이다. 즉, 금리가 높다는 것은 현금의 시세가 비싸다는 뜻이고, 금리가 낮다는 것은 현금의 시세가 싸다는 의미다. 그래서 보통 저금리 시대에는 주식, 부동산, 암호화폐, 원자재 등 다양한 자산의 가격이 잘 오른다. 금리가 낮으니 현금의 가치도 낮아 돈을 싸게 빌려서 투자하기가 좋은 환경이다.

반대로 고금리 상태라면 안전하게 은행에 넣어두어도 연이자를 5%나 주는데 굳이 연 3~5%를 배당하는 주식을 살 필요가 없다. 리스크와 수익률을 비교해 보면, 전 세계 자산시장의 돈들이 이런 시기에는 주식이 아니라 채권이나 머니마켓펀드MMF 등 안전자산으로 향한다.

이처럼 금리가 인상되면 시장의 돈들이 주식, 부동산, 암호화폐, 원자재 같은 투자시장이 아니라 달러, 현금, 채권, MMF, 예금 같은 안전자산으로 흘러 들어간다. 그럼 투자자산의 가격은 상승 모멘텀이 약해지고 결국 하락의 힘이 강해지게 된다.

통상적으로 미국 연준의 금리 움직임에 따라 전 세계가 영향을 받아서 미국의 기준금리가 제일 중요하다. 미국 연준에서 기준금리를 올리면 안전자산의 수요가 늘 뿐 아니라 전 세계적으로 기업의 파산이 늘고 실업률이 오르며, 개발도상국 등이 부도 위기로 몰린다.

하지만 금리가 올라간다고 해서 이런 일들이 곧바로 벌어지는 것은 아니어서 일정한 시차가 있는데, 이를 '금리의 지연효과'라고 한다. 통상 금리는 인상되기 시작하고 나서 1년 내외가 지나면 실물경제에 눈에 띄게 영향을 주기 시작한다. 즉, 미국 연준에서 금리를 인상하고 6개월이 지났으면 슬슬 긴장해야 하고, 1년이 지났으면 확실히 긴장해야 한다.

경기선행지수

모든 경제지표 가운데 딱 하나만 확인해서 경제를 판단해야 한다면 '경기선행지수LEI'를 보겠다. 미국의 경제조사기관 콘퍼런스보드에서 집계하는 경기선행지수는 경기를 선행하는 10여 개 경제지표를 활용해 만든 지수로, 경기가 앞으로 어떻게 움직일지 앞서서 알려주는 지표다. 즉, 경제의 방향성을 알 수 있는 나침반과 같은 것이다.

지금은 미국이 곧 글로벌이다. 그래서 미국의 경기선행지수만 봐도 전 세계 경제의 전망을 알 수 있는데, 추세를 보면 지금 경제침체

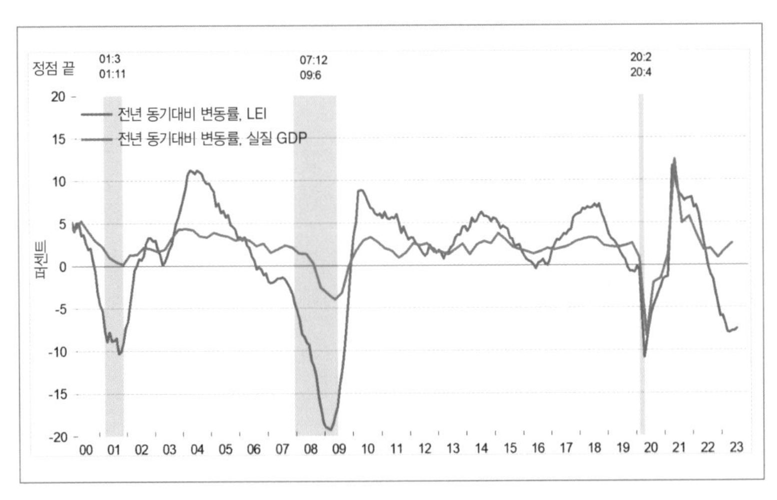

미국 콘퍼런스보드에서 발표하는 경기선행지수
(출처: The Conference Board, BEA)

를 앞두고 있는지, 경제가 곧 좋아질지 알 수 있다. 위 지표를 보면, 파란색 선이 경기선행지수이고 회색 선이 미국의 실질 GDP다. 보다시피 둘은 장기적으로 같은 방향성을 갖고 움직인다.

경기선행지수가 놀라운 건 앞으로 경기가 안 좋아질 거라고 선행해서 아주 잘 알려준다는 사실이다. 경착륙(강한 경제침체)뿐 아니라 연착륙(약한 경제침체)도 어느 정도 성공적으로 잡아낸다. 경기선행지수가 고점에 도달했다가 하락할 때가 1차 위험 시그널이며, 0포인트를 하방 돌파하는 경우 경착륙이 발생할 개연성이 높다고 암시하는 것과 같다. 보통 0포인트 아래로 하락하고 나면 시차를 두고 경제가 심하게 침체되어 주가가 폭락한다.

경기선행지수의 지난 흐름을 보면 빠르게는 약 4년 앞서서 경제가 악화될 거라고 암시한다. 즉, 경제가 정점에 도달했다가 악화될 거라는 사실을 매우 빠르게 암시하는 것이다. 경기선행지수가 고점을 찍고 떨어지기 시작했다고 해서 바로 모든 자산을 극단적으로 처분할 필요는 없다. 경제는 생각보다 천천히 악화되기 때문이다. 그 기간에 자산가격도 계속 오르는 경향이 강하기에 천천히 시간을 두고 분할매도를 하거나 경기순환주 대신 경기방어주 등으로 갈아타는 식으로 투자를 진행할 수 있다.

연착륙과 경착륙, '이것'만 알면 된다

경착륙硬着陸, hard landing은 비행기가 급격히 고도를 낮추면서 착륙하여 비행기 구조에 손상을 줄 정도로 큰 충격이 발생하는 상황을 말하고 연착륙軟着陸, soft landing은 고도를 천천히 낮추어 부드럽고 안전하게 착륙하는 것을 말한다. 이 두 단어는 비행기와 관련해서보다 경제 기사에서 더 자주 보이곤 한다. 일반적으로 강력한 경제침체를 경착륙, 약한 경제침체를 연착륙이라고 표현하기 때문이다.

그럼 경제침체의 강함과 약함은 무엇으로 판단할까? 고용, 소비, 투자, 소득 등을 보고 판단할 수 있다. 실업률이 피부로 느껴질 정도로 심각하게 높아지고, 사람들 씀씀이가 눈에 띄게 줄어들며, 소득 또한 과거보다 많이 줄어드는 상황이 바로 경착륙이다. 우리나라의 1997년 외환위기(IMF 사태)나 2008년 글로벌 금융위기와 같은 사건이 경착륙이라고 보면 된다.

경제침체가 본격적으로 시작되더라도 사람들이 피부로 느끼는 경기는 약간씩 다르다. 어떤 가정은 부부 모두 넉넉한 연봉을 받는 공기업에 재직하면서 따로 투자는 하지 않고 예금만 꾸준히 한다면 경제가 어렵다는 것을 체감하기가 어려울 수 있다. 반면 경기의 흐름을 많이 타는 반도체 업종에서 일하다가 갑자기 동료들과 함께 해고되는 경험을 하면서 "아, 경제가 정말 어렵긴 어렵구나" 할 수도 있다. IMF 때 사업이 대박 난 사람들도 있지 않은가. 즉, 경제침체는 주관적으로 느끼는 부분도 있지만 좀 더 거시적 측면에서 사람들의 전반적인 소득수준이나 소비, 투자, 고용 등이 위축되는 상황을 이른다고 볼 수 있다.

그럼 우리는 앞으로 경제가 얼마나 어려워질지 어떻게 알 수 있을까? 그런 일을 판단하는 것은 전문가만의 영역일까? 다행히 전혀 그렇지 않다. 누구나 조금만 신경 쓰면 어렵지 않게 경제위기가 올지를 미리 짐작할 수 있다.

투자자들은 전문가들이 방송이나 다양한 채널에 나와 하는 말 때문에 혼란스러워한다. 누구는 경제가 연착륙할 거라고 하는데 누구는 경착륙할 거라고 하니 누구 말이 맞는지 판단하기가 어렵다. 그들은 모두 유명하고 똑똑할뿐더러 돈도 많다. 언론사 기사도 마찬가지다. 시장이 급락하면 경착륙 얘기가 많이 나오고, 시장이 하락장 속에서도 반등하면 연착륙 얘기가 나오다 보니 투자자들은 더더욱 헷갈릴 수밖에 없다.

그런데 사실 경착륙과 연착륙을 구분하는 방법은 비교적 간단하다. 인플레이션이 심하고, 금융기관의 대출 태도가 나쁘며, 기준금리

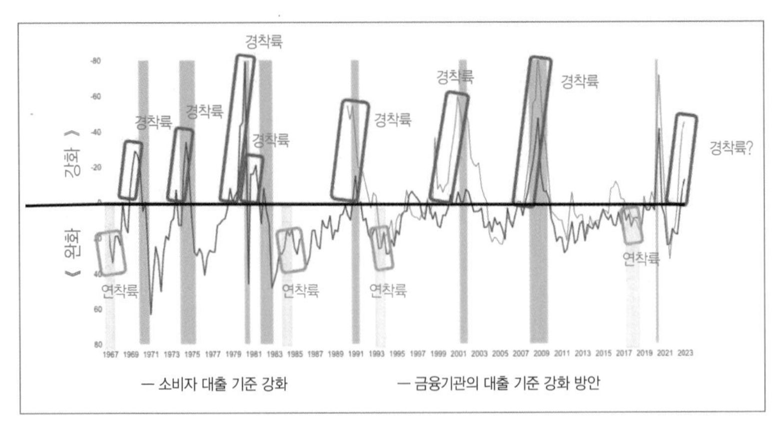

대출 태도의 변화에 따른 경제침체의 강도
(출처: Piper Sandler)

가 올랐으면 경착륙이다. 반대로 인플레이션이 그다지 심각하지 않고, 금융기관의 대출 태도가 그렇게 악화되지 않았는데 기준금리가 오르면 그 이후 대개 연착륙, 즉 약한 경제침체가 온다. 따라서 고물가, 대출 태도 강화, 기준금리 인상이 이어지면 경착륙이라고 보면 된다.

인플레이션이 심각한 수준인지 아닌지를 개인이 판단할 수 있을까? 보통 경착륙이 올 정도라면 물가상승의 심각성을 놓고 언론에서 계속 떠들어대므로 전문가의 도움을 조금만 받는다면 개인도 어렵지 않게 상황을 판단할 수 있다. 미국을 기준으로 물가상승률이 4%를 돌파하면 고물가로 보는 경향이 강하다.

'대출 태도'는 어떻게 판단할까? 대출 태도와 관련한 데이터를 직접 체크해 보면 가장 좋겠지만 개인이 그렇게 하기는 어렵고, 장단기 금리차로 어느 정도 구분할 수 있다. 장단기금리차가 역전될 정도가 되면 금융 환경도 상당히 나빠져 있을 가능성이 높고, 결국 금융기관의 대출 태도도 강화되어 대출이 어려워지는 경향이 강하기 때문이다. 장단기금리차가 강하게 역전되고 인플레이션율이 높다는 얘기가 들리면서 그 전후로 금리가 인상된다면 경제는 크게 침체할 확률이 높아진다.

중국발 경제위기가 세계를 휩쓴다

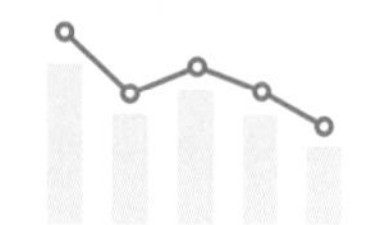

2023년 8월에 들어서면서 중국 부동산 위기를 다룬 기사가 연일 쏟아졌다. 나는 2021년부터 중국의 부동산 위기와 그에 따른 중국 경제의 붕괴를 여러 번 경고했다. 그러나 대중은 연일 오르는 주가에 중국의 리오프닝(경제활동 재개)으로 경제가 좋아질 거라고 굳게 믿고 서서히 다가오는 위기에는 별 관심이 없는 듯 보였다. 그러다가 사태가 심각해져 중국의 1위 건설사부터 중소형 건설사들까지 모두 부도 위기에 빠지고, 순위권 건설사였던 헝다그룹마저도 파산보호 신청에 들어가며 시장이 하락세로 돌아서자 비로소 중국 경제에 관심을 두기 시작했다.

중국은 미국보다 시스템 리스크에서는 비교적 자유롭다. 미국의 글로벌 금융위기를 일으킨 서브프라임모기지와 같은 시장이 없기 때문이다. 하지만 더 치명적일 수 있는 기형적인 경제 시스템을 갖고 있다. 국가와 기업이 개인에게 부동산 투기를 조장하는 구조이기 때문이다. 중국에서는 기본적으로 땅을 국가가 소유하고 있다. 땅 위에 건물이나 아파트를 지으면 땅을 사용할 수 있는 '토지 사용권'이라는 개념이 있어서 토지를 사용할 '권리'는 사고팔 수 있지만 토지 자체는 국가 소유라는 것이다.

중국의 지방정부는 이 토지 사용권을 판매해 어마어마한 돈을 확보했다. 2021년 기준으로 중국 지방정부 재정 수입의 무려 40% 정도가 토지 사용권 매각에서 나왔다. 중국은 땅장사로 돈을 버는 국가라는 얘기다. 중국인은 있는 돈, 없는 돈을 모두 끌어다 부동산에 투자했고, 건설사들은 더 근사하고 멋있는 아파트를 지어서 투기를 유발했다. 그러자 10채 중 2채가 넘는 집이 빈집으로 남았고 평

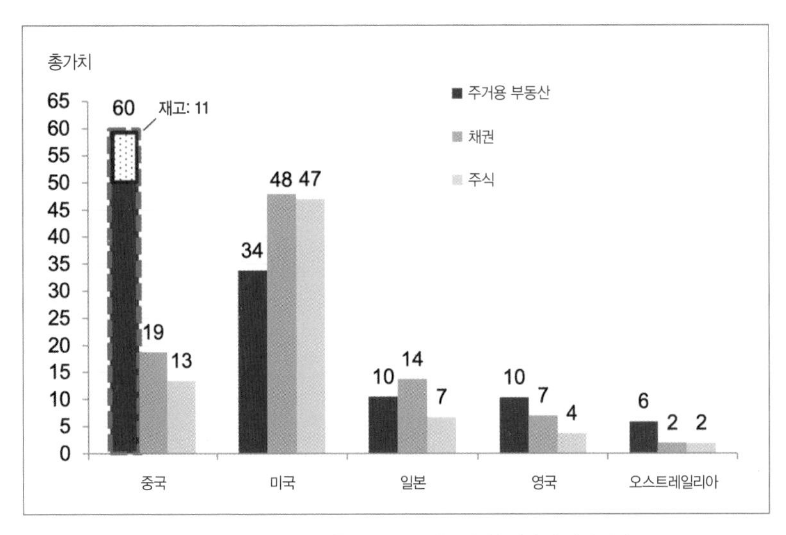

중국의 부동산 시장은 고점을 기준으로 약 8경 원 이상의 거대시장으로,
전 세계 어느 자산시장보다도 더 큰 규모를 이루고 있다
(출처: WFE, CEIC, Japan Cabinet Office, Halifax, Goldman Sachs Global Investment Research)

균연봉의 50배가 넘는, 평생을 일해도 집 한 채 사기가 버거울 정도의 부동산 버블이 만들어졌다.

이제 이 부동산 버블이 붕괴되는 상황에 놓였는데, 규모가 생각보다 너무 거대해서 전 세계 경제를 위협하고 있다. 내가 2021년, 2022년 중국 부동산 버블 붕괴가 우리나라를 비롯한 전 세계에 큰 위협이 될 것이며, 자산가격 붕괴의 주요인 중 하나가 될 거라고 경고한 근거가 바로 이 데이터에 있다.

중국 부동산의 가치는 우리 돈으로 8경 원을 넘어서며 미국의 주식시장, 채권시장, 그 외 어떤 국가의 자산시장과 비교해도 말이 안 될 정도의 큰 규모였다. 중국 전체가 부동산 투기와 연관이 있다고 해도 무방했기 때문이다. 중국인의 부가 모두 부동산에 쏠려 있고, 그 폭탄은 터지기 시작한 지 꽤 오래되었다. 2018년 이래 중국의 부동산 가격은 상승세가 둔화되었고, 마침 홍콩 증시의 대표 지수인 항셍지수Hang Seng Index도 고점을 기록한 뒤 하락세를 타게 된다.

중국 부동산 시장의 규모는 어느 자산시장보다 더 크다는 것이 이미 데이터로 입증되었다. 전 세계 경제에서 가장 큰 도미노가 쓰러지는데, 다른 나라 자산시장이 타격 없이 멀쩡할 수 있을까? 상식적으로 생각해도 문제가 없을 리 없다고 보는 게 맞지 않을까?

전 세계 경제는 마치 톱니바퀴처럼 서로 연결되어 있다. 하나의 거대한 도미노가 무너지면 나머지 다른 도미노도 다 쓰러지게 되어 있다. 작은 도미노 여러 개가 무너지기 시작하면 결국 가장 큰 도미노(미국, 중국 등)도 함께 무너진다. 중국은 전 세계의 공장과 같은 나라다. 모든 물건이 중국에서 생산되어 전 세계로 뿌려진다. 하지만 사람들이 간과하는 것 중 하나는 중국이 거대한 소비 국가라는 사실이다.

중국에는 우리나라 인구만큼 부자가 산다는 우스갯소리가 있는데, 이것이 마냥 우스갯소리는 아니다. 중국의 붕괴로 지금까지 전 세계에서 각종 물건을 사주던 소비가 침체되고, 자연스럽게 수출 중심국인 우리나라를 포함해 미국 등 글로벌 국가들의 기업 매출이 감소한다. 기업 매출이 감소하고 마진이 악화되니 더는 직원을 채용할 수 없고, 오히려 해고까지 하는 등 고용이 악화된다. 중국 경제의 악화로 거대한 악순환의 고리가 만들어진 것이다.

한국에
제2의 IMF가 온다

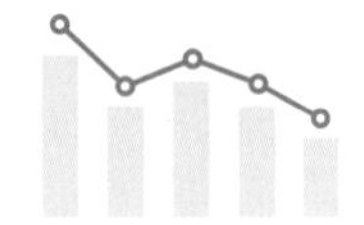

한국은 부채 공화국?

글로벌 경제가 침체에 빠지더라도 국가별로 체감하는 위기의 크기는 약간씩 다르다. 사람들이 주목하지 않을 뿐 네덜란드는 이미 2분기 연속 경제가 마이너스 성장을 하면서 경제침체에 접어들었다. 영국은 실업률이 바닥에서 빠르게 높아지고 있고, 기업 부도 또한 수십 년 만에 기록적으로 증가하고 있으며, 물가가 여전히 잡히지 않아 금리를 계속 올려야 해서 더 큰 위기가 닥쳐오고 있다.

개발도상국 수십여 곳이 존폐 자체가 위협받을 정도로 경제가 위기에 빠지고 있다. 수많은 사람이 직장을 잃고 일감을 구하지 못해 길거리로 내몰리고 있다. 경제 악화로 많은 국가가 시름시름 경제침체에 빠지고 있다. 각국의 중앙은행은 돈을 풀고, 금리를 낮추고 있으며, 정부 차원에서도 열심히 지출을 늘리고 있지만 경제 회복이 쉽지 않은 상황이다. 중국도 열 차례가 훌쩍 넘는 금리 인하와 양적 완화 정책을 진행했으나 모두 무용지물이었다. 거대한 디레버리징(부채축소)을 앞두고 있는 세계경제는 다시 살아날 때까지 충분한 시간이 필요한 시점이다.

그렇다면 이런 상황에서 한국에서는 어떤 일들이 벌어질까? 우리는 한 번도 겪어보지 못한 새로운 위기에 직면할 확률이 높다. 그렇지 않더라도 이 위기에 대응할 만반의 준비는 해야 하는 시점이다. 왜 그럴까?

2023년 3월 신문에 부채 통계에 공식적으로 잡히지 않는 전세보증금을 포함한 한국의 GDP 대비 가계부채 규모가 경제협력개발기구OECD 국가 중 1위라는 기사가 나왔다. 사실 전세보증금을 포함하지 않더라도 우리나라 가계부채는 전 세계에서 최상위권에 속한다. 즉 한국은 빚더미에 앉아 있는 나라다. 경제에 아주 조금만 관심이

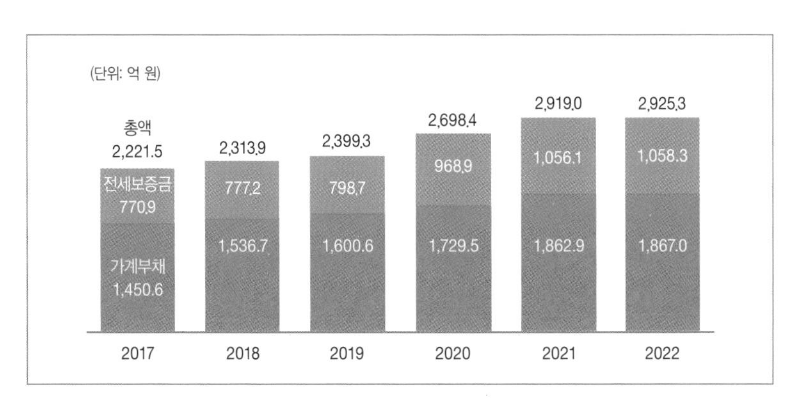

전세보증금을 포함한 가계부채(추정)
(출처: 한국경제연구원)

있어도 한국의 가계부채 문제가 심각하다는 얘기는 수없이 들었을 것이다. 이제는 너무 많이 들어서 지겨울 정도인 그 가계부채라는 시한폭탄이 이번에 터질지 모른다.

폭탄은 도화선에 불이 붙어야만 터질 준비를 한다. 경제에 버블이 생기면 도화선에 어떤 이슈로 불이 붙냐의 문제이지 일단 불이 붙으면 문제가 터지면서 그 문제가 다른 문제를 양산하고, 그 다른 문제는 수면 아래 조용히 퍼지던 또 다른 문제를 수면 위로 끌어 올린다.

금리 인상의 여파

가계부채는 '가계'의 '빚'이다. 더 쉽게 말하면, 일반 가정에서 갖고 있는 빚의 규모를 말한다. 우리 국민은 소비를 참 좋아한다. 소득 대비 명품 소비 금액이 전 세계 최고 수준이라느니, 실업급여로 샤넬백 사고 여행 다닌다느니, 빚내서 해외여행 간다느니 하는 기사까지 나오는 것을 보면, 우리나라는 글자 그대로 욜로YOLO 국가이지 않나 싶다. 나는 연봉의 50% 또는 순자산의 10%가 넘는 차를 타면 과소비일 가능성이 높다고 보지만 연봉 1억 원인 사람도 벤츠를 타고, 원룸에 살아도 외제차를 끌어야 하는 게 우리네 초상이다. 그게 다 빚이다 보니 가계부채가 전 세계 최상위 수준이 되었다.

이런 우리나라의 특성상 가장 취약한 부분이 바로 '금리 인상'이다. 금리 인상은 경제에 브레이크를 거는 것과 마찬가지라서 처음

금리를 인상할 때는 체감이 안 되지만 시차를 두고서 경제를 어렵게 만든다. 금리는 이자를 말하는데, 이자율이 높아지면 예금 이자만 늘어나는 것이 아니라 대출 이자도 늘어난다. 이 경우 신용카드의 이자율은 20%대까지 치솟고 은행에서는 점점 대출을 해주지 않는다. 대부업체들은 아예 신규 대출을 중단하면서 자금의 숨통을 조인다. 이런 시국이 찾아오니 예전이면 대출받아서 월 100만 원 이자를 부담하면 살 수 있던 아파트가 이제는 150만, 200만 원을 부담해야 한다. 그러니 부동산 거래량도 자연스럽게 줄어들고, 부동산 가격은 상승세에서 하락세로 전환된다.

기업과 자영업자도 대출받은 이자가 점점 부담되는데 인건비는 계속 오른다. 대부분 고용은 대기업이 아니라 중소기업이 창출하는데도 대기업 채용에는 줄을 서지만 중소기업에는 인력난이 생긴다. 중소기업만큼 직원 한 사람의 영향력이 큰 조직도 없다. 회사 자금 사정은 빡빡해지는데 인재는 구하기 힘드니까 결국 경영난에 빠진다. 자영업자도 이 과정을 그대로 겪으면서 어려움에 빠진다. 이게 금리 인상으로 벌어지는 일들이다.

제2의 IMF 사태?

한국은 다른 국가에 비해 가계, 즉 각 사람이 부담하는 빚의 규모가 꽤 큰 편이라서 금리가 인상되면 그 빚에 이자가 더해져 더 큰 부담으로 다가온다. 가뜩이나 먹고살기도 힘든데 이자마저 더해지면 결국 부동산, 사업 매물, 자산을 처분하게 된다. 그러면 주식, 부동산 등 각종 자산의 가격이 하락세를 타게 된다. 그래서 한국은 금리 인상에 특히 취약한 국가라는 것이다. 가계부채 문제가 본격적으로 번지기 시작하면 재앙과도 같은, IMF 사태와 같은 경제의 고통을 또다시 겪을지도 모르는 순간이 올 수 있다.

IMF 사태 때 큰 부자가 된 사람들은 현금을 많이 쥐고 있던 이들이었다. 현금을 많이 쥐고 있으니 떨어지는 부동산과 주식을 넉넉히 쓸어 담았다. IMF가 예상보다 빨리 끝나고 경제가 회복되니 그 자산들이 짧게는 몇 년, 길게는 20년 넘는 동안 5배, 10배, 20배가 불어났고, 그들은 그렇게 모두 부자가 되었다.

결국 어마어마한 가계부채 문제와 경제침체의 위기를 돌파할 유일한 방법이 바로 현금을 많이 보유하는 것이다. 금리 인상은 '돈의 값어치'가 오른다는 뜻이다. 현금의 값어치가 과거보다 더 소중해진다는 의미이다. 갖고 있는 자산을 현금으로 바꿔라. 일반적으로 원화보다 달러가 경제침체 시기에는 더 많이 오르니 달러 보유도 적극 고려하라. 조금 더 알파수익을 추구하고 싶다면, 채권도 고려해 보면 좋다. 문제는 경제침체이고 답은 현금이다.

우리나라에 드리운 저성장의 그림자

우리나라는 이미 저성장의 늪에 빠졌다

"곤경에 빠지는 건 뭔가를 몰라서가 아니다. 뭔가를 확실히 안다는 착각 때문이다."

우리에게 소설가로 더 잘 알려진 마크 트웨인이 한 말이다. 이 말은 영화 〈빅쇼트〉에 나오면서 더 유명해졌는데, 2016년 개봉한 〈빅쇼트〉는 2008년 글로벌 금융위기를 예측한 투자자 마이클 버리 사이언에셋매니지먼트 최고경영자CEO를 비롯한 투자자 네 명의 얘기를 다루어 투자자들 사이에서 화제가 되었다. 마크 트웨인의 말처럼 우리도 뭔가를 안다고 착각해서 저성장의 늪에 빠진 현실을 알아채지 못해 곤경에 빠지는 것은 아닐까?

주식시장의 미래를 예측하려면 성장성, 금리, 기업의 수익, 투자자들의 심리, 매수 종목의 변화 양상을 꾸준히 연구해야 한다. 이러한 요소들이 결합하여 투자자들의 수익률을 결정하기 때문이다. 주가를 전망하려면 여러 요소를 복합적으로 분석해야 한다. 단기간에는 각종 뉴스와 재료에 따라 등락하지만 이러한 요소는 금세 없어진다. 결국에는 시장의 큰 흐름과 복합적인 요소로 수익률이 결정된다. 시장의 본질적 가치를 판단하는 것이 진짜 부자가 되는 비법인 것이다.

저성장으로 돌입한 대표적 사례로 일본이 있다. 일본은 잘나가던 경제가 급전직하한 것으로 유명하다. 버블이 터지기 전 일본 경제는 호황을 누렸다. 1960년대에 닛산과 혼다는 미국 소형차 시장 점령에 나섰고, 1980년에 일본이 미국보다 자동차를 2배 더 많이 생산하여 미국에 수출했다. 20년 만에 20배 성장을 보여준 것이다. 이러한 성장세는 당연히 주가에 반영되었고 일본 기업은 그야말로 일류top-tier였다. 그러나 이후 일본 경제는 급속도로 몰락하기 시작했다. 이러한 신호가 분명히 그 전에 조금씩 감지되었는데도 이를 얘기하는 사람이 아무도 없었다.

1989년 일본에서 버블 붕괴가 시작되었다. 해마다 성장률이 떨어지고 금리 또한 0%대에서 헤어나지 못했다. 주가가 1990년 대비 20%대로 폭락하고 부동산은 그 폭락폭이 너무 심각해서 아무도 희망을 이야기하지 못했다. 일본은 잃어버린 30년이라는 말이 나올 정도로 경제위기를 극복하기 어려운 시절을 보냈다. 이로써 우리나라 젊은 세대는 자산가격이 계속 상승할 거라고 믿지만 일본의 젊은 세대는 자산가격은 언제든 떨어질 수 있다고 굳게 믿게 되었다.

일본처럼 갑작스러운 버블 붕괴는 매우 드문 일이기는 하다. 이때 이후 일본은 저성장의 지옥에 갇혔지만 이런 경제 저성장은 데이터로 예측할 수 있다. 이미 성장판이 닫혔는데도 왜 키가 크지 않느냐고 물어보는 것과 같기 때문이다. 고성장이 아니라 원래부터 거품이었다는 사실을 깨달으면 폭락은 자연스러운 현상으로 이해할 수 있다.

일본의 버블 붕괴는 잘나가던 경제 호황에 10년간 연평균 4.5%라는 고도성장 이후 갑작스럽게 일어났지만, 이는 정부 주도로 규제를 완화하고 저금리정책을 과도하게 실시하면서 경기를 부양한 결과라고 할 수 있다. 기업들은 정부를 믿고 저금리로 시중에 풀린 돈으로 부동산, 주식 등 자산을 대규모로 매입했다. 이 때문에 부채 수준이 어마어마해져 결국 리스크 상승으로 이어진 것이다.

1990년 일본의 경제침체는 정부가 과도한 버블을 억제하겠다고 실시한 긴축정책으로 시작되었다. 금리가 인상되었고 투기와 과도한 대출로 뻥튀기되었던 자산의 가치가 급속도로 떨어졌다. 정부가 긴축정책을 펼치고 이자율을 올리는 순간 경제는 급속도로 악화되었고, 소비와 투자가 침체되었으며, 실업률이 지속적으로 오르면서 악순환의 늪에 빠져들었다.

유럽에서는 2000년대 10년 동안의 평균 성장률이 1% 초반으로 낮아졌다. 성장이 둔화되고 인구 고령화와 소비 침체, 성장을 이끌 만한 산업의 부재 등으로 성장이 멈춘 것이다. 경제성장의 경우 신흥시장은 초기에 높다가 성숙기에 들어서면 낮아지듯이 선진국도 성숙기에 접어들어 경기가 장기적으로 침체를 겪는 경우가 많다.

대한민국 경제는 1990년 11% 성장률을 고점으로 점점 낮아져 2023년 들어서는 성장률이 2% 아래까지 낮아졌다. 이제는 한국도 저성장의 기로에 서게 된 것이다. 1998년 IMF 외환위기를 겪으면서 성장률이 8%대에서 4%대로 반토막 났고, 미국발 금융위기로 3%대로 주저앉았다. 이후에도 경제성장률은 지속적으로 하락세에 있는 것으로 보인다.

경제가 성장하지 못하는 가장 큰 원인은 인구 감소에 있다. 우리나라는 2022년 합계출산율TFR(한 여자가 가임기간인 15~49세에 낳을 것

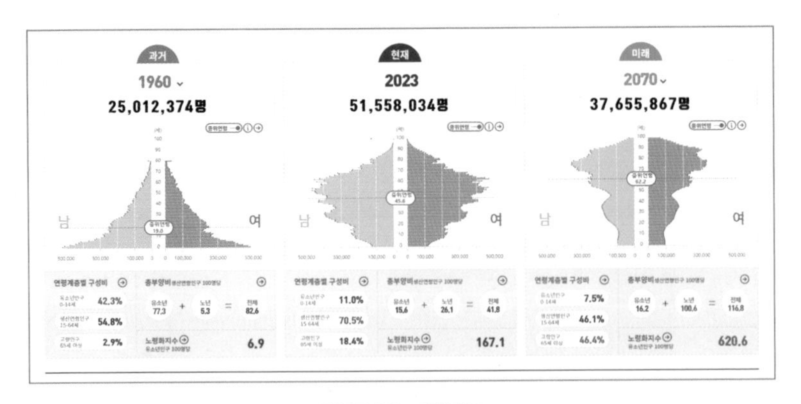

인구로 보는 대한민국
(출처: KOSIS 국가통계포털, 인구상황판, 인구로 보는 대한민국)

으로 기대되는 평균 출생아 수)이 0.78명으로 역대 최저를 기록했다. 이대로 가다가는 대한민국이 소멸할 것이라는 우스갯소리가 나올 정도다.

통계청의 2023년 현재 인구상황판을 보면 총인구가 1960년에 2,500만 명에서 현재 5,100만 명으로 증가했으나 고령인구가 월등히 증가한 것을 확인할 수 있다. 또 2070년에는 중위연령이 현재 43세에서 62세로 급속히 높아지는 것도 알 수 있다. 결국 미래에는 노인인구가 인구 대부분을 차지하게 될 것이 분명하다.

그럼 경제성장률을 높이려면 신기술을 개발해 총수요를 늘려야 하는데 이 또한 현실적으로 어려운 일이다. 1980년대에 컴퓨터가 보급되었고 1990년에는 휴대폰이 보급되었다. 인터넷이 등장한 이후에는 좀 더 고도화되었으나 새로운 발명이라고 할 것은 많지 않다. 현재는 IT기술이 발달해 생산성이 높아졌다고는 하나 불확실성이 큰 상황이다. 결국 고령화로 노동생산성이 낮아지고 투자마저 줄어들어

자본생산성까지 떨어져 저성장이 지속될 것으로 예측되고 있다.

2023년 가계부채 상황은 우리나라의 경제위기 가능성에 무게를 싣고 있다. 한국은행은 2023년 4월에 발행한 『가계신용 누증 리스크 분석 및 정책적 시사점』이라는 보고서에서 "우리나라와 같이 가계신용비율이 100%를 초과하는 경우(2022년 4/4분기말 105.1%, 자금순환 통계 기준)에는 가계부채 증가가 거시경제에 미치는 부정적 파급효과가 상당히 클 가능성이 있다. 가계신용비율이 80%에 근접하도록 가계부채를 줄여나가는 것이 중요하다"라고 밝혔다.

글로벌 금융위기 이후 지속적으로 증가한 가계부채는 코로나19 이후 더욱 빠르게 확대되어 경제주체들의 소득과 경제 여건에 비해 과도하게 늘어났다. 주요국보다 과도한 가계부채 수준이 우리 경제의 가장 큰 리스크 요인으로 떠오른 가운데 앞으로 이것이 금융과 경제에 불안요인으로 작용할 수 있다는 대내외 우려가 점차 커지고 있다.

이렇듯 거시경제 지표들에 비추어볼 때 우리나라의 경제성장은 저성장에 들어선 것이 분명하다. 이런 상황에서는 주가의 상승률이나 자산시장의 성장률이 낮은 것이 오히려 정상이다.

2장

역사 속 경제위기에서 배운다

당신 이웃이 일자리를 잃으면 경기 불황이고
당신이 일자리를 잃으면 경제 공황이다.

- 해리 S. 트루먼(미국의 제33대 대통령)

대공황,
미국 역사상 최대 경제위기

검은 목요일부터 검은 화요일까지

한 남자가 하늘에서 떨어져 죽었다. 1929년 검은 화요일 그의 전 재산이었던 주식이 휴지조각이 되자 고층 빌딩에서 뛰어내린 것인데, 이런 사람이 한둘이 아니었다. 1929년 중반까지 주가는 고공행진을 계속했고 모두 투기에 열광했다. 그런데 갑자기 주가가 폭락하더니 몇 달 사이에 바닥을 알 수 없을 정도로 아래로, 아래로

1929년 10월 29일 검은 화요일 대폭락 직후 월가에 모인 군중(출처: 위키백과)

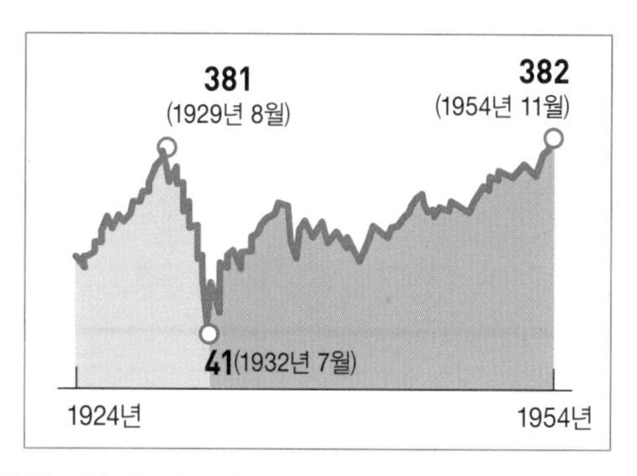

대공황 이후 회복하는 데 20년 넘게 걸린 다우지수(매월 말일 기준)

내려갔다. 이렇게 시작된 대공황은 기업들의 지나친 투자와 개인들의 투기가 낳은 괴물이었다.

20세기 가장 심각한 경제위기는 뭐니 뭐니 해도 대공황이라고 할 수 있다. 대공황은 1929년부터 1930년대 초반까지 미국은 물론 전 세계 경제에 큰 타격을 준 사건이다. 미국 증시 역사에서 최악의 주가 폭락도 바로 대공황 때인 1920~1930년대에 있었다. 주식시장에서는 1929년 10월 24일(검은 목요일)부터 10월 29일(검은 화요일)까지 주가 대폭락 사태가 일어나 12년 동안 서구권 전체로 번져나간 엄청난 대공황이 시작되었다.

대공황이 오기 바로 전까지 다우지수는 380선으로 호황을 누렸지만 대공황으로 3년 만에 40선대로 내려앉았다. 이 기간에는 고점 대비 주가 하락률이 89%에 이르렀다. 주가가 이렇듯 급격히 떨어지자 시장은 패닉(공황)에 빠졌고, 이것이 미국뿐 아니라 세계경제의 침체로 이어졌다.

대다수 학자는 대공황의 원인이 1920년대의 경제 과열과 주식시장에 대한 과도한 투기 때문이라고 본다. 대공황은 경제 버블을 불러와 시장의 붕괴로 이어졌다. 게다가 금리 조정이 실패하고 은행이 줄파산했으며 농산물 가격이 급락하면서 대공황을 촉진했다. 보호무역정책의 일환으로 미국이 1930년 제정한 스무트 홀리 관세법 Smoot-Hawley Tariff Act 으로 보호무역이 세계 각국으로 번지면서 대공황을 더 심화했다는 평가도 나왔다.

대공황이 사회 전반에 미친 영향

대공황은 하나의 사건이 또 다른 사건을 몰고 오는 식으로 연달아 경제 전반에 영향을 미쳤다.

- **주식시장 붕괴** 1929년 10월 29일 뉴욕 증권거래소에서 주가가 폭락하며 '검은 목요일'의 서막을 열었다. 투자자들이 패닉에 빠져 대량으로 매도에 나서면서 주식시장이 붕괴한 것이다.
- **금융기관 파산** 주식시장이 붕괴하자 많은 금융기관이 파산하거나 경영난을 겪게 되었다. 은행들은 예금자들의 출금 요구에 대응하지 못하고 파산했으며, 이로써 신뢰와 신용이 무너져 경제활동이 마비되었다.
- **실업자 양산** 산업 부문이 침체하고 금융위기가 계속되자 기업들이 생산을 줄이거나 공장을 폐쇄하는 바람에 많은 노동자가 일자리를 잃어 1933년 실업률이 약 25%까지 올랐다.
- **소비와 생산 감소** 많은 노동자가 일자리를 잃어 수입이 없어지자

1931년 은행이 파산하자 은행으로 몰려든 사람들(미국 뉴욕)
(출처: 위키백과)

구매력이 떨어지면서 소비가 줄었다. 그러자 기업들이 생산량을 줄이거나 아예 생산을 중단하면서 경제침체가 더욱 심화되었다.

- **농업 부문 타격** 농산물 가격이 급격히 떨어지자 많은 농가에서 경제적 어려움을 겪게 되었다.
- **보호무역주의 강화** 각국에서는 수입품의 관세를 높이고 무역규제를 강화해 자국 경제를 보호하는 등 보호무역주의를 강화했다.

뉴딜정책으로 대공황에서 벗어나다

대공황으로 경제가 쑥대밭이 된 1933년 프랭클린 루스벨트가 대통령으로 당선되었다. 루스벨트는 경제 공황에 대처하고자 경제 부흥

정책을 펼쳤는데, 이것이 바로 유명한 뉴딜정책New Deal이다. 대공황기에 뉴딜정책은 미국이 경제침체에서 벗어나는 데 중요한 일을 했다. 뉴딜정책으로 많은 프로그램을 시행해 경제 회복과 사회적 안정을 꾀하면서 미국의 경제상황과 사회 분위기가 바뀌었다.

정부에서는 도로, 다리, 학교, 도서관 등 수많은 공공사업을 시행해 실업자들에게 일자리를 제공했다. 오죽했으면 일자리를 만들려고 산을 쌓았다가 다시 허무는 식으로 재정지출을 늘렸다는 우스갯소리도 있었다. 많이 사람이 이 사업으로 일자리를 얻음으로써 소비와 생산이 활성화되었다. 일자리가 늘어 실업률이 떨어지자 사회적 불안도 완화되었다. 또 금융관리법과 연방예금보험공사 등의 조치로 은행 시스템이 안정되었고 예금자 보호가 강화되었다.

이때 사회적 약자들을 보호하는 사회보장법이 도입되어 은퇴 노동자들을 위한 연금과 실업자를 위한 보상금 등의 지원이 시작되었다. 농업 부문의 어려움을 극복하고자 농산물 가격을 조절하고 농가를 지원하는 프로그램을 시작해 농가가 경제적으로 안정되고 농업 생산도 회복되었다.

뉴딜정책 성공 이후

경제 회복을 이루는 데 성공한 뉴딜정책은 미국 사회와 경제 구조에도 큰 변화를 가져왔다. 뉴딜정책은 미국 사회의 다양한 영역에서 긍정적 변화를 불러왔으며, 대공황 이후 경제 안정과 사회 발전을 이루는 데 큰 역할을 했다. 정부의 경제 개입과 사회 보호의 중요성이 부각되어 중앙정부의 역할이 강화되었으며, 정부의 재정정책을 통한 경기부양책을 지지하는 케인스학파가 힘을 얻었고, 강한 정부를 주장하는 세력도 성장했다. 금융 규제와 노동정책, 사회복지 등 새로운 정책적 개선 또한 이루어졌다.

뉴딜정책이 성공하자 경제위기가 오면 정부가 마치 의사처럼 경제를 치료해줘야 한다는 인식이 널리 퍼졌다. 지금도 이자율이 낮아지면 정부가 경제위기 때문에 경기를 부양하려고 이자율을 낮춘다는 인식이 있어 주가 하락 등 투자시장에는 부정적 효과가 나타날 때가 있고, 반대로 금리가 상승할 때는 경제가 견고하다는 심리가 강해져 주가가 오를 때도 있다.

미국은 사회경제 모델의 기반이 된 뉴딜정책으로 대공황에서 벗어났지만 현재 경제침체가 반복되는 우리나라에도 대공황은 시사하는 바가 크다. 경기 과열과 투기심리 그리고 불안정성이 우리 삶을 얼마나 비참하게 만들 수 있는지 반면교사가 되니 말이다.

대공황이 오기 전에 경제위기를 예측할 수 없었나

미국 경제는 1922년 이후에 급성장했다. 1920년 초부터 1929년 대공황까지 연평균 국내총생산GDP 성장률은 5.8% 정도였다. 물론

1925년에 플로리다 부동산 버블 붕괴로 은행이 줄도산했고 건설주택경기가 동결되기도 했다. 게다가 당시 빈부격차는 상상을 초월했다. 투기세력은 부를 바탕으로 모든 것을 누린 반면 빈민들의 고통은 커져만 갔다.

GDP 성장과 실물경제에 비해 주가 상승이 지나쳤고 저임금, 저물가, 저원가, 저금리 기조와 낮은 세율 등으로 기업의 이윤이 극대화된 상황에서 주가는 지속적으로 올랐다. 대공황 직전까지 미국의 금리가 계속 낮아졌다는 점에서 사람들이 '영끌(영혼까지 끌어모으다)'하여 주식 투자를 할 유인이 충분했다.

1927년 7월 미국 연방준비제도(Fed, 연준)에서 금리를 4%에서 3.5%로 인하하면서 금리는 최저치를 기록했는데, 이 금리 인하가 증권시장에 버블을 만들었다는 의견이 지배적이다. 이는 1998년 인터넷과 관련된 기업들의 폭발적 성장을 추종하며 대규모 투자가 이루어진 닷컴버블Dot-com bubble과 이후 양적완화 정책에 따른 자산가격 폭등·폭락과 비슷한 현상이다. 게다가 미국 정부가 국채를 대량 매

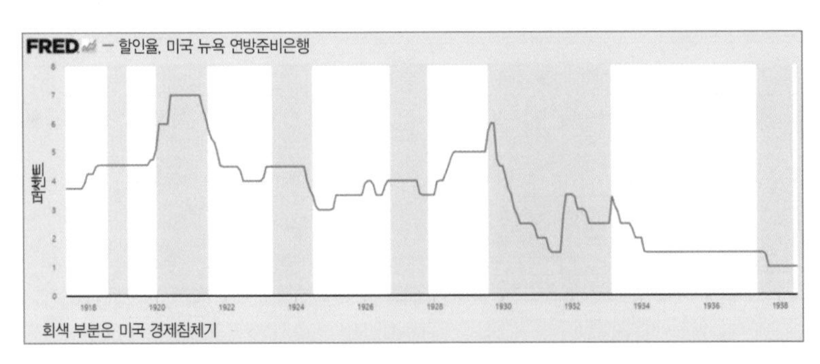

1920년 이후 지속적으로 금리가 낮아졌고 투자 열풍이 불었다.
(출처: The National Bureau of Economic Research(NBER))

입하면서 시중에 자금이 풀렸고, 그 유동성이 고스란히 주식시장으로 흘러 들어가 버블을 형성했다.

단기적으로 보면 1928년 1월부터 1929년 9월까지 다우존스지수는 2배 커졌다. 1928년 초부터 투기 열풍이 불었고, 1928년 2월 연준이 금리를 인상한 뒤 7월 다시 인상하여 금리가 5%까지 올랐으나 주가는 지속적으로 상승했다. 이러한 데이터로 금리 상승과 주가 상승이 동시에 일어날 수 있다는 사실을 알 수 있다. 금리 인상 시기에 주가가 함께 오르는 역설적인 현상은 나중에도 자주 보인다.

1928년 초부터 주식 투자로 큰 부자가 된 사람들이 늘었다. 지금의 코인 부자들이 많아졌던 시기는 저리 가라 할 정도였다. 새로운 투자자들이 주식시장으로 유입되었고, 이들이 대출받는 액수도 급증했다. 은행이 기준금리에 돈을 빌려서 주식 투자자나 중개인들에게 대출을 늘리면서 어마어마한 돈이 월스트리트로 몰려들었다. 투자자들은 증거금만 내면 주식 투자가 가능했다. 이 때문에 투기 규모를 추정하는 지표인 신용융자잔고Margin debt가 폭증했다. 이에 주가조작 세력도 가세하면서 거품이 극대화되었으니 도박장이 따로 없었다.

이러한 거품장에서도 앞으로 상승이 지속될 거라는 목소리가 컸고 그만큼 신용융자잔고도 증가했다. 이 상황에서 장단기금리차 10년물과 3개월물 금리 역전이 지속되었다. 이는 전형적인 경제침체 신호였다. 그런데도 1929년 8월까지 주가는 상승을 이어갔다. 낙관론자들의 목소리는 하늘을 찔러서 모든 사람이 주식을 사야 한다고 외쳤다. 물론 증시를 우려하는 목소리도 있었으나 이들은 마녀사냥을 당했다.

1929년 8월에 연준은 금리를 5%에서 6%까지 높였다. 증거금 인상과 대출조건 강화라는 통화긴축정책도 내놓았다. 증시 과열을 막으려고 금리를 인상하면서도 경기 상황에 따라 달라질 수 있다는 이상한 논리를 펴서 시장을 더욱 혼란스럽게 했다. 연준의 '양치기 소년' 같은 대응으로 시장에서는 금리 인상 카드가 먹히지 않아 투기 과열을 막지 못했다. 결국 1929년 9월 다우존스 지수는 381이라는 고점을 찍더니 폭락해서 한 달간 주가가 80% 이상 빠졌다. 이때 폭락한 주가를 회복하는 데 30년이나 걸렸고, 그동안 많은 사람이 고통을 겪어야 했다.

우리는 경제위기 신호를 절대로 무시하면 안 된다. 이때 주가는 단기간에 바닥으로 내리꽂힐 수 있기 때문에 늘 대비해야 한다. 미국 최대 경제위기라고 일컬어지는 대공황의 지표들은 지금의 닷컴버블과 비교하면 놀라운 수준이 아니다. 그럼에도 사람들은 최근 일어난 경제위기는 가볍게 여기는 경향이 있다. 살아남아 더 크게 성공하려면 늘 준비해야 한다.

우리나라 최대 위기 IMF 사태

한순간 나락으로 떨어지다

우리나라에서 현실로 받아들이기 어려운 일이 벌어진 적이 있다. 1997년 말부터 1998년 말을 나도 뚜렷이 기억한다. 아버지가 실직한 데 이어 집이 경매로 넘어가면서 우리 가족이 길거리로 내던져졌기 때문이다. 지옥문이 열린 것 같았다. 초등학생이던 나는 울음을 터뜨릴 새도 없이 도망 다녀야 했고, 하루하루 어떻게 먹고살아야 할지 걱정하는 부모님 아래에서 살아남을 생각만 하면서 살았던 것 같다. IMF 금융위기는 생각만 해도 끔찍한 일이다.

1997년 새해가 폭설과 한파로 시작되더니 기업 부도가 연달아 터졌다. 부도 기업에는 재계서열 몇 위 기업들이 연달아 포함되었다. 경제가 안 좋다고 했고 몇 년째 적자였던 무역수지는 1996년에 -231

IMF구제금융 공식 요청

林부총리, 어젯밤 긴급회견

"200억달러 수준 될것"

이르면 내달중 지원시작

캉드쉬총재 적극 지원 밝혀

金대통령, 오늘 담화

정당총재·후보와 어제 회동

「금융개혁안」 조속처리 합의

日에 특

李承潤전부총

IMF에 지원을 요청했다는 신문기사

달러를 기록하면서 떨어졌다.

은행들은 금리가 싼 선진국에서 빌린 장기금리로 고금리인 동남아에 단기로 투자하고 있었는데 동남아 시장은 경제가 폭락을 이어갔다. 외국인 투자자들이 떠나면서 화폐 가치가 폭락했고 심지어 1997년 7월 2일 태국의 바트화는 대폭락했다. 인도네시아 루피화도 1997년 8월 13일 폭락을 거듭했다. 이 위기는 동남아를 넘어 다른 아시아 국가에도 확산되어 타이완을 넘어 홍콩도 흔들렸다.

외국인들은 1997년 10월 한 달 동안 우리 주식시장에서 5,400억 원 정도의 주식을 팔아 치웠다. 1997년 10월 22일 기아자동차는 법정관리를 신청했다. 은행이 기아그룹에 빌려준 돈은 9조가 넘었으므로 은행도 위기에 빠질 수 있는 상황이었다.

이날 하루 동안 외국인은 주식을 333억 원어치 매도했다. 외국 은행들은 만기가 도래한 한국 부채의 만기연장을 거부했을 뿐 아니라 빚을 거둬들이기 시작했다. 은행이 빚을 달러로 갚아야 했으므로 환율이 급등했다.

달러를 가지고 있는 사람은 팔려고 하지 않았고 빌리려는 사람만 많았으므로 정부의 외환보유고에 의존해야 하는 상황이 되었지만 정부는 수출고로 외환이 부족했다. 원화가치가 폭락했고 달러를 구하지 못한 기업들은 망했다. 석유도 수입해야 하고 원자재도 수입해야 하는 상황에서 외환보유고가 부족하자 정부조차 손도 쓰지 못하는 상황이 되었다.

우리나라는 결국 1997년 11월 23일 IMF에 지원을 요청했고, IMF 실무협의단이 한국을 방문했다. 당시 7월의 태국 금융위기, 9월의 홍콩 주식시장 붕괴 등으로 리스크가 아주 큰 상황이었다. 우리나라는 IMF의 조건을 거의 다 수용하면서 1997년 12월 구제금융 합의서에 서명했고 모든 언론에서는 이날을 치욕의 날로 보도했다. 우리나라는 빌린 돈을 다 갚을 때까지 엄청난 대가를 치렀다.

IMF의 요구사항은 부실금융기관 퇴출, 예금 전액 보장제도를 부분 보장으로 대체, 관치금융 개선, 자본시장 개방 등이었다. 이는 기업도 개인도 완전경쟁 체제로 자립하도록 하는 것이었다. IMF는 우리나라를 신뢰하지 않았으므로 약속한 지원금은 이행 상황에 따라

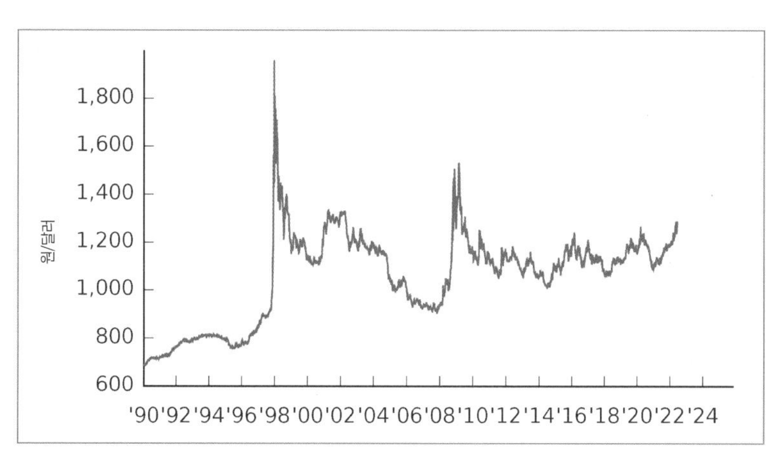

원-달러 환율표. 1998년에 환율이 급상승했음을 알 수 있다.
(출처: 위키백과)

순차적으로 지급하기로 했다. 외환시장은 마비되었고 환율은 무서울 정도로 치솟아 1,200원에서 2,000원 가까이 오르기도 했다. 이런 변동 상황에서는 어떠한 경제활동도 하기 어려웠다.

국제 신용평가기관들은 우리나라의 신용등급을 내렸고 투자자들은 신용등급을 보고 돈을 빼갔다. 환율이 사상 최고치를 경신하면서 세계시장에서 한국은 희망이 없는 나라가 되고 말았다.

데이터로 분석한 IMF 외환위기

IMF 외환위기는 국내 기업들이 차입을 늘려가며 투자했다가 갚지 못한 것이 원인이었다. 달러 부채를 많이 지고 있는 기업들이 파산하는 사태가 벌어진 것이다. 부채가 많은 기업은 직격탄을 맞아 한보, 삼미, 대농, 진로, 기아가 무너졌다. 달러 빚을 갚지 못해서 발생한 위기였으므로 부채비율이 기업의 가장 큰 재무 리스크라는 인식을 심어주는 계기가 되었다.

사실 기업 활동에서 설비투자는 성장의 핵심이다. 그런데 설비투자를 하려면 빚을 질 수밖에 없다. 부채비율이 높은 기업일수록 투자가 많기도 했지만 그 부채 리스크가 매우 커져 성장기업도 줄도산할 수밖에 없었다. 제조기업은 사업 확장 단계에서 추가로 공장을 짓고 설비투자를 늘려야 한다. 이때 필요한 돈을 은행에서 빌리는 것은 너무 당연한 일이다.

그러나 기업들이 외환위기를 경험하고 부채를 늘리는 것에 매우 소극적으로 되어 설비투자를 못 하는 악순환에 빠졌다. 설비투자를 늘리지 못하다 보니 고용과 생산이 줄면서 일자리도 줄고 성장세도 떨어졌다.

그렇다면 우리는 이런 하락을 예상하지 못했을까? 6·25전쟁 이후 시장경제체제를 택한 우리나라는 세계적으로 유례를 찾을 수 없을 정도로 고도성장을 이루어 잘나가는 나라였다. 하지만 성장에만 매몰되다 보니 내실을 다지지 못했고 방만한 기업경영과 부채의 증가, 외국 투자금의 급속한 유출, 정부의 관리 부족으로 외환위기까지 불러온 것이다.

기업경영이 방만하고 부실이 가득했다는 징조는 물리적 사건들만 봐도 잘 알 수 있었다. 2023년 우리에게는 '순살 건설'이 문제가 되었듯이 금융위기 직전에 유난히 붕괴 사고가 많았다. 1994년 10월 21일 성수대교가 붕괴했고 1995년 6월 29일 삼풍백화점이 무너졌다.

1998년 IMF 당시 기업의 평균 부채비율은 500%에 육박했는데, 기업자산 대부분이 외환 부채였다. 이러한 수치만 봐도 재무 리스크가 극대화된 상황이 맞았다. 은행도 상황이 심각했다. 조흥은행, 한일은행, 제일은행, 서울은행, 외환은행, 신한은행, 국민은행, 상업은행의 무수익 여신이 35조 7,700억 원으로 은행 총여신 252조 5,800억 원의 약 14%를 차지했다. 부채가 급등하는 것은 위기가 온다는 분명한 신호였다. 높은 부채비율은 파산위험을 높이고 기업이 망하면 채권자도 함께 망한다.

금리가 인하되어야 시중에 돈이 풀리고 경제성장을 위한 투자가 살아날 수 있기에 금리는 중요한 요소다. 그런데 한국은행 기준금리 또한 1997년 말 금리가 25%까지 급등했다가 이후 하락하는 추이를 볼 수 있다. 대출을 받으려는 수요가 늘어 돈값이 높아지면서 시중에 돈이 없어지니 금리가 급등한 것이다. 이렇듯 금리가 상승하는 것만으로도 경제위기가 오는 것을 알아챘어야 한다.

한국은 1960년대부터 1980년대까지 하락 추세 없이 고도성장을 하다가 1990년대에 들어서면서 1997년 위기 이전까지 장기성장률이 급락했다. 1990년 장기성장률은 1980년대 말에 이어 9%대의 매우 높은 수준을 보였으나 1990년대 장기성장률은 1980년대 말에 이어 9%의 높은 수준을 보였다.

그러다가 1990년대 초부터 급격히 하락해 1994년 6.9%로 떨어졌고, 1997년에는 6.5%대로 내려앉았다. 1990년부터 1997년까지 장

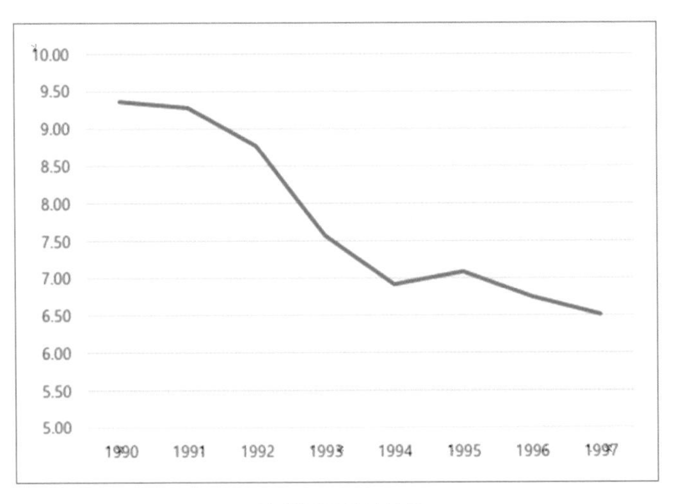

장기성장률 추이 분석
(출처: 시장과 정부 연구센터, 2018. 11)

기성장률이 3%나 하락한 것이다. 이러한 성장률 하락은 경제침체와 경제위기의 분명한 신호였다.

한편, 투자율과 경제성장률의 괴리에서도 과잉투자와 높은 부채 수준에 따른 파산 가능성을 예상할 수 있었다. 한국은 1997년 위기 이전에는 장기성장률이 급속히 하락해도 매우 높은 투자율을 유지해왔다. 1990년부터 1997년까지 총투자를 GDP로 나눈 투자율은 36% 이상을 유지했고 성장률이 하락하는 와중에도 투자는 지속되었다. 이는 정부의 인위적인 경기 부양에 따른 과잉투자에 원인이 있을 개연성이 높다.

경제가 1980년대 말 경기 호황으로 10% 성장률을 기록했다가 1991년 6%대로 떨어지자 김영삼 정부가 1992년부터 신경제 5개년 계획으로 재정정책을 강력하게 펼쳤고, 건설경기 부양과 재벌의 대규

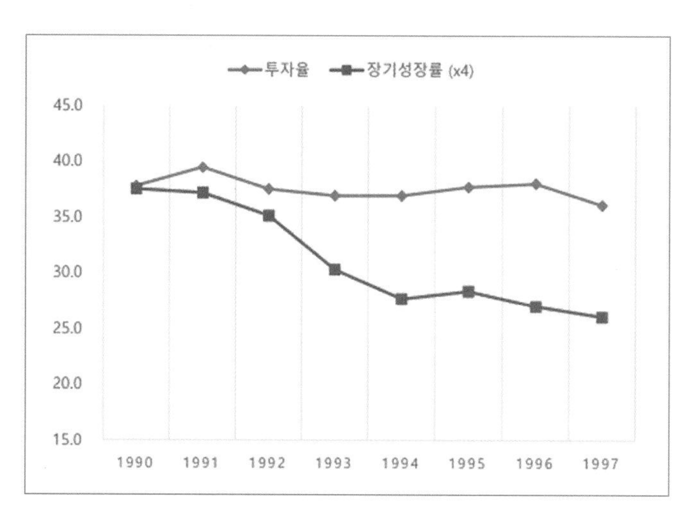

장기성장률과 투자율의 추세
(출처: 시장과 정부 연구센터, 2018. 11)

모 투자를 위한 어마어마한 은행 대출이 이어졌다. 이로써 기업들의 평균 부채비율이 5배가 넘게 되었다.

더 큰 문제는 금융기관의 대출 규모에 있었다. 우리나라 금융기관 총대출금의 GDP 대비 비율은 1985년부터 1989년까지 80% 수준에서 유지되었다. 금융기관의 총대출금은 1990년부터 1997년까지 해마다 평균 20%씩 증가했다. 그 결과 1997년 금융기관 총대출금의 GDP 대비 비율이 110%까지 급증했다. 1990년대에 들어 장기성장률이 빠르게 떨어졌는데도 금융권의 대출은 계속 늘었다. 이러한 대출 팽창이 부실기업 도산 시 큰 위험을 불러온 것으로 보인다.

이처럼 여러 데이터를 보면 금융위기의 징후는 뚜렷했다. 금리는 상승했고, 기업의 부채비율은 상승하다 못해 최고조에 이르렀으며, 금융기관의 대출 비중이 급증했고, 장기성장률은 떨어지고 있었

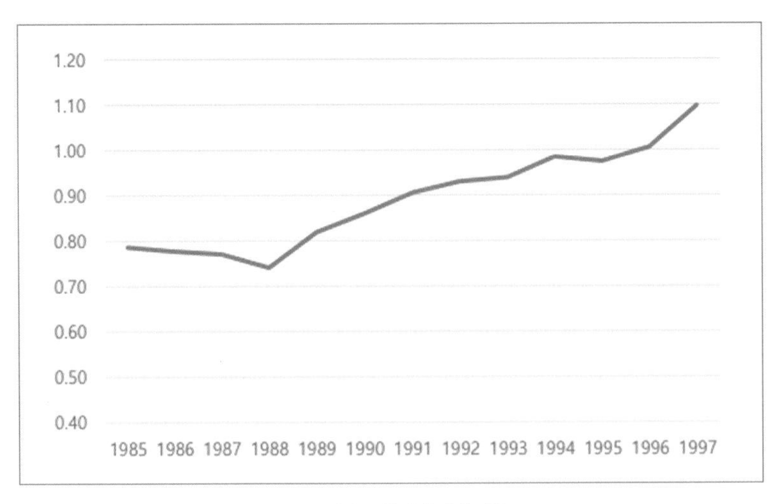

GDP 대비 금융기관 대출비율
(출처: 시장과 정부 연구센터, 2018. 11)

다. IMF 외환위기 직전까지만 해도 많은 낙관론자가 위기설을 부정했는데, 적어도 객관적인 지표와 팩트를 분석할 수 있었다면 그 위기의 순간 살아남을 수 있었을 것이다. 지금 우리 경제도 마찬가지 모습을 보이지는 않는지 고민해 보아야 하는 지점이다.

닷컴버블이 터졌다

일장춘몽이 되어버린 닷컴기업 전성시대

닷컴버블Dot-com bubble로 칭하는 경제위기는 미국은 물론 우리나라를 비롯한 여러 나라에서 2000년 초반에 투기적 버블이 꺼지면서 주가가 폭락한 현상을 말한다. 이 사건으로 미국 나스닥 지수는 2000년 3월부터 2002년 10월까지 고점 대비 78% 정도 떨어지면서 역사적으로 가장 큰 하락 폭을 기록했다. 우리나라에서는 코스닥 지수가 2000년 초반에 최고점 2,925.5에서 2004년 최저점 320.54를 기록하면서 대폭락을 보였다.

2023년의 키워드가 2차전지와 전기차인 것과 같이 이 당시 핫 키워드는 인터넷이었다. 1990년대 인터넷이 대대적으로 보급되어 미국에서 첨단주로 IT, 인터넷, 통신 관련 종목의 주가가 상승했다. 인

닷컴버블이 터진 2000년 초반의 코스닥 지수 하락 추이

터넷 기업들은 막대한 자금을 투자받았고, 투자자들에게 엄청난 수익률을 안겨줄 것으로 내다보기도 했다. 그런데 실제로는 그만큼의 수익을 내지 못했다. 당시에 고속인터넷망 보급에는 한계가 있었고 인터넷 속도가 생각보다 느려 서비스 보급에도 한계가 있었다.

1990년대 중반부터 2000년까지 나스닥은 4배 상승했지만 이후 버블이 터져 다시 원점으로 돌아왔다. 이 때문에 투자자들은 엄청난 손실을 보았고, 닷컴기업으로 불리는 기업들의 주가는 처참하게 떨어졌다. 거품이 불어나다가 어느 순간 터지듯이 사실상 돈이 공중으로 흩어졌기에 버블이라고 한다. 물론 이때 저점에 들어가서 고점에 팔았다면 큰돈을 벌었겠지만 대부분 투자자는 큰 손해를 보고 시장을 떠나야 했다.

상황은 우리나라도 비슷했다. 우리나라는 1998년 IMF 외환위기를 극복하려고 김대중 정부에서 코스닥 시장과 벤처기업을 육성하는 대대적인 지원 정책을 펼쳤다. 이 때문에 2000년 초반까지 IT 분야에 거액이 몰려들었다. 인터넷산업이 신성장 동력으로 떠오르면서 테마주 집중현상이 발생해 현대차, 포스코 등의 주가는 빠졌으나 IT 관련주는 코스닥 버블의 영향으로 급상승했다. 코스닥에 상장된

2000년대 초반의 코스닥 지수

회사들은 대다수가 주가 폭등을 경험했다고 할 정도로 열풍이 대단했다.

그러던 어느 날 닷컴버블이 터졌다. 코스닥 지수는 2000년 3월 10일 2,834를 찍고 흘러내려 2004년에 최저점 320.5를 기록했다. 이러한 코스닥 지수는 지금도 과거 수준을 회복하지 못하고 있다. 최고점을 찍은 당시의 2,000대는 고사하고 1,000도 달성하기 어려워 보이니 당시에 버블이 얼마나 컸는지 알 수 있다. IT버블로 급격히 상승한 테마주에 골드뱅크, 장미디어, 드림라인, 하우리 등이 있었는데, 이들은 지금 흔적조차 없다.

2015년 이후 코스닥 지수

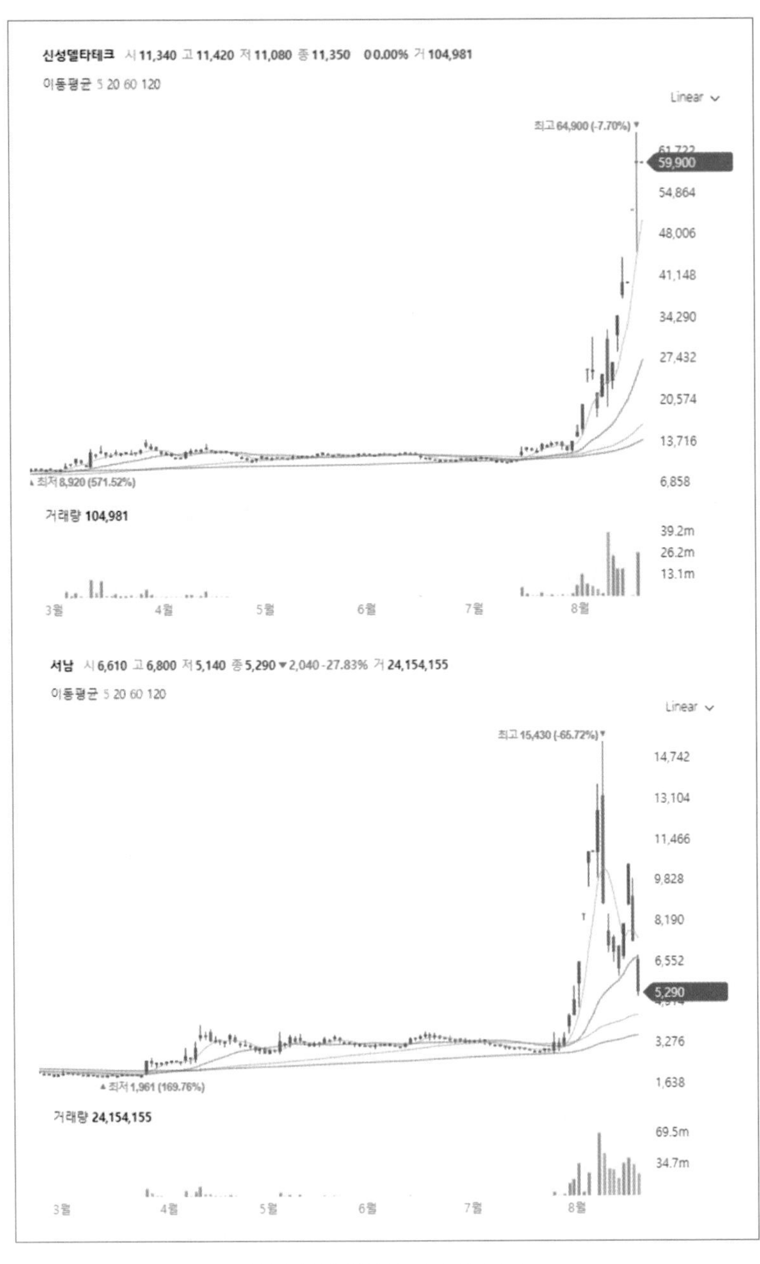

2023년 8월 현재 급상승한 테마주들

닷컴버블의 원인은 투자자들의 과도한 투자 쏠림 현상에 있다고 할 수 있다. 투자자들은 미래의 산업에 과도한 환상을 가지는 경우가 있다. 2023년 8월 초 '초전도체' 종목들이 3일 연속 상한가를 친 것을 봐도 잘 알 수 있다. 단기간에 주가가 급등하는데 생각보다 근거가 빈약하다면 버블을 의심해야 한다. 단기에 여러 번 갭상승을 하면 더욱 그렇다. 2023년 8월 현재 테마주의 그래프를 보면 며칠 만에 수십 배 올라가는 테마주에서 닷컴버블 같은 두려움마저 느껴진다.

투자자들의 투기심리가 버블을 키운 것은 맞지만 외부 요소도 상당히 작용했다. 당시 닷컴버블은 미국의 저금리정책으로 유동성 공급이 투자시장으로 몰렸고 인터넷기업의 급성장과 기대심리 반영, 투자자들의 과도한 투기가 한몫하면서 발생했다. 닷컴버블 자체는 특정 분야에 과도하게 유동성이 몰려 과열되면 기업 본래의 적정 가치보다 주가가 높아지고, 적자기업도 시가총액 상위권으로 오르는 기현상을 일컫는다. 하지만 이런 거품은 언젠가는 빠진다.

거품이 빠지게 된 결정적 계기는 2000년대 초반부터 금리를 올린 것이다. 저금리를 통한 유동성 공급으로 생긴 IT기업들이 금리가 오르자 줄도산했다. 금리가 오르면 기업이 대출받기가 어려워진다. 돈은 주식시장에서 채권시장으로 빠져나가고 안전자산으로 몰린다. 그러다 보니 주가가 급락하는데, 2000년 4월 10% 하락하기 시작한 주가는 3년 연속 하락했다. 주가가 하락하자 시장은 급속도로 얼어붙었고, 회사들이 파산하면서 실업자가 급증해 결국 경제침체에 빠지게 되는 것이다.

엎친 데 덮친 격으로 닷컴버블과 함께 2001년 9월 11일 9·11테러가 일어나 주식시장에 걷잡을 수 없는 충격을 주었다. 그야말로 불난 집에 부채질을 하다못해 기름을 부은 격이었다. 9·11테러는 안 그래도 어려운 코스닥 시장에 갭하락을 가져왔는데, 그때 뉴스를 본 사람들은 모두 주식을 던졌다고 한다.

닷컴버블 이후에 애플, 구글, 아마존은 살아남아 대장주가 되었으나 그밖에 내재적 성장성을 갖추지 못한 기업들은 모두 망했다는 점에서 투자 종목을 고를 때 경각심을 가져야 함을 알 수 있다. 재무적 안정성과 성장동력을 갖춘 종목을 고르는 안목은 하루아침에

9·11테러 후 주가

키워지지 않으니 역사적 사례를 살펴 망하지 않을 회사를 골라내는 훈련이 중요하다.

미국 연준의 통화정책과 버블 붕괴의 상관관계

2022년 미국 연방준비제도(연준)의 금리 인상이 버블 붕괴의 시작이라고 예상하는 경제학자들이 많았다. 실제로 주가가 급락하는가 싶더니 2023년 상반기 주식시장이 살아나는 모양새를 보였다. 하지만 경제위기에 대한 불안감이 다시 엄습하고 있다. 미국 연준의 반응과 금리 인상 이후 경제성장률의 둔화 그리고 자산시장의 급등세 때문으로 보인다.

연준은 인플레이션을 잡는 데 집중한다. 인플레이션이 심하다고 판단되면 고금리로 시중의 돈을 거두어들이는데, 그때마다 버블이 붕괴되었다. 버블 붕괴는 세계경제 침체를 암시한다. 버블이 붕괴되는 과정은 저금리로 투자심리가 과열됨에 따른 가격상승과 버블 증대, 예상치 못한 금리 인상과 함께 찾아오는 가격상승, 위기 신호와 가격 폭락, 경기침체의 순서로 진행된다. 연준은 경기가 침체되면 여지없이 경기를 부양하려고 금리를 내리는데, 이런 역사는 되풀이되고 있다.

2000년 닷컴버블 당시에는 연준에서 기준금리를 내린 시기에 주가가 하락했고 이후 주가가 오르면서 기준금리도 함께 상승하는 모습을 보였다.

버블 붕괴는 금리를 지나치게 낮추어 시중에 풀린 돈이 모두 자본시장으로 흘러가 투기심리가 과열되었을 때 일어난다. 미국에서 금리를 낮추면 한국은행도 금리를 인하한다. 한국은행은 2001년 2월부터 금리를 인하해 시장에 유동성을 풀었고, 경제성장률을 부양시켰다. 2001년 한국의 경제성장률이 4.9%였는데 이는 미국, 일본보다 매우 높은 수준이었다. 그런데 버블 붕괴 이후 금리를 조정하지 않았다는 데 큰 문제가 있었다. 한국은행이 2004년 11월까지 금리를 지속적으로 인하해 부동산 버블까지 만들어내면서 2008년 금융위기의 원인이 되기도 했다.

앞선 그래프에서 나타나듯이, 미국에서 버블 붕괴가 일어난 2000년대 초에 주가가 하락할 때 연준에서는 경기를 부양하려 기준금리를 대폭 인하했음에도 한동안 주가가 부양되지 않았고, 금리 인하로도 버블 붕괴를 막을 수 없었다. 금리 인하가 버블 붕괴를 불러왔다는 인과관계는 성립하기 어렵지만 실물경제 둔화와 버블 붕괴를 막으려는 통화정책의 일환으로 기준금리를 인하하더라도 붕괴를 막기는 어렵다는 말은 성립한다.

결국 버블이 붕괴할 때 전형적인 시그널은 금리가 매우 높은데도, 기업의 영업이익이 악화되었는데도 주가가 고점을 향해 달려가는데 그 근거가 매우 빈약하다는 것이다. 저금리정책이 버블을 키울 수는 있다. 돈만 풀어서 성장성이 없는 시장으로 자금이 공급되거나 자본시장이 투기판이 되는 현상이 발생할 수 있기 때문이다. 그러나 금리를 인하하는 것만으로 버블이 생기거나 붕괴되는 것은 아니다. 그보다는 금리가 매우 높아지는데도 비정상적으로 특정 부문에 투기적 자금이 몰려 가격이 급등하거나 반대로 금리가 매우 낮아지는데도 성장성이 악화되어 시장에서 자금이 이탈하고 가격 폭락이 일어나는 상황 자체에 문제가 있다고 보아야 한다.

따라서 이런 신호를 잡아내 투자자들이 의사결정을 올바로 하도록 인도해 주는 것이 더 중요하다. 사람들의 기대심리를 금리만으로는 바꿀 수 없다. 모든 사람이 자본시장에 실망하여 떠나는 현상을, 공포지수가 극대화되어 모든 자금이 이탈하는 것을 쉽게 막을 수 없다. 사람들의 심리와 의사결정이 그만큼 중요한 요소가 된다는 점을 교훈으로 삼아 투자 시점을 잡는 데 참고해야 한다.

2008년 금융위기, 스쳐만 갔는데도 너무 쓰라렸다

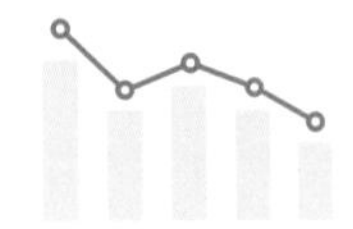

위기의 시그널 주가 등락

2000년대 초반 닷컴버블이 붕괴되자 미국에는 경기 부양을 위한 자구책이 필요했다. 당시 그린스펀 연준 의장은 2000년 5월 6.5%였던 기준금리를 2001년 1월부터 인하하기 시작했다. 2001년부터 약 2년간 인하한 기준금리는 5.5%였는데, 그 결과 2003년 기준금리가 1%로 낮아져 대출에 대한 기회비용 또한 매우 낮아졌다.

갈 곳을 잃고 헤매던 가계대출이 부동산 시장으로 유입되면서 주택 가격이 폭등했다. 2004년부터 2006년까지 주택 가격이 거의 10%씩 올랐고 모기지 주택담보대출이 성행했다. 국책 주택담보금융업자들은 채무자가 디폴트 상황에 놓이더라도 전액 지급보증을 해줬다. 대출이 늘어난다는 것은 그만큼 빌린 돈이 많아져 상환능력이 없는 이들의 연체도 늘어나는 것을 의미했다. 이 상황에서 금리가 소비자물가상승률 증가와 맞물려 오르기 시작했다.

금리가 2004년 6월 1.25%에서 2006년 6월 5.25%까지 급등하면서 위기가 시작되었다. 주택을 구매하는 사람이 줄어들며 2007년 1월부터 부동산 가격이 하락했는데, 이는 담보능력 저하를 의미했다. 주택을 담보로 대출해 주었는데 주택 가격이 대출 원금보다 낮아졌고 그만큼 금융기관의 파산 위험도 커졌다. 대출을 갚을 수 없는 사람들이 늘어났고 서브프라임 대출을 받은 차입자들은 담보로 제공한 주택을 포기했다. 폭락이 이어졌고 2007년 9월부터 부동산 버블이 터졌는데, 이를 서브프라임모기지 사태라고 한다.

2004년 6월 1%였던 미국 기준금리가 2006년 6월 5.25%까지 상승했다. 미국 기준금리가 인상될 때마다 시장에서는 이제 금리 인상이 끝날 거라는 기대를 형성했다. 그러다가 그 기대가 무너지면 주가는 하락하곤 했다. 2023년 주식시장을 생각해 보면 이와 비슷하다. 물가가 잡혔다고 생각해서 금리가 더 오르지 않을 거라고 기대하면 주가가 상승하다가 물가가 잡히지 않아 연방공개시장위원회FOMC에서 금리를 한 번 더 인상할지 모른다는 해석이 나오면 주식시장은 폭락을 반복한다.

연준의 금리 인상과 서브프라임모기지 사태

2007년 이후 주식시장은 위기의 시그널을 확실하게 보여주었다.

2007년 2월 한 달 주식시장은 위기가 닥칠 낌새를 많이 보였다. 2007년 8월에는 폭락 조짐을 보였고 2007년 11월 이후에는 실제로 폭락하기 시작했다.

2007년 8월의 가장 심각한 이벤트는 서브프라임모기지 사태였다. 이와 관련된 부채담보부증권CDO, collateralized Debt Obligation, 신용부도스왑CDS, Credit Default Swap이 문제가 되면서 미국의 투자은행IB들부터 각종 금융기관에 위기가 찾아올 거라는 전망이 곳곳에서 나왔다. 여기서 부채담보부증권은 여러 사람의 주택담보대출을 모아서 만든 증권이다.

은행이 저당권을 담보로 채권을 발행하고 유동성을 확보하게 된다. 은행이 담보를 잡아 원금을 확보하고 대출을 갚으면 이자는 투자자에게 귀속되는, 수익성과 안정성을 모두 갖춘 상품처럼 보인다. 이로써 은행이 많은 자금을 조달하고 있었고 그 돈으로 다른 파생상품에 투자하여 투자자들이 더 큰돈을 버는 구도를 짜고 있었다.

은행은 돈을 주택 소유자에게 빌려주면서 이자 수익을 노린다. 주택을 구입하려고 모기지론을 쓴 사람이 채무자이고 은행은 채권자로 권리를 가진다. 은행은 대출로 돈이 묶이지만 대출이 상환되면 이자를 수익으로 얻는다. 다만 미국 모기지론의 특성상 담보를 유지하고 채권자를 바꾸거나 매각한 후 원금을 바로 상환해 채무를 청산하는 행위인 재융자가 활성화되어 투자자들이 부채담보부증권에 투자하기가 쉬운 환경이기도 했다.

파생상품 설계는 이러한 제도적 환경을 좀 더 활용하려고 발달했다. 모기지론 채무자에게 대출하여 묶인 자금을 다시 활용하도록 함으로써 다른 사람에게 대출하면 추가 이자 수익을 누릴 수 있어 은행은 파생상품을 설계하는 금융업자들과 ABS라는 자산유동화증권을 발행했다. 즉, 은행 자산인 담보대출을 기초자산으로 유동화해 증권을 추가로 발행하는 방식이다. 은행은 자사가 보유한 모기지론을 모아 조립하고 계층화하여 증권으로 만들었다. 이러한 파생증권은 돈을 기초자산으로 한 추가 투자와 대출이 연속되는 것이므로 합법적인 투기판을 만들어냈다.

이러한 ABS의 발달로 은행은 대출한 자금을 증권화하여 더 큰 돈을 굴리게 되었다. 대출해 주려는 자금이 늘어 이자가 낮아지고 시중에는 유동성 공급이 커졌다. 이러한 자금은 자산가격 상승, 즉 주택 가격 버블로 이어졌다. 대출받아서 주택을 사려는 사람이 늘어날수록 주택 가격의 버블은 심해졌다. 투자자들이 몰리자 미국 은행은 ABS 중 고위험 상품을 모아서 부채담보부증권을 발행했고, 이로써 돈을 벌게 되자 고위험 ABS가 더 필요해져 결국 서브프라임모기지가 확산되게 되었다.

신용도가 낮은 사람들에게도 대출을 해주면서 등급이 낮은 서브프라임모기지 대출이 늘어났다. 주택을 구입하는 일이 걷잡을 수 없을 정도로 많아졌고, 이것이 가격의 추가 상승을 가져왔다. 서브프라임 모기지 대출이 확대되면서 주택 가격이 폭증해 버블이 심각해진 것이다. 부실이 부실을 낳는 과정이 이어졌다.

이렇게 저금리 속에서 주택 가격이 가파르게 상승하자 버블 우려가 심화되었다. 주택 가격이 폭등하자 부자가 되었다고 생각한 사람들이 소비도 늘렸다. 소비가 늘다 보니 물가가 오르면서 인플레이션이 심각해졌고, 자산가격과 물가상승이 동반작용을 일으켰다.

연준은 이를 억제하려고 2004년 6월부터 기준금리를 올렸다. 2006년 6월에 기준금리가 5.25%까지 올라가자 고공행진하던 주택 가격과 가계부채는 이자 상환 부담으로 이어졌다. 금리가 오르니 당연히 대출이 줄어들었고, 주택담보대출이 줄어들자 주택 가격도 하락했다. 커진 이자 상환 부담은 주택의 매도세로 이어졌다. 2006년 5월 이후 주택 가격 상승이 둔화되더니 9월부터 크게 하락했고, 이것이 금융위기의 시작을 알리는 신호탄이 되었다.

주택 가격 하락이 채무자들에게 큰 부담이 되면서 파산하는 채무자가 늘기 시작했다. 금리가 높아지고 주택 가격이 떨어지면서 채무연체율이 급등했고, 기존의 부채담보부증권도 타격을 입었다. 증권에서 손실이 발생하자 금융기관의 손실이 증가하기 시작했으며 이는 은행의 부실로 이어졌다. 시중에 빌려준 돈을 회수하는 것과 동시에 추가 대출도 줄었다. 자금이 필요한 기업들은 대출을 받지 못하는 상황에 직면했고, 경제침체가 시작되었다.

결국 버블이 터지면서 주택 가격이 폭락해 대출금을 갚기가 불가능해지자 서브프라임 디폴트가 다수 발생했다. 경제도 불황에 빠졌고 실업률도 증가했다. 주택 소유자들은 순식간에 파산 위기에 내몰렸고, 이것이 연쇄작용을 일으켰다.

2008년 9월에 부채담보부증권을 다수 보유하고 있던 리먼브라더스가 파산한 것을 시작으로 미국 경제에 의존하던 다른 나라들도 연쇄적으로 위기에 빠졌다. 2008년 9월 한 달간 S&P500지수가 폭락하자 연준은 금융기관에 유동성을 제공해서 시장을 안정화하고자 했다. 급기야 2008년 11월에는 S&P500지수가 801.20까지 급락했다. 연준은 2009년 3월까지 금리를 인하했고, 기준금리는 0.25%까지 내려갔다.

코로나 위기로 촉발된 인플레이션 그리고 긴축의 서막

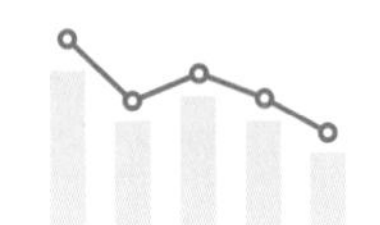

코로나19 이후 경제침체를 우려한 중앙정부에서 풀어버린 막대한 현금 유동성으로 전 세계가 물가상승의 인플레이션에 직면했다. 이러한 인플레이션을 잡고자 금리를 인상하기에 이르렀고, 자산시장은 다시 하방 압력에 직면했다. 미국에서는 2022년 40년 만에 가장 높은 물가상승률을 기록했다고 하니 그 영향력은 가히 놀랄 만하다. 코로나19로 시중에 돈이 풀려 물가가 상승하고 그만큼 자산시장의 버블이 형성된다는 우려도 커졌다. 그러다가 2022년 갑자기 금리가 인상되었으니 난리가 났다.

금리가 이렇게 갑자기 오를 거라고 예상한 사람은 거의 없었다. 몇 년 동안 지속적으로 저금리를 유지했고 금리가 0%에 가까웠기 때문이다. 코로나19가 기승을 부린 2021년 초에 국내 시중은행의 정기예금금리도 1% 수준이었고 우리나라도 지난 10여 년간 금리가 계

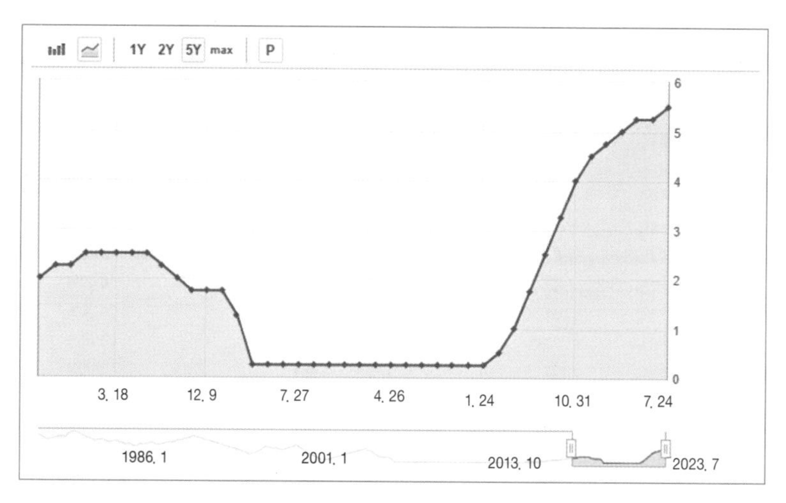

2022년 3월부터 금리가 가파르게 오른 모습
(출처: Investing.com)

속 하락하는 추세였기 때문이다.

그런데 불과 1년 만인 2022년 하반기에 우리나라 은행 금리가 연 5%를 넘기고 2023년에도 지속적으로 상승·유지하고 있으니 모두 이를 큰 충격으로 느낀 듯하다. 저금리 기간에 인플레이션 상승을 거치면서 집값이 계속 오를 거라는 기대와 코인과 주식가격도 상승할 거라는 기대가 장기 저금리에 대한 기대와 맞물리면서 일종의 버블을 형성한 것이 아닌가 한다. 금리가 갑자기 상승한 지금 대출을 최대한으로 받아서 자산에 투자한 '영끌족'의 부담은 극대화된 상태다. 이자 부담을 감당하기 어려울 정도로 금리가 갑자기 올랐기 때문이다. 급속도로 진행된 인플레이션과 물가상승 압력을 잡기 위한 금리 상승이 자산시장의 위협으로 작용한 듯하다. 주식시장과 코인시장도 오르락내리락하고 있으니 말이다.

발표일	시간	실제	예측	이전
2023년 12월 14일	03:00			
2023년 11월 02일	03:00			
2023년 09월 21일	03:00			5.50%
2023년 07월 27일	03:00	5.50%	5.50%	5.25%
2023년 06월 15일	03:00	5.25%	5.25%	5.25%
2023년 05월 04일	03:00	5.25%	5.25%	5.00%
2023년 03월 23일	03:00	5.00%	5.00%	4.75%
2023년 02월 02일	04:00	4.75%	4.75%	4.50%
2022년 12월 15일	04:00	4.50%	4.50%	4.00%
2022년 11월 03일	03:00	4.00%	4.00%	3.25%
2022년 09월 22일	03:00	3.25%	3.25%	2.50%
2022년 07월 28일	03:00	2.50%	2.50%	1.75%
2022년 06월 16일	03:00	1.75%	1.50%	1.00%
2022년 05월 05일	03:00	1.00%	1.00%	0.50%
2022년 03월 17일	03:00	0.50%	0.50%	0.25%
2022년 01월 27일	04:00	0.25%	0.25%	0.25%
2021년 12월 16일	04:00	0.25%	0.25%	0.25%
2021년 11월 04일	03:00	0.25%	0.25%	0.25%
2021년 09월 23일	03:00	0.25%	0.25%	0.25%
2021년 07월 29일	03:00	0.25%	0.25%	0.25%
2021년 06월 17일	03:00	0.25%	0.25%	0.25%
2021년 04월 29일	03:00	0.25%	0.25%	0.25%
2021년 03월 18일	03:00	0.25%	0.25%	0.25%
2021년 01월 28일	04:00	0.25%	0.25%	0.25%
2020년 12월 17일	04:00	0.25%	0.25%	0.25%
2020년 11월 06일	04:00	0.25%	0.25%	0.25%
2020년 09월 17일	03:00	0.25%	0.25%	0.25%
2020년 07월 30일	03:00	0.25%	0.25%	0.25%
2020년 06월 11일	03:00	0.25%	0.25%	0.25%
2020년 04월 30일	03:00	0.25%	0.25%	0.25%
2020년 03월 16일	06:00	0.25%		1.25%
2020년 03월 04일	00:00	1.25%		1.75%
2020년 01월 30일	04:00	1.75%	1.75%	1.75%
2019년 12월 12일	04:00	1.75%	1.75%	1.75%
2019년 10월 31일	03:00	1.75%	1.75%	2.00%
2019년 09월 19일	03:00	2.00%	2.00%	2.25%

2019~2023 금리 추이

인플레이션은 왜 일어나고 어떤 영향을 줄까

인플레이션은 식료품과 연료, 전기 등 여러 품목의 가격이 상승하는 것으로, 경제용어로는 물가 수준이 지속적으로 상승하는 현상을 말한다. 이로써 같은 물건을 구입하는 데 필요한 금액이 늘어나게 된다. 인플레이션은 경제활동과 금융시장에서 여러 요인이 조합해 발생할 수 있다. 다양한 인플레이션 사례를 살펴보면서 그 원인과 영향을 이해해 보자.

다양한 인플레이션

- **수요견인 인플레이션**Demand-Pull Inflation 경제의 총수요가 공급을 초과하여 물가가 상승하며 고용 증가, 소비 증가, 정부 지출 증가 등이 수요를 늘리는 요인이 될 수 있다. 예를 들어, 경기 호황 기간에 수요가 급증하고 생산량이 따라잡지 못하는 상황이 발생하면 물가상승이 일어날 수 있다.

  가계소비, 기업투자, 정부지출, 수출이 총수요를 구성하는데, 이것이 증가하면 총수요 곡선 자체가 우상방으로 이동하고 가격상승으로 이어지는 것이다. 총수요가 증가하면 자연히 통화량이 늘어 이자율이 하락하면서 소비와 투자가 늘어나 생산이 늘게 되는 선순환을 보여준다.

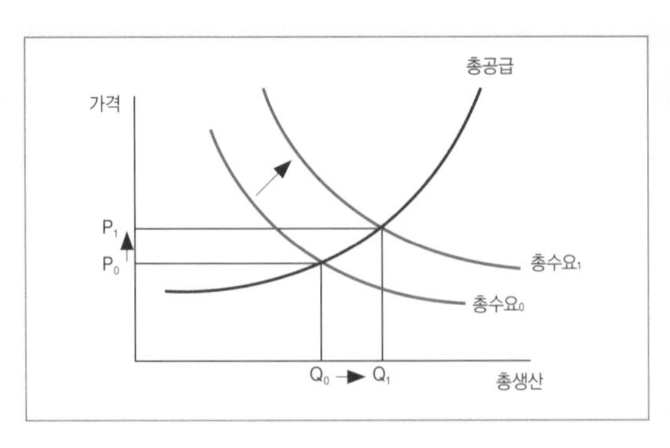

총수요 곡선 이동과 인플레이션

- **비용인상 인플레이션**Cost-Push Inflation 생산비용이 증가하여 기업들이 그 비용을 소비자에게 전가해서 물가가 상승한다. 원자재 가격 상승, 노동비용 상승 등이 원가를 높이는 요인이 될 수 있다. 예를 들어, 원유 가격이 급등하여 에너지 비용이 증가하면 생산비용이 늘어나는데, 이 비용을 소비자에게 부과할 수 있다.
- **통화량 인플레이션**Monetary Inflation 통화량이 지속적으로 증가할 때 발생한다. 중앙은행이 통화량을 증가시키거나 화폐를 더 찍어내 돈의 가치를 떨어뜨리는 결과를 초래할 수 있다. 이는 통화량 관리 실패로 인한 경우도 포함된다.

통화량 증가와 인플레이션

코로나19로 소비와 투자가 침체될 것을 우려하여 중앙은행에서 시중에 통화량을 늘리는 바람에 유동성 공급이 늘어 오히려 인플레이션 증가와 경제 악화를 초래할 가능성이 커져버린 것도 사실이다. 그 이유는 아래와 같이 요약할 수 있다.

- **수요 증가** 유동성 공급이 증가하면 소비자와 기업들이 돈을 더 많이 가지게 되어 소비와 투자가 늘 수 있다. 이는 경제활동을 활성화하는 데 기여할 수 있지만 공급 증가가 수요를 크게 초과하면 수요와 공급이 불균형을 이루면서 물가상승 압력이 발생할 수 있다.
- **품목별 물가상승** 유동성이 늘어나면 소비와 투자 활동이 활발해져 수요가 증가할 수 있다. 그러나 생산이 이를 따라 따라잡지 못하면 제품과 서비스의 수요가 생산 능력을 초과하여 물가가 오를 수 있다.
- **금리 하락** 추가 유동성이 주어지면 중앙은행이 금리를 낮추는 경향이 있다. 낮은 금리는 대출을 활성화해 소비와 투자를 늘리지만, 과도한 금리 인하는 부동산 버블과 같은 문제를 초래하고 물가상승을 견인할 수 있다.
- **기대 인플레이션** 추가 유동성은 경제 주체들의 미래 물가상승 기대를 높일 수 있다. 경제 주체들이 인플레이션을 예상하면 소비와 투자가 활발해져 실제로 인플레이션 압력이 증가할 수 있다.
- **통화가치 하락** 추가 유동성은 통화의 가치를 떨어뜨릴 수 있으며, 통화가치 하락은 물가상승을 초래해 경제의 불안정성을 높일 수 있다.
- **금융부문 왜곡** 과도한 유동성 공급은 금융시장에서 가격 왜곡을 초래할 수 있다. 이는 투자 판단의 왜곡, 투기적 거래 등을 유발하며, 결국 금융시장의 불안정성을 높일 수 있다.

사실 위와 같은 인플레이션 원인 중에서도 뉴케인지언들이 말한 것처럼 사람들의 기대가 큰 몫을 하는 것이 사실이다. 부동산 가격이 더 오를 거라는 기대와 암호화폐 가격이 급등할 거라는 기대, 주가도 랠리가 지속될 거라는 기대가 인플레이션과 버블을 만들고 부실을 만들었다. 이 과정에서 가계부채를 포함한 국가 전체 부채가 늘어난 상황에서 금리가 오르면 이자 상환 부담으로 경제에 악순환이 올 수밖에 없다. 인플레이션을 잡으려고 미국을 비롯한 각국의 기준금리가 올라가면 경제활동이 위축되고 경제위기가 올 가능성이 더 커지는 것이다.

게다가 경기가 뜨겁지도 차갑지도 않게 해주는 중립금리가 지속적으로 올라가는 것은 경제위기 신호로 볼 수 있다. 여기에 고령화까지 겹치고 저축 수요가 늘어나면서 중립금리가 높아져 금리 수준이 낮아지기 어렵다는 의견도 많다.

코로나19 이후 물가와 금리가 최대 관심사

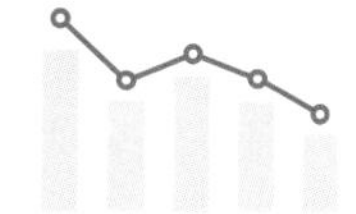

2020년 전까지만 해도 경제는 안정적인 흐름을 보이는 것 같았다. 물가가 과열되거나 침체된 상태도 아니어서 미국의 연준뿐만 아니라 대부분 중앙은행이 성장에만 집중하여 낮은 금리를 유지하면서 경기 부양 정책을 펼쳤다. 세계적으로 자산시장도 지속적으로 상승하여 경제에 대한 우려는 찾아보기 어려웠다. 그러면서도 부채가 증가하는 속도가 빨라서 이를 우려하는 시각은 있었다.

금리는 돈을 빌리는 대가라고 할 수 있다. 금리가 낮으면 당연히 대출 비용이 낮다고 인식되어 부채도 늘어나게 된다. 대출이 늘어나는 것이다. 전 세계적으로 부채가 늘어나는 것은 재무적으로 큰 위험요소이기는 했다. 이러한 위험요소는 코로나19 사태를 맞이하여 경제에 큰 충격을 주었다.

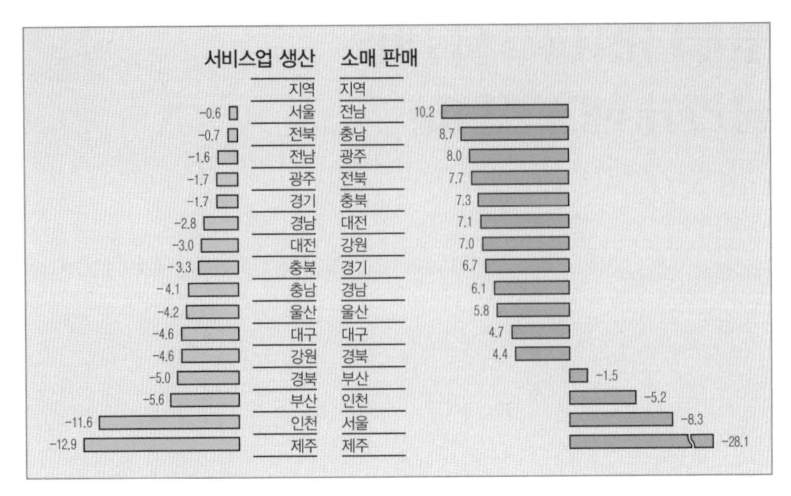

2020년 2분기 시·도 서비스업 생산과 소매 판매 전년 동분기대비 증감률(단위: %)
(출처: 통계청 자료)

코로나19로 국경이 봉쇄되고 경제활동이 위축되기 시작했다. 경제가 위축되면서 생산성이 저하되었고, 이는 일자리 감소와 실업률 증가로 이어졌다. 실업률이 높아지면 소비가 줄어 경제에 악순환으로 작용한다. 소비와 생산이 주는데 기업과 개인의 빚이 산더미 같다면 경제위기로 이어질 만하다. 코로나19는 보건이나 안보의 위기라고 생각할 수도 있으나 경제위기로 보는 것이 더 적합하다. 과도한 부채의 증가와 경제주체의 파산 위험은 경제를 순식간에 붕괴시킬 수도 있기 때문이다.

이러한 상황에서 미국 연준이 할 수 있는 유일한 방법은 양적완화로 시장에 돈을 풀어주는 것이었다. 미국 정부는 재정지출을 증가시켜 시장을 부양해야 했다. 은행의 현금 유동성이 증가하면 은행의 파산 위험이 낮아진다. 2008년 금융위기 당시 미국 연준은 1조 달러 이상의 양적완화를 했는데 유동성 방출은 적당한 치료제 역할을 하기도 했다.

그래서 코로나19 때도 연준은 양적완화로 시장에 돈을 풀기 시작했다. 코로나19는 그동안 경험한 적 없는 충격이었기에 아무도 그 효과를 예상할 수 없었다. 연준의 양적완화 정책은 돈을 풀어서 금리를 낮추고 소비와 투자를 촉진하는 효과를 기대하고 이루어졌다. 당시 미국은 제로 금리로 낮춘 후 무제한 양적완화를 선언했다. 게다가 2조 2,000억 달러 규모의 경기부양책도 발표했다.

물론 당시 한국은행도 무제한 돈을 푸는 양적완화를 선언했다. 금리도 0.75%로 낮추었다. 우리나라가 처음 단행해 본 조치로 대부분 경제학자가 우려하는 의견을 표하기도 했다. 일본과 중국, 영국도 재정지출을 늘리고 돈을 풀었다.

경제부양책의 규모도 컸지만 그 방식도 일반인에게 무상으로 돈을 지급하는 직접적이고 특이한 방식을 사용했다. 우리나라도 코로나 지원금을 무차별적으로 뿌렸다. 몇 푼 되지 않지만 전 국민에게 지급하여 소비를 자극했던 것이다.

엄청난 유동성 공급과 소비 촉진으로 기업들의 실적도 개선되는 효과가 있었다. 저금리 기조로 자산시장에 유동성이 몰리고 소비가 급증하면서 기업에도 큰돈이 몰렸다. 주식시장과 부동산 시장으로 돈이 모여들었고 당연히 자산가격은 급등했다. 코로나19 직후 주식시장의 급등세는 놀라울 정도였다.

이러한 인플레이션과 자산가격 상승 상황에서 원자재 가격상승도 위기에 큰 역할을 한 것으로 보인다. 대규모 유동성 공급과 저금

2020년 코로나19로 인한 양적완화 이후 코스피 지수 흐름

2020년 코로나19에 따른 양적완화 이후 코스닥 지수 흐름

리 장기화로 달러 약세도 강해졌다. 달러가 약세를 보이자 달러로 결제하는 원자재 가격도 상승했다. 소비의 부양으로 제조업의 생산이 증가해 원자재 수요가 급등함으로써 원자재 가격이 올라 인플레이션을 부추겼다.

원자재 가격이 오르면 기업들의 영업이익이 줄 수밖에 없다. 기업의 실적에 적신호가 오는 것이다. 게다가 우리나라 산업의 대다수를 차지하는 중소기업의 수익에 큰 타격을 준다. 이는 우리나라 경제가 얼어붙고 있다는 우려로 나타났다.

이런 상황에서 세계 최대 규모의 산유국이자 천연가스 생산국으로 유로존에 대규모 에너지를 공급하는 러시아가 자신의 에너지가 유로존으로 공급되는 길목에 있는 세계적인 밀 생산국 우크라이나를 침공했다. 이 전쟁 또한 원자재 가격을 크게 올리는 원인이 되었다.

국제유가는 코로나19 당시 마이너스 수준까지 떨어졌지만 우크

국제 곡물가격 동향
(출처: 시카고 선물거래소(CBOT))

제롬 H. 파월 연준 의장(의장 임기 2026년 5월 15일)
(출처: 위키백과)

라이나·러시아 전쟁 초기인 2022년 2분기에 배럴당 140달러 가까이 올랐다. 이는 2008년 이후 최고 수준으로 인플레이션을 강화하는 요소로 작용했다.

물가가 크게 오르면 과거에는 미국 연준에서 브레이크를 걸었다. 그런데 2021년 중순까지만 해도 무제한 양적완화 이후 긴축을 꺼리는 태도를 고수했다. 이러한 연준의 태도가 기대인플레이션을 높여 물가가 계속 오르게 만들었는데, 연준이 잘못 판단했다는 생각도 든다. 2022년 인플레이션이 극에 달하자 연준에서는 결국 금리 인상 카드를 꺼내들었다.

연준은 2022년 3월 인플레이션을 잡기 시작했고 2022년 5월 0.5%포인트 인상하는 빅스텝을 단행했다. 그리고 6월, 7월, 9월, 10월에는 0.75%포인트 인상하는 자이언트 스텝을 이어갔다. 2023년 8월에 이르러 기준금리는 5.5%에 이르렀고, 물가가 언제쯤 제대로 잡

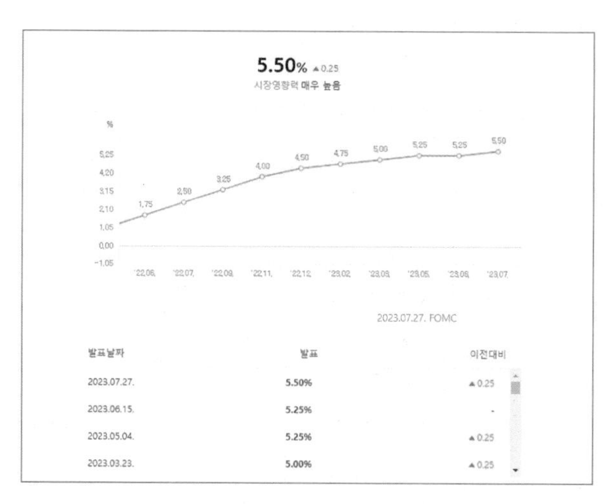

발표날짜	발표	이전대비
2023.07.27.	5.50%	▲0.25
2023.06.15.	5.25%	-
2023.05.04.	5.25%	▲0.25
2023.03.23.	5.00%	▲0.25

2022년 5월 현재 미국 중앙은행 금리
(출처: Fred)

힐지 계속 논의하고 있다.

이렇게 가파른 금리 인상은 실물경제에 큰 부담을 줄 수밖에 없다. 미리 금리를 조금씩 인상하면서 2021년부터 인플레이션을 적절한 수준으로 조정했다면 경제에 큰 충격 없이 정책을 실현할 수 있었을 텐데 다소 아쉬운 지점이다.

오랜만에 찾아온 고금리와 인플레이션에 적응하려고 애쓰는 세계경제에 다시 위기가 찾아올 거라는 암울한 전망이 계속 나오고 있고 각국은 이를 해결하려 고민하고 있다. 하지만 코앞에 있는 위기에 자산시장의 버블이 다시 터지는 순간 오히려 기회가 될 수도 있다는 사실을 다시금 상기해 보자

3장

경제에 대한 오해들

"주가 변동을 적으로 보지 말고 친구로 보라.
어리석음에 동참하지 말고
오히려 그것을 이용해서 이익을 내라."

- 워런 버핏(버크셔 해서웨이 CEO)

경제가 어려워지면
그때 가서 대응하면 돼

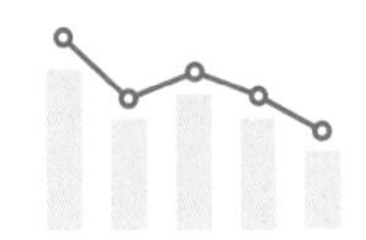

온라인과 오프라인에서 만난 많은 투자자 가운데 대다수가 오해하는 것들이 있다. 앞으로 경제가 어려워질 테니 대비하라고 조언하면 "그때 가서 대응하면 된다"라고 반응하는 것이다. 경제가 어려워지면 그때 가서 주식을 팔면 되지 않을까? 그때 가서 부동산을 정리하면 되지 않을까? 많은 투자자가 이렇게 생각한다. 그럼 소나기가 쏟아지고 나서야 우산을 준비하겠다는 말인가?

나는 경제위기를 우리 신체와 자주 비유한다. 주위에 고혈압, 당뇨, 고지혈증 등 건강에 적신호가 켜진 분들이 여전히 술을 자주 마시고, 담배를 많이 피우고, 잠을 불규칙적으로 자고, 사악한 음식들을 먹는가? 그렇다면 그분들의 건강은 앞으로 어떻게 될까? 더 좋아지는 방향으로 갈까, 아니면 나쁜 방향으로 갈까? 물어볼 필요도 없이 나쁜 방향으로 갈 것이다.

당연한 결과이다. 건강이 나빠지면서 몸이 살려달라는 신호를 보내는데도, 그런 신호를 계속 무시하고 건강에 나쁜 습관을 계속 유지하는데 어떻게 건강이 좋아지겠는가? 너무나 당연한 이치다. 경제도 마찬가지로 우리에게 늘 다양한 신호를 보낸다. 경제가 어려워져 경제침체가 올 것 같다거나, 주식이나 부동산이 폭락할 것 같다고 하면 앞서서 신호를 보낸다. 우리 몸이 우리에게 다양한 증세로 신호를 보내는 것처럼 말이다.

일반적으로 2분기 연속 GDP가 마이너스 성장을 하면 금융시장에서는 경제침체로 판단한다. 최종적으로 미국을 기준으로 경제침체 판단을 내리는 곳은 전미경제연구소NBER의 경기순환결정위원회Business Cycle Dating Committee이다. 이곳에서 경제침체를 공식적으로 선언하면 경제침체이다. 일반적으로 미국이 경제침체에 빠지면 한국 또한 경제침체일 확률이 아주 높다. 경제 시스템의 관점에서 볼 때 미국이 경제가 어려워지기 전에 한국부터 어려워질 확률이 더더욱 높다.

경제침체 선언은 실질적으로 경제침체에 빠지고 주가가 다 폭락하고 난 뒤 내려진다. NBER의 자료들과 통계를 분석해 보면, 여섯 번의 경제침체 패턴을 보았을 때 평균적으로 경제침체에 빠지고 난 뒤 7.3개월이 지나서야 경제침체를 공식적으로 선언한다. 즉, 우리가 경제침체에 빠졌다는 사실을 알게 될 때면 이미 시장은 폭락해서 그때 대응하는 것은 어불성설이라는 이야기다. 미리 대비하고 준비해야만 위기에 대응하면서도 좋은 기회까지 잡을 수 있다.

실업률, GDP 보면 괜찮은데?

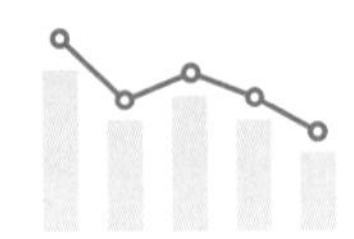

앞으로 경제가 어려워질 거라고 경고하면 "실업률이 바닥 수준인데 경제가 어려워질까요?" "실업률이 이 정도면 경제가 탄탄하다는 얘기인데 그럼 계속 투자해도 되지 않나요?"라는 반응도 많이 나온다. 물론 논리적으로 생각해 봤을 때는 틀린 말로 들리지 않는다. 그

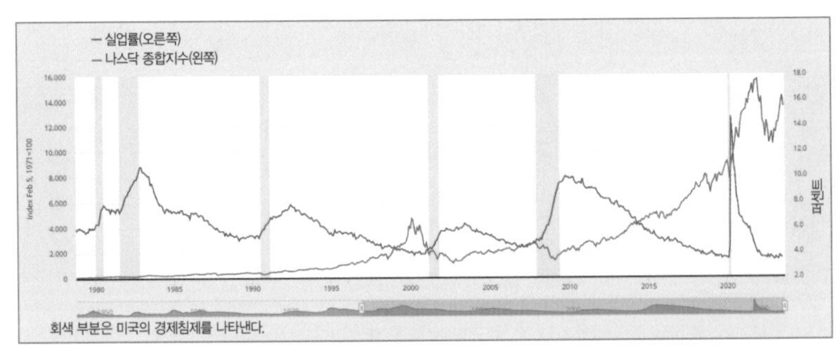

실업률(빨강)과 나스닥(파랑)의 관계. 실업률은 주가가 폭락하고 난 이후 오르기 시작한다.
(출처: Fred)

리고 많은 투자자가 마치 진짜와 같은 논리적인 가짜 전문가들의 멘트에 속아 넘어가 투자를 열심히 하다가 망하곤 한다.

실업률은 실전에서 '경기후행지표'다. 즉, 경제가 안 좋아지고, 주가가 폭락하고, 부동산 가격이 폭락하고 나서야 실업률이 올라가기 시작한다는 얘기다. 실업자가 눈에 띄게 많아질 정도로 실업률이 높아질 때쯤에는 이미 시장은 폭락했기에 그때 가서 투자든 사업이든 일이든 대응하려고 하면 늦는다는 것이다.

GDP도 마찬가지다. 보통 주식시장과 GDP의 역사적 흐름을 보면 주식시장이 GDP보다 6개월가량 선행하는 모습을 보인다. 즉, 주식시장은 현실 경제의 방향성을 6개월 미리 앞서서 움직인다. 그러므로 현재 경제에 큰 문제가 없고, 실업률이 바닥 수준이고, GDP도 괜찮은 것 같으니 주식 투자를 해도 된다는 말은 옳지 않다고 볼 수 있다. 오히려 주식시장을 앞서서 선행하는 지표가 무엇인지 발굴할 수 있어야 한다.

앞서 언급했던 경기선행지수나 장단기금리차에 대해 기본만 이해해도 현재 경제 사이클이 대략 어디쯤 있고 앞으로 어떤 방향으로 나아갈지 점검할 수 있다.

경제 예측은 불가능해?

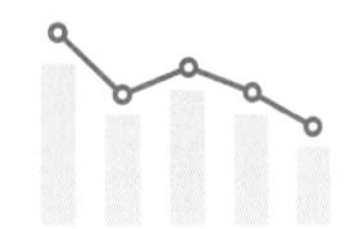

심리학 용어에 확증편향確證偏向, Confirmation bias이라는 말이 있다. 그 가설의 진위와 상관없이 자신이 믿고 싶은 정보는 맹신하고 부정하고 싶은 정보는 무시하거나 받아들이지 않는 심리적 현상이다. 진실과는 무관하게 자기가 진실이라고 믿는 것만 최선을 다해 믿고, 자신이 믿는 진실과 관련된 자료만 찾아보며, 자신이 믿는 어떠한 가설이 진실이라고 확신하면서 편향적 사고를 갖는 것이다.

피터 린치를 포함해 월가의 전설적 투자자뿐 아니라 현재 활동하는 전문가 중에도 "주식이 오를지 내릴지 예측하지 마라" "경제를 예측하는 데 시간을 허비하지 마라"라고 하는 이들이 있다. 이런 주장을 필터링 없이 그대로 받아들인 개인투자자는 '아, 경제는 아무도 예측할 수 없는 영역이구나' '가치투자가 최고구나' 하고 믿어버리는 경향이 있다.

"메일함에 하워드 막스의 메일이 있으면 나는 그것을 가장 먼저 읽는다." 투자의 귀재로 알려진 워런 버핏이 한 말이다. 하워드 막스는 세계적인 억만장자로 월가에서 '가치투자의 대가'로 알려져 있다. 그런데 왜 워런 버핏은 경제 분석과 예측을 기반으로 투자하는 매크로 펀드매니저 하워드 막스가 보낸 메일을 가장 먼저 읽는다고 밝혔을까? 왜 그는 누가 시키지도 않는데 늘 미국의 경제 전망을 내놓을까?

전 세계 최대 규모의 헤지펀드이자 금융계의 애플로 불리는 브리지워터는 매크로 투자의 전설 레이 달리오가 설립한 펀드이다. 약 200조 원 규모의 자산을 운용하는데, 그들은 매크로를 깊게 파고들어 매크로 투자의 달인이 되었다. 정말 경제 예측과 판단이 불가능하다면 그러한 투자로 돈을 벌어들이는 사람들이 존재할 수 있을까?

내가 아는 세상이 전부는 아니다. 경제 예측은 내가 할 줄 모르는 것뿐이지 불가능한 것은 아니다. 앞서 언급했던 매우 기본적인 LEI나 금리, 장단기금리차만 알아도 경제는 어느 정도 예측이 가능한 영역에 있다는 것을 알 수 있다. 한계가 있을 뿐 어느 정도 영역에서는 충분히 투자에 큰 참고가 될 만큼 분석하고 예측할 수 있다.

장기투자를 하면 무조건 수익이 날까

"어차피 10년 이상 장기로 투자하면 수익을 볼 텐데 뭐 하러 지금 팔아요? 그러다가 상승 놓치면 책임지실 거예요?" 백 번 맞는 논리다. 당신이 투자하는 그 종목이 정말 중장기적으로 상승할 근거가 확실하다면 말이다. 장기투자의 중요성은 백 번, 천 번을 강조해도 지나치지 않다.

실제로 S&P500의 약 90년 동안의 성과를 보면 답을 알 수 있다. 미국 주가지수인 S&P500을 기준으로 투자 기간이 늘어날수록 승률도 늘어난다. 10년 이상 투자하면 수익을 볼 확률은 94%이고 20년 이상이면 승률이 100%에 달한다. 심지어 투자 기간이 3개월 정도만 되어도 승률은 68%에 달한다. 이 정도면 아주 높은 승률 아닌가?

S&P500 투자 기간별 승률(1926~2015)

(단위: %)

투자 기간	수익	손실
하루	54	46
3개월	68	32
1년	74	26
5년	86	14
10년	94	6
20년	100	0

(출처: Returns 2.0)

하지만 투자자들이 여기서 놓치는 것이 몇 가지 있다. 미국은 약 90년 동안 계속 성장했으며 전 세계 최대 규모의 경제 대국이다. 즉, 패권을 쥐고 있는 국가라는 것이다. 또 장기적으로 수익을 본다 한들 20년 동안 기다려 10%밖에 볼 수 없다면 어떨까? 물가상승률을 감안하면 오히려 손해일 것이다.

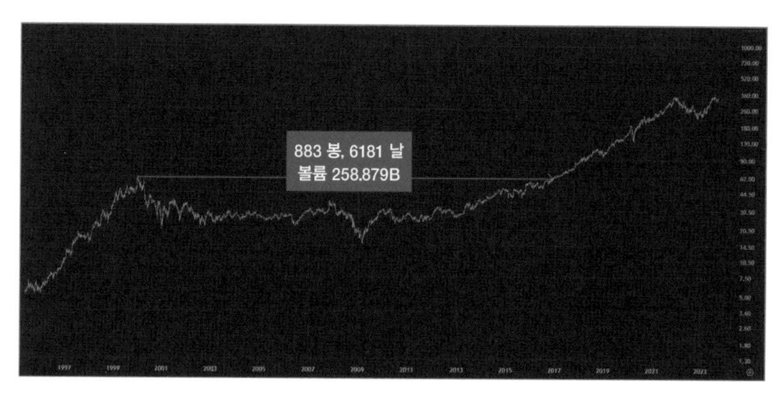

마이크로소프트 주가의 로그 차트
(출처: TradingView)

2000년 당시 마이크로소프트는 미국 증시의 황제주이자 닷컴버블의 최대 수혜 종목이었다. 마치 지금의 AI처럼 인터넷 관련 사업에 모든 사람이 관심을 가질 때였고, 수많은 개인투자자가 일확천금을 노리며 주식 투자에 나섰다. 그러면서 마이크로소프트는 실제 가치에 비해 주가가 지나치게 오른다.

그 이후 마이크로소프트가 전고점(앞선 가격의 고점)을 회복하는 데에 걸린 기간은 무려 16년(2001~2017)이 넘는다. 즉, 만약 마이크로소프트라는 주식에 매력을 느끼고 고점에 투자한 이후 손실이 나기 시작했음에도 바뀔 미래를 기대하며 손실에 신경 쓰지 않고 투자를 계속했다면, 원금 회복에만 16년 이상 걸렸을 것이라는 얘기다. 이 차트 하나가 정말 많은 것을 깨우치게 해준다.

장기투자가 반드시 정답은 아니다

잃고 싶어서 투자하는 사람이 없듯이 승률은 정말 중요하다. 수익을 낼 확률이 곧 승률이고, 우리는 수익을 보려고 투자한다. 승률을 높이려고 재무제표를 공부하고, 경제를 공부하고, 차트를 분석한다. 하지만 승률만이 중요한 것은 아니다.

만약 2000년 닷컴버블에 마이크로소프트에 투자했다면 17년 뒤 수익권에 진입했을 것이다. 만약 45세에 투자했다면 65세가 됐을 때 2배가 넘는 수익률을 보았을 것이다. 하지만 물가도 그만큼 더 올랐으므로 실질수익률은 얼마 되지 않거나 오히려 손해였을 것이다.

만약 마이크로소프트처럼 실제로 혁신적인 종목이 아니라 다른 종목을 선택했다면 어땠을까? 20년 뒤 그 종목은 상장폐지가 되어 아예 없어졌거나, 여전히 제자리걸음이거나, 오히려 손실 중일 수도 있다.

장기투자는 우리의 승률을 높여주고, 남을 따라 하는 뇌동매매를 줄여주고, 수익을 보도록 도와주는 최고 전략 중 하나이다. 워런 버핏은 "10년 이상 보유할 주식이 아니라면 단 10분도 갖고 있지 말라"라고 했다. 그의 말처럼 장기투자는 그만큼 수익을 보는 데에 중요한 요소인 것은 맞다. 하지만 '좋은 종목'을 '저렴한 가격'에 사서 가치가 최대화될 때까지 '장기로 투자'하는 것이 중요하다. 여기서 나쁜 종목을 고르거나 저렴하지 않은 가격에 매수한다면 승률이 많이 떨어지게 된다. 장기투자는 수익을 위한 하나의 중요한 재료일 뿐 투자 전부를 해결해 주는 결정적 수단은 아니다.

중간고사에서 전교 1등을 한 친구는 기말고사 때도 전교 1등을 할 확률이 높다. 특히 전교 꼴찌인 친구가 전교 1등을 할 확률과 비교해 본다면 전자의 확률이 압도적으로 높다. 이렇듯 과거는 미래를 판단하는 하나의 척도다. 그러나 투자 환경은 계속 바뀐다는 것이 중요하다.

위에서 살펴본 주식 투자의 승률은 미국이 성장하던 당시 미국 주가지수를 기준으로 한 것이다. 만약 1990년 일본의 주가지수인 니케이 지수에 투자했다면 30년이 훌쩍 지난 오늘날에도 원금을 회복하지 못했을 것이다. 물가상승률을 감안한다면 손실이 더 클 테고, 다른 곳에 투자해서 수익을 낼 수 있었던 기회비용까지 생각한다면 더더욱 큰 손실을 보았을 것이다. 즉, 어떤 종목을 사느냐도 장기투자만큼 중요한 요소라는 것이다.

자산배분도 중요하다

뒤에서 다시 얘기하겠지만 한 종목에 모든 자산을 밀어넣고 장기투자하는 방식은 대단히 위험하다. 삼성전자 주식에 수십 년간 투자해 경제적 자유를 이룬 택시기사가 텔레비전에 나온 적이 있다. 택시 운행을 하면서 벌어들인 돈으로 삼성전자 주식을 꾸준히 사들였는데, 절대 팔지 않고 계속 주식 수를 늘려갔다. 결국 오늘날 삼성전자는 세계의 반도체 시장을 주름잡는 공룡 기업이 되었고, 그분 또한 큰 부를 일구었다.

소수 종목에 집중해서 투자하는 것은 수익률을 끌어올리는 데 큰 도움이 된다. 하지만 리스크 또한 동시에 높아지는 요인이다. 당신이 선택한 그 종목이 삼성전자가 될 회사가 아니라면 장기로 투자한 10년, 20년 세월을 몽땅 날려버릴지도 모른다는 사실을 염두에 두어야 한다.

왜 갑자기
경제가 어려워졌죠?

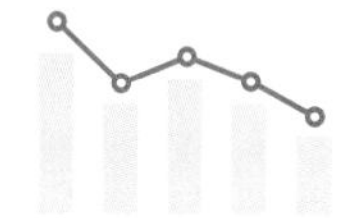

레버리지는 빚인가 빛인가

경제침체를 처음 맞닥뜨린 사람들은 '왜 갑자기 경제가 어려워졌을까?' 싶어 당황할 수도 있고, 경제를 어렵게 만들 때까지 방관한 것으로 보이는 정부를 탓할 수도 있다. 하지만 경제침체는 갑작스럽게 터지는 것이 아니라 사람들의 욕심으로 생긴 신용 버블이 한계에 달해서 터져버리는 현상이다.

성장하는 경제의 생산성은 장기적으로 산술급수적인 모습을 보인다. 숫자로 예를 들면 1 → 2 → 3→ 4 → 5의 형태로 차근차근 성장하는 모양새를 보인다는 것이다. 하지만 자산가격은 다르다. 2 → 4 → 8→ 16 → 32와 같이 기하급수적으로 상승한다. 어떻게 경제는 1이 성장하는데 자산가격은 2, 4, 8만큼 상승할 수 있을까?

그 비밀은 바로 '신용'에 있다. 브리지워터 설립자 레이 달리오가 만든 교육 영상 'How The Economic Machine Works(2013)'에서는 미국의 신용이 50조 달러(약 6.5경 원)에 달하지만, 실제 돈의 총량은 3조 달러(3,900조 원)에 불과하다고 말한다. 진짜 돈보다 가짜 돈이 16배 많은 규모인 것이다. 이러한 신용은 은행 대출, 카드사 리볼빙 등으로 만들어진다. 특히 은행은 합법적으로 돈놀이를 할 수 있는데, 이러한 돈놀이로 어마어마한 신용이 만들어진다.

은행은 당신이 100만 원을 맡기면 10만 원은 법적으로 보유할 의무가 있고, 나머지 90만 원은 대출해 줄 수 있다. 즉, 은행은 당신 돈 100만 원에서 90만 원을 대출해 주는 합법적인 돈놀이를 할 수 있다. 국가별, 시기별로 다르지만 지급준비율을 10%로 가정한다면 그렇다. 그럼 여전히 은행 통장에는 당신 돈 100만 원이 있고, 은행에서는 그 돈을 이용해 90만 원이 대출로 나갔으니 시중에 풀린 돈은 190만 원이 되는 셈이다. 갑자기 없던 90만 원이 세상에 만들어진 것이다.

그 90만 원은 또다시 다른 사람에게 대출되어 사업, 투자, 생계 자금으로 쓰이고, 그 돈들이 다시 돌고 돌아 예금으로 들어온다. 그럼 그 예금 중 아주 일부만 빼고 나머지는 다시 대출된다. 이런 구조가 반복되면서 세상에 없는 가짜 돈이 마치 사이버머니같이 계좌에 찍혀 실제 보이지 않는 돈들이 생기는데 이를 '신용'이라 하며, 돈이 유통되는 과정에서 은행에 의해 신용이 불어나는 현상을 '신용창조'라고 한다.

이러한 신용은 경제를 더욱 빠르게 과열시킨다. 당신이 작은 카페를 운영하는데 월 300만 원을 벌고 있다고 해보자. 이 300만 원을 꼬박꼬박 모아 2억 원을 만들었다. 당신은 혹시 모를 위험에 대비해 대출을 받고 싶지 않아서 기존의 카페를 팔고 여기에 2억 원을 보태 새로운 카페를 차렸다. 다행히 장사가 잘되어 이제 월 소득이 600만 원이 되었다. 월 소득이 무려 2배나 뛴 것이다. 그래서 지금까지 아끼고 저축한 보람을 느끼며 지내고 있다.

그런데 같은 동네에서 비슷한 규모로 카페를 하던 A 사장이 어느 날 포르쉐를 타고 나타났다. 소문에는 A 사장이 카페를 3개나 하고 있고, 카페로만 월 3,000만 원 정도를 벌고 있다고 한다. 분명 몇 년 전만 해도 당신과 같은 수준의 카페를 했는데, 당신은 소득이 600만 원이고 A 사장은 무려 3,000만 원이라니 갑자기 너무 억울하다고 느껴졌다.

그래서 당신은 곧바로 A 사장을 찾아가 물어보았다. "당신은 나와 같은 규모로 카페를 운영하지 않았나요? 그런데 어떻게 이렇게 빠른 시간에 성장할 수 있었나요?" A 사장은 고맙게도 흔쾌히 그 노하우를 알려주었다.

"나는 레버리지(빚)를 이용했을 뿐입니다. 첫 번째 가게에서 벌어들인 돈을 모으고 은행에서 대출을 받아 큰 카페를 차리고 나니 수입이 껑충 뛰더군요. 이자도 그리 높지 않아서 원금과 이자를 잘 갚아나가며 첫 번째 가게와 두 번째 가게에서 벌어들이는 소득을 일정 부분 모으고, 갖고 있던 부동산까지 담보를 잡아 대출을 받아서 세 번째 가게를 차렸습니다. 그랬더니 월 300만 원이던 소득이 무려 3,000만 원까지 늘더군요. 물론 1년에 이자만 5,000만 원을 내지만 말입니다."

이는 자영업을 하는 사람들 사이에서 어렵지 않게 볼 수 있는 스토리다. 인간의 욕심은 끝이 없다. 그리고 일정 기준만 된다면 은행은 얼마가 됐든 돈을 내준다. 담보가 있다면 더더욱 많은 돈을 내준다. 더 많은 소득을 얻는 사람들은 더욱 많은 소득을 얻으려고 기꺼이 대출을 받는다. 그렇게 벌어들인 돈에 대출을 더해 부동산, 주식에 투자하면서 부를 불리려고 시도한다. 결국 인간의 본질이라고 할 욕심 때문에 신용이 급속도로 팽창하는 것이다.

그래서 금리가 낮아지면 시차를 두고 대출 수요가 증가하며, 대출 수요가 늘어나면서 시중에 도는 돈들이 많아지고, 신용창조가 생기면서 결국 사람들의 소득도 늘고 자산가격도 상승한다. 자산가격이 상승하면 추가 대출 여력이 생기므로 또 대출을 받아 그 돈을 다른 자산에 투자한다. 이런 과정이 반복되며 신용은 급속도로 팽창하여 경제 규모에 비해 지나친 수준에 이른다. 그런데 이렇게 자산가격이 상승하고 소득만 오르면 다행인데 반대급부로 물가도 함께 오른다. 왜 그럴까?

톱니바퀴처럼 맞물려 돌아가는 경제

사람들이 여유가 많아지면 씀씀이가 커진다. 그럼 어떤 물건이든 수요가 많아진다. 세상에 사과가 100개 있고 사람이 100명 있는데, 한 사람당 사과를 1개만 원한다면 사과 가격은 안정적일 것이다. 공급

100과 수요 100인 상황이다. 그러나 사람들의 지갑 사정이 넉넉해지고 씀씀이가 커져서 사과를 2개 원하게 된다면 어떨까? 사과를 찾는 사람들의 수요는 100개에서 200개가 되었지만 시장에 풀린 사과는 여전히 100개이다. 수요가 공급보다 많으니 결국 사과 가격이 오르게 된다. 간단하게 보면 이러한 메커니즘으로 경제가 성장하고 과열되기 시작하면 물가도 자연스럽게 오른다. 그리고 이러한 물가가 과도한 수준으로 오르면 소득에 제한이 있는 서민층부터 먹고살기 힘들어지고 경제는 결국 붕괴된다.

그렇기에 미국 연준을 비롯해 전 세계 중앙은행은 물가 상황을 보고 물가가 지나치게 오를 거라고 판단되면 금리를 인상한다. 시중에 풀던 돈도 더 풀지 않게 된다. 그럼 자연스럽게 지금까지 우리가 앞서 확인했던 경제의 성장이 반대로 흘러가게 된다. 이자가 높아지니 사람들이 돈을 빌려 부동산이나 주식을 사는 데 부담을 느끼고, 빚을 내서 장사하던 사람들도 이자 부담 때문에 더는 빚을 내서 가게를 늘려나가고 사업을 확장할 엄두를 못 낸다. 게다가 이런 부담 때문에 사람들이 씀씀이를 점점 줄인다. 그러면 사람들 소득도 전반적으로 줄기 시작하는 악순환의 고리를 타는 것이다. 그래서 금리만큼 경제에 중요한 요소도 없다.

이러한 경제의 메커니즘은 단시간에 벌어지는 일이 아니다. 아주 천천히, 오랜 시간을 두고 진행된다. 특히 장단기금리차가 역전될 정도의 상황이 벌어지면 앞으로 경제침체는 거의 예정된 순서나 마찬가지 상황이 된다. 하지만 경제를 조금도 이해하지 못한다면 어느 날 갑자기 IMF가 오고, 금융위기가 터진 것처럼 보일 수 있다.

경제침체는 천천히 다가온다

자본주의에서 돈은 산소와 같다. 우리 곁에 늘 존재하고 또 우리는 늘 돈이 필요하다. 그럼 그 돈을 다룰 기초 지식 또한 필요할 텐데, 사람들은 성공하고자 10년이 넘는 세월을 들여서 의사가 되고, 기술을 평생 갈고닦아 큰 공장을 차린 제조사 사장님이 되더라도 정작 이런 돈을 다루는 기초 지식이 없는 경우가 정말 많다. 얼마 전까지만 해도 한국인의 금융지식 수준은 우간다보다 못하다는 자료까지 나왔으니 우리나라 금융지식의 수준은 경제 수준에 비해 처참한 수준이라고 할 수 있다.

경제침체는 갑자기 오지 않는다. 전 세계 경제를 위험에 빠뜨렸던 글로벌 금융위기는 서브프라임모기지 사태가 방아쇠가 되어 터졌다. 하지만 사실 서브프라임모기지는 글로벌 금융위기가 시작된 2008년보다 4년이나 앞선 2004년부터 문제되었던 일이다. 버블이 커지고 커지다 2008년에 터진 것뿐이라는 얘기다.

성장하는 국가의 경제는 장기적으로 우상향한다. 그러나 자산가격은 더 크게 오르기도 하고, 경제성장에 비해 더 크게 떨어지기도 한다. 즉, 평균으로 회귀한다. 그래서 경제침체는 정확히 말하면 그간 경제가 뜨거웠기 때문에 발생하는 경우가 많고, 버블 규모가 클수록 더 큰 경제침체를 동반한다. 미국의 대공황이나 니프티피프티nifty fifty 버블(미국에서 대형주 50개를 중심으로 발생했던 버블), 금융위기, 닷컴버블, 일본의 잃어버린 30년 등의 경제침체, 자산가격 폭락 사례를 확인해 보면 알 수 있다.

경제 몰라도 수익 낼 수 있지 않나요

투자의 대가 가운데 경제 분석을 할 줄 모르는 사람이 많듯이 경제를 몰라도 수익을 낼 수 있다. 투자로 얼마든지 성공할 수 있다. 하지만 일정한 주기로 -30%, -50%씩 폭락하는 시장을 매번 견디고, 갑자기 자금줄이 틀어막혀 원래 하려던 부동산 투자에 변수가 생기고, 이자율이 높아져 더는 투자하기가 어려울 때 매물을 팔려고 하니 팔리지도 않는 상황을 어렵지 않게 미리 알 수 있는데도 굳이 외면할 필요는 없지 않을까?

연구자료를 보면, 투자자들이 주식에 투자할 때 경제(10%)보다는 기업가치(90%)에 집중하는 경향이 있다고 한다. 즉, '지금 금리가 어떻고 환율이 어떤 상황이라 앞으로 경제가 어떻게 될 테니 이 주식을 사자 또는 팔자'식의 판단이 아니라 '이 회사의 사업성이나 전망, 순이익 성장률 등을 봤을 때 이 주식을 사자 또는 팔자'식의 판단을

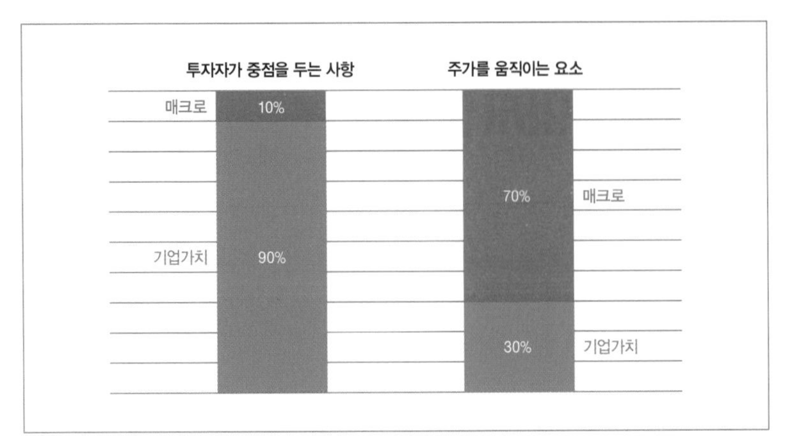

주식 투자자들이 투자할 때 집중하는 요소와 실제 주식 가격을 움직이는 요소
(출처: Cornerstone Research)

한다는 것이다. 실제 실무를 볼 때도 투자자들이 그러하다는 느낌을 많이 받는다. 하지만 실제는 좀 달라서 주식을 움직이는 것은 기업의 내재가치(30%)보다는 경제(70%)의 영향이 더 크다고 한다.

쉽게 비유해 보자. 어느 날 갑자기 전 세계에 대공황이 오거나 제3차 세계대전이 터졌다. 이 상황에서 대부분 주식이 상승할 수 있을까? 이때는 기업의 내재가치가 문제가 아니라 그 기업이 전시에도 생존할 수 있느냐가 중요해진다.

록히드 마틴이나 한화솔루션의 주가는 오를지 모르지만 대다수 종목은 하락할 확률이 매우 높다. 경제의 방향성과 흐름에 따라 기업의 내재가치 또한 절대적으로 영향을 받는 것이다.

실제로 닷컴버블, 금융위기 등 주요 경제침체 사례를 보더라도 시장 폭락에 계속 반등한 종목들은 손에 꼽는다. 아니, 실질적으로 그런 종목은 거의 없다고 보아야 한다. 우리가 즐겨 투자하는 종목에는 더더욱 없을 확률이 높다.

경제를 깊이 몰라도 투자하는 데는 큰 문제가 없다. 하지만 교양 수준에서만 어느 정도 알더라도 확실히 세상을 보는 시야가 달라진다. 매크로를 10년 배운 사람과 20년 배운 사람이 있다고 할 때, 10년 배운 사람이 20년 배운 사람보다 잘할 수도 있다. 그런데 매크로를 1년 배운 사람과 안 배운 사람은 그야말로 하늘과 땅 차이이다. 아주 크게 차이 난다는 것이다.

잘못된 시각으로 경제 뉴스를 봐야 큰 도움이 되지 않는다. 기본적으로 금리, 환율, 물가, 고용 등을 이해할 수 있을 때 경제 뉴스도 챙겨보고 해야 투자 판단도 더 정확하게 할 수 있다.

전문가가 사도 된다고 하는데요?

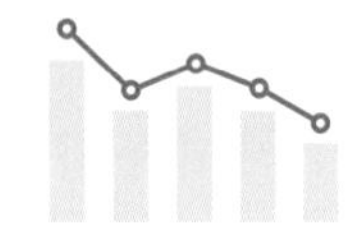

이것은 답변하기 가장 어려운 질문이다. 좋은 학교를 나와 훌륭한 커리어를 갖춘 전문가들이 하는 말이니 당연히 인사이트가 있을 것이다. 그러나 주식, 부동산 쪽 전문가들이라고 해서 그들이 곧 경제 전문가는 아니다. 내 주변에는 전문직들과 금융권 종사자들이 있다. 그런데 그들 가운데는 간단한 개념인 장단기금리차나 경기선행지수조차 모르는 이들이 많다. 테니스를 10년 한 사람에게 배드민턴을 어떻게 치는지 물어보는 경우와 같다고 할 수 있다. 주식 분석의 달인에게 경제 관련 질문을 하는 것 자체가 어불성설 아닐까.

나는 주식, 비트코인, 부동산이 최고점 부근이던 2021년 9~12월부터 주식, 암호화폐, 부동산 등 모든 투자자산의 현금화를 권유했다. 그 당시에는 투자 분야의 모든 전문가가 매수를 외쳤다. 그러한 시기에 경제침체와 하락장을 언급했으니 온갖 비난과 욕설을 들을 수밖에 없었다. 그러나 시장은 경제의 이치에 맞게 흘러간다. 결국 그 이후 자산가격은 하락세를 계속하고 있다. 자산가격은 중장기적으로 경제 흐름에서 절대로 벗어날 수 없다.

평시에는 경제도 안정적이고 신용도 점진적인 증가세를 보이므로 시장이 크게 요동치지 않는다. 이럴 때는 경제 분석보다는 기본적 분석, 기술적 분석, 퀀트 등 다양한 전략이 더 유효할 수 있다. 그 대신 경제는 ① 어떤 나라의 ② 어떤 섹터의 ③ 어떤 종목이 많이 상승할지 그리고 지금과 미래에 어떤 종목을 매매해야 하는지 구체적으로 큰 그림에서 인사이트를 준다.

매크로 분석은 패션과 같다. 패션은 주기를 두고 순환해서 때로는 나팔바지가 유행하고, 때로는 스키니진이 유행하고, 때로는 복고가 유행한다. 금융시장도 마찬가지다. 때로는 주식이, 때로는 부동산

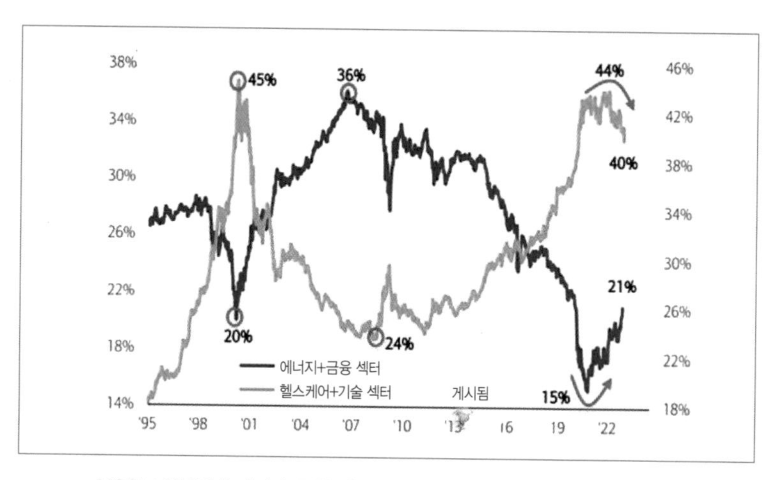

MSCI ACWI에서 에너지+금융 섹터와 헬스케어+기술 섹터가 차지하는 비중.
일정 주기를 두고 순환한다. 이 그래프를 보면 향후 10년간 유망한 섹터는 에너지+금융 섹터이다.
(출처: Isabelnet)

이, 때로는 원자재가 유행한다. 주식 안에서도 때로는 에너지+금융주가, 때로는 헬스케어+기술주가 유행한다. 보통 경제침체를 기점으로 유행이 뒤집히는데, 대개 10년 내외의 기간을 두고 순환한다.

나는 구독자, 수강생, 고객들에게 "저를 믿지 마시고 데이터를 믿으세요"라고 말한다. 믿어준다는 것은 감사한 일이지만 자칫 내 의견을 잘못 해석해 투자에서 실수하는 일이 벌어질 수 있다. 내가 제공하는 정보와 툴이 아무리 좋다 하더라도 본인이 발전하지 못하면 계속 의지하게 된다. 그래서 늘 데이터와 통계 등 내가 제공하는 자료와 근거에만 주목해 달라고 부탁드린다.

그저 경제와 투자가 좋아서 하는 일인데 굳게 믿어주는 분들이 많아 '빅쇼트 김피비' '한국의 마이클버리'라는 별명도 얻었다. 상승하는 건 모르겠지만 떨어지는 것 하나는 기막히게 맞힌다는 것이다. 상승 예측도 좋은 반응을 얻었으나 하락 예측이 워낙 임팩트가 있었던 모양이다. 앞으로 상승 예측도 임팩트 있도록 노력해 보자는 과제가 생긴 상황이다.

바닥은 아무도 못 잡아

앞서 경제침체를 예측할 수 있는, 초보자도 활용 가능한 간단한 방법을 소개했다. 그렇다면 경제침체나 하락은 어느 정도 예측할 수 있다는 얘기인데, 중요한 건 바닥을 잡을 수 있느냐다. 한 연구 결과를 보면, 경제침체 이후 주가의 바닥을 잡을 때는 바닥이 오기 전에 매수하는 것보다 바닥을 정확히 확인하고 난 이후에 매수하는 것이 리스크 대비 수익률이 높았다.

좀 더 앞서서 볼 수 있는 눈이 있다 하더라도 정확하게 바닥을 잡으려고 노력하기보다는 확실하게 바닥에 도달했는지 데이터로 확인한 이후 접근해야 오히려 위험도 적고 기대수익률도 높아질 수 있다는 얘기다. 그런데 여기서 놀라운 사실이 있다. 수학 공식처럼 경제침체의 바닥도 예측할 수 있는 일정한 공식이 존재한다는 것이다. 다만 사람들이 잘 모를 뿐이다.

매크로를 기반으로 하는 기관투자자들은 이미 이런 공식을 기반으로 데이터에 의존해 투자하고 있다. 중장기 경제와 주가의 바닥을 판단할 수 있어 실제 기관투자자들이 활용하는 초간단 체크리스트다. 최대한 쉽고 간단하게, 하지만 유용하게 활용해 볼 수 있는 것을 먼저 소개한다.

CB LEI가 바닥에 도달했나

앞서 살펴본 콘퍼런스보드의 경기선행지수LEI는 주기를 판단할 뿐만 아니라 경제의 바닥, 중장기적인 주가의 바닥을 잡는 데도 큰 도움이 된다. 구체적으로는 'LEI가 전년대비 증감률YoY, Year on Year 기준으로 바닥에 도달한 이후 3개월 이상 강력한 상승세로 전환했는지'를

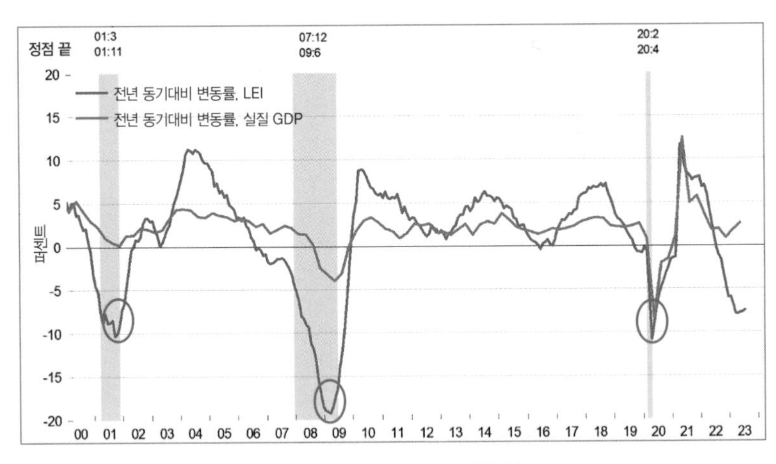

미국 콘퍼런스보드의 경기선행지수
(출처: The Conference Board, BEA)

체크해 보면 된다.

콘퍼런스보드의 경기선행지수를 보자. 지수가 바닥에 도달하고 강력하게 반등했던 때를 빨간 원으로 표시했다. 강력한 반등세가 나온 것이 확인된 순간이며, 저 당시가 글로벌 주가와 경제의 중장기 저점 수준이었다. 정확한 주가의 밑바닥을 잡으려는 욕심만 버린다면 LEI 하나만으로도 승률을 압도적인 수준으로 높일 수 있다.

주식시장 격언에는 '무릎에서 사서 어깨에서 팔아라'라는 말이 있는데, 주식의 최저점과 최고점을 잡으려고 애쓰는 것이 투자에 큰 도움이 되지 않으니 적절한 저가에 사서 적절한 고가에 팔라는 교훈이다. LEI를 정확하게 이용할 줄 안다면 무릎이 아니라 발목 수준에서도 매수할 여건이 만들어진다.

다만, 미국의 LEI를 기준으로 하므로 한국 주식시장이나 여타 국가의 주식시장에 투자하려고 계획 중인 사람들은 해당 국가의 경제 상황도 다시 한번 크로스 체크해 보는 것이 실력을 키우는 데 도움이 된다. 아무래도 미국이 곧 글로벌이기는 하지만 미국의 경제 여건과 다른 나라들의 경제 여건은 다를 수밖에 없기 때문이다. 내가 투자하는 대상 국가의 주식 또는 해당 섹터가 더 빠르거나 느리게 회복될 여지가 있다. 그럼에도 LEI는 그런 보완점을 뛰어넘는 '편리성, 신속성, 유용성'이 있다.

실업률이 급증했나

실업률은 일할 의지가 있지만 직장을 구하지 못한 사람들의 비율을 의미한다. 실업률은 대표적인 경제의 동행-후행지표이다. 즉, 주가가 폭락하고 본격적으로 실물경제가 어려워져야만 요동치는 지표다. 그래서 실업률을 주가의 방향성 예측에 활용하는 것은 적절하지 않다.

그러나 실업률이 일정 수준으로 올라왔는지 확인해 보는 것은 꽤 유용하다. 미국을 기준으로 '실업률이 바닥 대비 1.5배 이상 상승했는가' 또는 '실업률이 고점을 찍고 하락으로 전환했는가'를 살펴보면 주가와 경제의 방향을 예측하는 데 큰 도움이 된다.

다음 자료를 보면, 실업률이 고점에 도달했던 순간을 흰색 세로선으로 표시해 놓았다. 보다시피 실업률이 고점에 도달하고 내려오는 때에는 이미 주가는 바닥에서 일정 수준으로 올라와 있다. 즉, 실

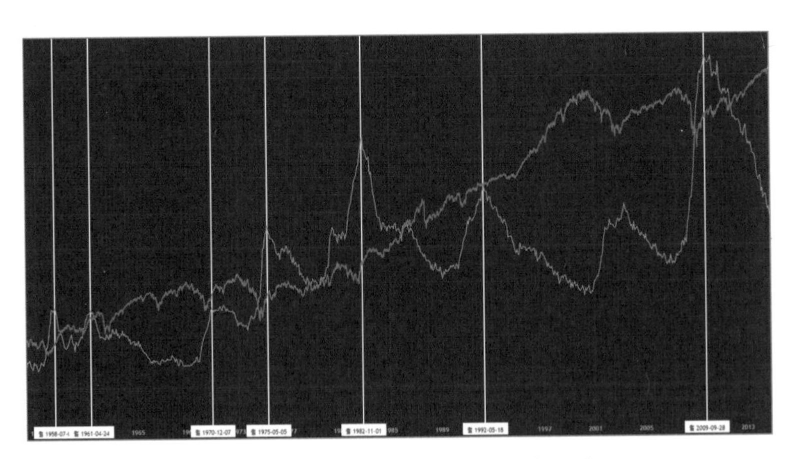

미국의 실업률(주황선)과 S&P500 주가지수(파란선)
(출처: TradingView)

업률이 고점에 도달했다가 내려오는 것을 확인하고 주식을 매수한다면 무릎 정도를 잡는 데는 도움이 되는 것이다. 부동산은 대체로 한 번 침체기를 겪으면 주식시장보다 느리게 회복되는 경향이 있으므로 실업률과 주가 동향을 보고 조금 더 늦게 움직이는 부동산 투자에 이 시그널을 활용해도 좋다.

좀 더 선행적으로 빠른 판단이 필요하다면 실업률(미국 기준)이 바닥 대비 1.5배 이상 상승했는지 체크해 보는 것도 좋다. 물론 연착륙이냐 경착륙이냐에 따라서도 다르겠으나 최대한 쉽고 간단하게 배운다고 한다면 이 정도만 알아두어도 모르는 것보다는 도움이 많이 된다. 바닥 대비 1.5배 이상 상승했을 때 매수하는 것이 아니라 1.5배 이상 증가한 것을 하나의 매수 대기 시그널 정도로 가볍게 해석하면 투자에 큰 도움을 받을 수 있다.

주택 신규착공이 바닥에 도달했나

주택 신규착공Housing Starts은 미국 상무부 산하의 인구조사국U.S. Census Bureau에서 집계하는 주택 경제지표로, 건축을 시작한 단독주택의 총개수를 의미한다. 경제에 어느 정도 관심이 있다면 건설 경기가 전반적인 경제에 선행한다는 말을 들어보았을 것이다. 이는 실제로 그렇다. 건설업이 최악으로 치닫다가 회복되면서 경제 또한 회복을 보이는 경향이 있기 때문이다.

미국의 건설업체는 신규 주택을 건설하기 전에 미리 건축 허가

신청서를 제출한다. 그 이후 허가가 나면 본격적으로 주택을 짓기 시작한다. 우리는 여기서 실제로 착공에 들어간 건수를 살펴보는 것이다. 주택의 신규착공 건수가 바닥에 도달했다가 반등하면 그 전후로 주가도 바닥에 도달했다가 상승으로 전환하는 경우가 많다.

특히 주택 신규착공 지표는 실업률이나 LEI 지표와 함께 활용하면 승률을 크게 높일 수 있다. 경제지표는 하나의 지표로 확인하기보다는 교차 분석할 때 승률을 높이고 수익률을 높이는 데 도움이 되는데, 주택 신규착공 지표는 더더욱 그렇다. 실제로 통계와 데이터로 검증해 보면 신규착공 데이터만 확인할 때보다 여러 지표와 신규착공 데이터를 동시에 활용했을 때가 더 좋은 투자 성과를 기록하는 경향이 있다.

경제위기에는
투자하지 말아야 한다고?

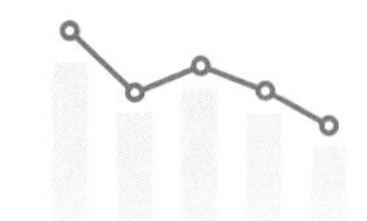

경제위기에 투자해 대박 난 이들

경제가 크게 악화되는 시기에는 자산가격도 같이 폭락한다. 또 경제 침체기에는 주식이나 부동산 등 투자자산들이 헐값으로 시장에 나온다. 당장 이번 달 먹고살기도 급급한 상황에 투자할 여유가 있는 사람이 그다지 많지 않기 때문이다.

하지만 현재 자산가로 사는 많은 사람이 위기에 기회를 잡았다. 사실 이렇게 되는 데 대단한 비결이 있는 것도 아니다. 경제가 어려워져 집값이 크게 떨어졌기에 갖고 있던 돈으로 부동산을 몇 채 사 놓았더니 그게 나중에 100억 원이 되고 200억 원이 되었다. 그런데 그 부동산을 처분하지 않고 놔두었더니 하루아침에 사람들이 자산가라고 부르게 된 것이다.

이런 사례는 부동산뿐 아니라 주식 투자에서도 찾을 수 있다. 100원의 가치가 있는 주식도 상승장에는 200원에 거래되지만 폭락장에는 30원에 거래된다. 따라서 우량한 종목을 잘 사놓고 기다리기만 하면 큰 수익을 낼 수 있기에 이 시기를 잘 타서 큰돈을 번 사람도 그 수가 적기는 하지만 분명히 있다. 크게 성공해 자산을 이룬 사람들, 그보다 덜 하지만 위기에 과감히 투자해 돈을 모은 사람들을 소개한다.

위기로 기회로 삼은 강방천 회장

경제위기를 자산을 불리는 큰 기회로 만든 이들 중 잘 알려진 사람이 에셋플러스자산운용 강방천 회장이다. 한국의 워런 버핏이라는 별명이 있는 그는 2020년 텔레비전 프로그램 〈유퀴즈〉에 출연하면서 개인투자자들에게 더욱 널리 이름을 알렸지만 사실 그는 이미 오래전부터 여의도에서 입지전적 인물이었다.

그는 외환위기로 한국 경제에 큰 위기가 닥쳤을 때 그 위기를 오히려 기회로 보았다. 외환위기가 터졌다고 해도 자본주의가 사라지지 않는 한 증권업은 계속 존재할 것으로 보았고, 주가가 바닥일 때 증권주를 매수했다. 당시 한 주당 1,200원 하던 증권주가 600원까지 떨어졌으나 외환위기가 예상보다 빨리 해결되면서 600원 하던 증권 주식이 12,000원까지 올라 67억 원을 벌게 된다.

그 이후 경제가 좋아지고 홈쇼핑이 막 성장하기 시작할 때 그는 '홈쇼핑이 활성화되면 누군가는 주문받은 물건을 배달해야 한다'는 생각을 하게 된다. 그건 택배회사에서 하는 일이었고, 그는 택배회사한진에 투자해 또다시 150억 원가량을 벌어들였다.

강방천 회장은 IMF라는 위기를 이용해 1억 원을 무려 156억 원으로 불렸다. 더 놀라운 것은 자산을 100배 이상 불리는 데 걸린 시간이 고작 1년 10개월 남짓이었다는 사실이다.

부동산 투자로 크게 수익을 낸 A씨

종잣돈 2,000만 원으로 몇 년 만에 30억 원을 만들었다면, 어떤 비결이 있는지 궁금하지 않을 수 없다. 평범한 사람도 기회를 잘 잡으면 크게 성공할 수 있다는 것을 보여주는 사례가 있다.

50대 직장인 A씨는 외환위기가 닥치기 전 주식 투자를 하고 있었다. 처음에는 작게 시작했지만 점점 욕심이 생긴 그는 상승장에 올라타려고 가족의 집까지 담보를 잡아 주식에 투자했다. 하지만 외환위기가 터지면서 그 당시 많은 투자자가 그랬듯이 그도 보유한 주식이 하루아침에 휴지조각이 되고 말았다. 졸지에 죄인이 되어버린 그는 주식의 '주'자만 나와도 이를 갈았지만 어떤 식으로든 재테크를 해서 성공하겠다는 마음까지 버린 것은 아니었다.

그가 주식 다음으로 생각한 것이 부동산 투자였다. 주식 투자 실패를 반면교사로 삼아 이번에는 제대로 준비하기로 했다. 공인중개사 자격증을 따고 경매 공부도 열심히 하면서 어느 정도 자신감이 붙은 그는 대출받은 돈 2,000만 원을 종잣돈으로 삼아 아파트에 도전했다. 경매에서 작은 아파트를 낙찰받은 것이다. 그런데 외환위기가 생각보다 빠르게 끝나면서 경매로 사들인 아파트가 단숨에 3배 이상 올랐다.

그러자 그는 이 아파트를 팔고 대출을 더 받아서 직장 근처에 있는 아파트를 사들였다. 매매 당시 1억 원 정도였던 아파트가 2년 만에 2억 원까지 오르자 또다시 팔고 차익으로 재건축아파트의 조합원 입주권을 매수해 4억 5,000만 원에 팔면서 이익을 남겼다. A씨는 이렇듯 수도권의 아파트에만 집중 투자해서 외환위기 이후 20여 년 만에 30억 원이라는 거액을 만들었다.

주식 투자로 큰돈을 번 B씨

2008년 글로벌 금융위기가 시작되자 모든 주식의 가격이 추풍낙엽처럼 폭락했다. 코스피는 고점부터 저점까지 약 -57% 하락했다. 지수가 이 정도 하락하니 아무리 대형주라 해도 주가가 떨어지지 않고 버틸 수 없었다. 잘 버텨야 -50% 반토막 수준이었고, 많이 하락한 종목은 -90%가 넘었다. 이 상황에서 기아차 또한 고점대비 최대 -80% 가까이 하락했다.

글로벌 금융위기의 공포가 한창이던 2009년 3월, 아무도 쉽사리 주식 매수에 나서지 못할 때 기아차가 유동성 위기에 처하면서 신주인수권부사채BW를 발행하게 된다. 여기서 BW는 회사에서 새롭게 발행한 주식을 먼저 살 수 있는 콜옵션(워런트)이 붙은 채권으로, 단순하게 채권 투자만 하는 것이 아니라 주식을 살 수 있는 옵션까지 붙어 있어 채권에 투자한 이후 주가가 급등하면 큰 시세차익을 보게 된다.

좀 더 자세히 설명하면, 예를 들어 주가가 1,000원에 거래되는 A회사가 어느 날 운전자금이 부족할 것을 우려해 BW를 발행한다. 그런데 주가가 1,000원이므로 이보다 낮은 수준으로 주식을 살 수 있는 혜택을 줘야만 투자자들이 들어올 거라고 판단한 A회사는 주식을 800원에 살 수 있는 옵션을 붙인 채권, 즉 BW를 발행했다. 만약 투자자가 해당 BW에 투자한 이후 주가가 올라 3,000원이 되었다면 4배가량 차익을 보는 것이다. 채권 이자는 덤이어서 주가 상승에 따른 시세차익+채권의 이자차익까지 누릴 수 있다.

당시 기아차가 발행한 BW는 만기 3년, 연 5.5% 수익률에 발행 규모가 4,000억 원 수준이었다. B씨는 기아차 BW 발행 소식을 듣고 모아뒀던 종잣돈으로 투자에 나선다. 여기서 기아차의 신주를 6,880원에 살 수 있는 권한을 받았는데, 놀랍게도 2년 뒤 기아차가 신주를 발행할 때 주가가 무려 74,000원까지 뛰었고, 그는 단 한 번의 투자로 2년 만에 채권의 연이자 5.5%를 포함해 10배가 넘는 시세차익을 보면서 그야말로 인생 역전을 한다.

금융위기로 대박 난 존 폴슨

2008년 글로벌 금융위기의 주요 요인 중 하나는 미국의 주택시장 붕괴다. 2008년 글로벌 금융위기를 예측해서 큰돈을 번 사람 가운데 가장 유명한 사람은 영화 〈빅쇼트〉의 실제 주인공 마이클 버리다. 그는 미국 주택시장 붕괴를 예측해서 큰돈을 벌어들였으며 지금도 많은 개인투자자가 시장이 하락할 때마다 그의 트위터를 방문하고 투자 포트폴리오를 찾아본다.

하지만 가장 유명한 사람이 제일 대단한 성과를 기록하는 것은 아니다. 마이클 버리는 우리 돈으로 8,000억 원 상당을 벌어들였다고 알려졌는데, 같은 시기에 20조 원 이상을 번 사람도 있다. 바로 '존 폴슨'이다. 존 폴슨이 운용하던 헤지펀드 폴슨앤코는 2007년부터 2009년까지 서브프라임모기지 붕괴에 베팅해 200억 달러(한화 약 26조 원)라는 어마어마한 수익을 올렸고, 그는 단숨에 월가의 스타가 되었다.

그럼 그는 지금도 잘나가고 있을까? 예상과 다르게 좋은 시절이 그리 오래가지 못했다. 폴슨이 운용하는 펀드의 자산은 2011년 380억 달러에서 지금은 약 10억 달러로 급감했다. 그의 펀드가 한 번 반짝인 이후 계속 나쁜 성과를 기록했기 때문이다. 돈을 벌어도 시원치 않을 마당에 연 -35%, -40%씩 계속 손실을 기록하면서 대다수 투자자가 그를 떠났다.

일제강점기 전설의 투자자 반복창

미국 대공황 당시에 하루에만 2조 원을 벌어들인 사람이 있다. 바로 제시 리버모어인데, 그런 사람이 동시대 조선에도 있었다. '미두왕'이라고 일컬어지는 반복창이다. 결혼하는 데 현재 가치로 약 30억 원을 썼을 정도로 어마어마한 부자였는데, 심지어 그때 그의 나이가 20대 초반이었다.

1900년대 인천에는 미두시장이 있었는데 미두는 쌀 미米에 콩 두豆, 즉 쌀과 콩을 거래하는 시장이었다. 그런데 실제 쌀과 콩을 거래하는 게 아니라 약간의 증거금을 내고 서류로만 쌀과 콩을 사고파는 시장이었다. 오늘날 선물, 옵션을 거래하는 파생상품 시장과 같은 것이었다.

반복창은 아라키라는 일본 상인이 운영하던 미두중매점(오늘날로 치면 증권사)에서 몇 년 동안 열심히 일하며 밤에는 지난 시세의 흐름을 분석하고 일정한 규칙을 찾아내고자 노력했다. 그렇게 몇 년 동안 일하던 어느 날, 주인 아라키가 미두 거래에서 현재 가치로 1,000억 원에 달하는 돈을 날리게 되었다. 게다가 아라키가 여기저기서 돈을 끌어다 투자한지라 주변 사람들까지 위험에 빠지게 되었다. 아라키가 전 재산을 날리고 일본으로 도망가면서 이 한 사람 때문에 미두 시장이 폐쇄되는 지경에 이르렀다.

얼마 지나지 않아 조선총독부에서 자본금을 늘려 미두시장을 재개방했는데, 이때 반복창이 그동안 모아둔 종잣돈, 현재 가치로 5,000만 원 정도를 들고 미두시장에 투자자로 나섰다. 반복창은 그동안 미두꾼들의 행동(심리)과 가격 패턴(기술적 분석)을 매일 분석해 왔던 터라 투자할 때마다 승승장구했다. 어떤 때는 한 번 투자로 약 180억 원을 벌어들였다.

반복창은 1년여 만에 투자금을 5,000만 원에서 400억 원대까지 불리면서 미두꾼들에게는 전설이 되었다. 그가 미두시장에 나타나기만 해도 미두값이 크게 급등락할 정도였다. 당시 미두시장에서는 그가 워런 버핏과 같은 존재였으리라.

반복창은 200억 원이라는 큰돈을 들여 서양식으로 집을 지었을 뿐만 아니라 1921년에는 당시 최고 미인으로 평가받던 김우동과 조선호텔에서 초호화 결혼식을 하면서 많은 사람에게 선망의 대상이 되었다.

그러나 1922년부터 미두 시세가 그의 예측과 다르게 흘러가면서 그는 조금씩 돈을 잃었다. 승률이 계속 떨어져 손실이 나자 초조해진 그는 손해를 단번에 만회하려고 투기적으로 투자하다가 결국 전 재산을 잃는다. 그가 지금까지 번 400억 원을 모두 날리는 데는 2년밖에 걸리지 않았다.

모든 것을 잃고 아내 김우동과도 이혼한 그는 엎친 데 덮친 격으로 사기 사건에 휘말리면서 서른 살에 중풍에 걸리고 말았다. 정신마저 이상해져 폐인이 된 그는 마흔 살에 세상을 떠났고 미두시장도 문을 닫았다.

앞서 살펴본 사례들에서 성공을 이어가 행복하게 살아가는 사람도 있지만 끝에 가서 실패한 사람도 있다. 성공했으면 성공한 대로 실패했으면 실패한 대로 그들에게는 분명 남들과 다른 점이 있었다.

달러 또는 현금으로 여유자금이 있었다

투자에서 성공하려면 반드시 종잣돈이 필요하다. 즉, 투자로 경제적 자유를 얻으려면 자본이 없어서는 안 된다는 것이다. 위 사례에서 투자자들은 공통적으로 위기가 닥쳤을 때 투자할 자금을 보유하고 있었다.

보통 경제침체에는 달러가 상대적으로 오르는 경향이 강해서 투자시장에서는 같은 현금이라도 원화보다는 달러가 더 안전하다고 평가받는다. 분단국가, GDP 10위인 한국의 원화와 전 세계 최강대국이자 기축통화국인 미국의 달러는 위상이 다르기 때문이다.

위기에 움직였다

그들은 자의든, 타의든, 우연이든 위기를 기회로 이용했다. 가격이 폭락하는 것을 기회로 삼아서 큰 부를 일구었다. 그들은 머릿속으로 생각만 하지 않고 실제로 행동했고 행동에 따른 결과를 누렸다. 아무리 뛰어난 투자 아이디어도 실행하지 않으면 탁상공론에 지나지 않는다.

위 사례에 나온 투자자들은 저마다 좋은 종목을 선정했을 뿐 실제로는 모두 같은 방법으로 돈을 번 것이나 마찬가지다. 바로 '변동성'을 이용한 투자를 한 것이다. 큰 변동성이 발생해서 가치와 가격이 괴리가 생겼을 때를 이용해 투자하는 방식으로 돈을 벌었다. 이렇듯 실행을 기반으로 한 투자 아이디어를 갖추어야만 위기를 기회로 만들 수 있다.

자기확신

자신을 믿지 못하면 과감히 행동할 수 없다. 주가가 폭락하는 상황에서 주식을 매수하고, 주가가 상승하는 상황에서 하락에 베팅하는 것은 대단한 용기가 필요한 일이다. 그러려면 자기 자신에게 확신이 필요하며 그 확신은 학습에서 나온다. 꾸준하고 방대한 학습량이 쌓이면 나도 모르게 자신감이 생기고, 그 자신감은 확신이 되어 돌아온다.

그러한 자기확신은 투자자들을 과감히 행동하게 만들고, 그 행동이 결국 부를 만들어준다. 그러므로 위기의 패턴을 학습하고, 위기에 어떻게 대응해야 하는지 공부가 되어 있어야만 정말 큰 기회가 왔을 때 놓치지 않고 잡을 수 있다.

하락에 베팅했다

반복창뿐 아니라 제시 리버모어, 존 폴슨 등 하락에 베팅한 사람 가운데 큰돈을 번 이들이 많다. 하지만 반복창은 모두 잃고 병마까지 덮쳐 비참하게 최후를 맞이했고, 제시 리버모어는 호텔에서 권총으로 극단적 선택을 했다. 존 폴슨도 잠깐 영광을 맞았다가 현재는 과거에 비해 있으나마나 한 규모의 펀드를 운용하는 실정이다.

하락에 베팅하거나 선물, 옵션 등 투기적인 파생상품 거래로 큰돈을 번 사람들은 대개 끝이 좋지 않았다. 그들의 영화는 늘 '새드엔딩'이었다.

반복창이 거래했던 미두시장은 사실 일본이 조선의 부를 약탈하려고 만든 것이다. 그런데 앞서 얘기했던 것처럼 미두시장은 오늘날의 선물, 옵션시장과 구조가 매우 유사하다. 증거금만으로 거래할 수 있고, 실물이 오고 가지 않은 채 상승 또는 하락에 베팅해서 방향을 맞추면 큰돈을 버는 게임이다. 오늘날의 선물, 옵션 시장도 다르지 않을 것이라고 보인다.

똑똑한 사람이 아니라 현명한 사람이 투자로 돈을 번다. 시장은 상승장에도 상승 탄력을 보이고 하락장에도 상승 탄력을 보인다. 그런데 경제위기에 숏 베팅을 했다가 시장이 상승하면서 큰돈을 잃은 사람들이 종종 있다. 하락장의 상승 탄력과 '음의 복리(지수등락이 반복하면서 기초자산에 비해 성과가 떨어지는 현상)'를 정확히 깨닫는다면 하락 베팅이나 선물, 옵션 투자를 하지 않을 것이다.

큰돈을 버는 게 목적이 아니라 '안전하게 큰돈을 버는 게' 목적이라면 평범한 현물투자로 경제위기를 이용할 생각을 해야 한다. 자산가격이 바닥에 왔을 때 넉넉한 현찰로 매수해서 경제가 회복되고 난 후 장기투자로 큰 수익을 보는 전략이 성공률과 수익률 측면에서 가장 매력적이고 유효하다.

4장

경제위기 역발상 투자법

길을 가다가 돌이 나타나면
약자는 그것을 걸림돌이라고 말하고
강자는 그것을 디딤돌이라고 말한다.

- 토머스 칼라일(영국의 철학자)

위기 속 위기,
집중투자

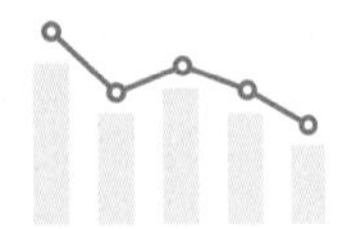

위기에 독이 되기도 하는 집중투자

대개 글로벌 금융위기, IMF 사태, 대공황과 같은 사건을 두고 '경제위기'라고 표현한다. 경제가 어려워지기 시작하면 정말 많은 일이 벌어진다. 먼저 나 또는 내 주변 사람들이 직장에서 해고되기 시작한다. 해고되고 나서 일자리를 구하려는데 보통 3개월이면 구했을 일자리를 6개월이 지나고 1년이 지나도 구하기가 쉽지 않다. 그래서 결국 내 스펙보다 하향 지원을 하지만 그마저도 쉽지 않다.

자영업자는 어떨까. 평소라면 손님이 넘쳐야 할 가게에 사람들 발길이 줄어들기 시작하고, 포스POS기를 열어보니 하루가 다르게 매출이 줄고 있다. 심각성을 느껴서 월별 매출을 돌아보니 이미 몇 달 전부터 매출은 계속 줄고 있었다. 대금을 치를 때가 아직 안 되었는데 거래처 사장이 돈을 좀 빨리 넣어달라고 부탁하는가 하면, 내가 돈을 받아야 할 거래처에서는 며칠만 더 기다려달라고 사정한다.

매체에서는 연일 주가가 폭락했다는 이슈를 다루고 기업들의 부도율도 높아진다. 금리를 인하하지만 이미 주가고 부동산이고 하락할 만큼 하락한 데다 매수 심리도 이전 같지 않아서 금리를 낮춰봐야 주가나 부동산 가격이나 나아질 기미를 보이지 않는다. 내 돈은 계속 줄어드는데 수입마저 줄어들고 받을 돈은 떼이는 일들이 경제 침체일 때 일어난다.

이러한 위기가 누구에게는 기회가 되고 누구에게는 최악의 사건으로 다가온다. 투자 측면에서 봤을 때 이런 위기를 더욱 심각하게 만드는 게 바로 '집중투자' 아닌가 한다. 특히 주식이나 부동산, 암호화폐 등 전 세계 경제의 유동성에 직접 타격을 받는 자산들은 더욱 그렇다.

예를 들어 삼성전자와 카카오 주식에 재산을 전부 투자한 사람이 있다고 해보자. 이 사람의 투자 포트폴리오는 경제위기에 매우 취약하게 되어 있다. 먼저 주식은 경제침체 전후로 가격이 폭락하는 특징이 있다. 전문적으로 표현하면 변동성이 다른 자산들에 비해 훨씬 큰 편이다. 삼성전자는 반도체·전자기기 업종인데, 전자산업이나 반도체 분야는 경제가 어려워지면 매출과 이익에 직접 타격을 받는다. 내 소득이 줄어드는 상황에서 더 좋은 가전제품을 살 사람이 많지 않기 때문이다.

카카오도 마찬가지다. 둘 다 망하기는 쉽지 않은 회사들이며, 특히 삼성전자는 국내 시가총액 1위의 업종으로 다른 주식들에 비해

하락 방어력이 그래도 괜찮은 편에 속한다. 하지만 이런 종목들도 경제침체가 오면 크게 하락하게 된다. 그럼 이런 종목에 내 재산을 모두 넣은 사람이 있다면, 그 사람은 상승기에는 수익을 많이 볼지 몰라도 정작 현금이 필요할 때 주식의 자산가치가 폭락해 버리는 재앙을 맞게 된다.

그러면 눈물을 머금고 주식을 팔게 되는데, 보통 그때가 중장기적인 바닥에 근접하기 시작하는 경우가 많다. 개미들이 던져야만 주가의 바닥이 나온다. 주식시장 역사에서 그러지 않았던 적은 없다. 개미들이 손실을 보지 않고 버티는 경제위기는 없다.

위기에는 현금이 최고

경제가 어려워질 때 더 나를 어렵게 만드는 것은 몇 종목에 몰아서 투자하는 '집중투자'다. 포트폴리오에서 채권, 달러, 현금처럼 경제위기에 강한 종목의 비중을 꽤 늘려놓았다면 경제위기에도 오히려 수익을 낼 수 있다.

그러나 주식이나 부동산(특히 대출을 50% 이상 받은 경우)에 집중적으로 투자했다면 경제침체에 재산의 상당 부분이 증발하는 모습을 지켜봐야만 하는 상황을 맞게 된다. 부동산의 특성상 물건에 따라 그렇지 않은 경우도 있겠지만 적어도 경제위기가 오면 현금화하기가 이전보다 훨씬 힘들어진다. 즉, 환금성이 엄청나게 떨어진다.

내가 많은 사람에게 경제위기를 경고한 이후 가장 많이 주장한 것이 바로 '현금보유'다. 내 자산 포트폴리오에서 현금보유량을 최대한 늘리라고 강조해 왔고, 2021년 9월부터 천천히 현금화를 시작하고, 12월부터는 반드시 현금화하라고 강력하게 주장한 이후 여태껏 자산시장은 하락세가 계속되고 있다. 만약 이 책을 펼친 시점에 자산가격이 폭락해 연일 나쁜 소식만 들린다면 오히려 주식과 부동산을 사야 할 때일 수도 있다.

집중투자는 개인투자자들이 수익률을 극대화하는 데 큰 도움을 준다. 자금이 수십억 원 있다면 원하지 않아도 포트폴리오를 분산해서 투자해야 한다. 그리고 어느 정도 자산 규모가 만들어지면 그때는 자산을 불리는 것보다 지키는 일이 중요하게 된다. 자산을 불리는 데서 1의 행복을 얻는다면 자산을 잃을 때의 고통은 3~10이 되기 때문이다.

그러나 자본금 1,000만 원, 3,000만 원으로 투자하는 젊은 투자자라면 오히려 집중투자로 하이리스크High Risk 하이리턴High Return을 노리는 게 적절할 수 있다. 그 대신 경제위기의 시그널이 있을 때는 재빠르게 현금 비중을 늘려놓는 것이 현명하다.

집중투자는 그야말로 '레버리지'다. 100 벌 것을 300, 500 벌도록 도와준다. 그러나 시장이 하락기에 접어들면 그 레버리지는 반대로 작용해서 100 잃을 것을 300, 500 잃게 만들곤 한다. 인생사가 다 그렇듯이 투자도 결국 수단과 도구에 불과할 뿐이라서 어떠한 투자 방법이 옳다, 그르다를 함부로 판단할 수 없다. 그 방법을 잘 이용할 수 있는가, 아닌가가 더 중요하다.

예를 들어 날이 잘 서 있고 날카로운 칼이 미슐랭 스타 셰프 손에 들어간다면 최고의 요리를 만드는 도구로 쓰일 수 있지만 범죄자 손에 들어간다면 끔찍한 범죄 도구로 활용될 수도 있다. 도구는 그걸 활용하는 사람이 중요한 것이지 도구 자체로는 좋을 것도 없고 나쁠 것도 없다. 소수 종목에 집중투자하는 방식도 이와 다를 게 없다.

앞으로 10년, '이곳'에 투자하라

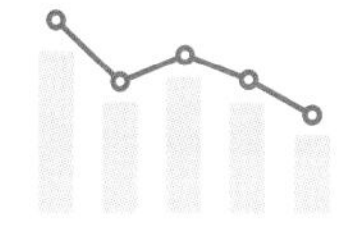

저평가된 원자재에서 기회를

경제침체 이후에는 늘 경제의 트렌드가 극적으로 뒤집힌다. 잘나가던 성장주 대신 가치주가 잘나가기 시작하고, 잘나가던 주식은 잘 안 오르는데 부동산이 오르기 시작한다. 잘나가던 미국 주식이 이제는 신고점 돌파도 못 하는 상황에 신흥국 주식들은 연일 최고치를 경신한다. 트렌드는 일정한 주기를 두고 순환하기 때문이다. 이런 순환주기는 개인투자자들도 조금만 공부하면 얼마든지 추적할 수 있을 정도로 어렵지 않다. 즉, 무엇을 사야 할지 알 수 있다.

주식으로 예를 들면 '어떤 국가의, 어떤 섹터의, 어떤 스타일의 종목을 사야 하는지'를 알 수 있다. 그러한 트렌드의 관점에서 봤을 때 앞으로 10년간 주목해야 하는 자산군에는 어떤 것이 있을지 데이터를 중심으로 분석해 보았다.

이미 트렌드는 뒤집혔다. 지금부터 원자재의 시대가 열린다. 주위를 둘러보면 책상, 모니터, 스마트폰, 텔레비전, 자동차 등 인간의 문명에는 셀 수 없을 정도로 물건이 많다. 그리고 그 물건들은 목재, 철, 알루미늄, 금, 은, 구리, 아연, 니켈 등 다양한 재료들로 만들어진다. 그것이 바로 원자재다.

세계 인구는 2011년 70억 명을 돌파한 지 11년 만에 80억 명에 도달했다. 1800년대 초반 10억 명에 불과하던 인류가 20억 명이 되는 데는 약 120년 걸렸다. 하지만 기술 발전에 속도가 붙으면서 이제는 12년 내외마다 인구가 10억 명씩 늘어나고 있다. 유엔 인구보고서를 보면 2037년에는 전 세계 인구가 90억 명이고 2086년에는 104억 명까지 늘어날 것으로 전망한다.

물론 국가별 소득 격차에 따라 소비 수준도 천차만별이지만 아무리 못사는 나라의 사람들이라도 스마트폰은 쓴다. 은행 계좌는 없어도 스마트폰은 하나씩 들고 다닌다고 한다. 이 작은 스마트폰 하나에도 알루미늄, 리튬, 금, 은, 구리, 팔라듐 등 수많은 원자재가 들어간다. 인구가 늘어날수록 소비되는 원자재의 양도 점점 늘어날 것이다. 그에 반해 원자재는 유한하다. 시간이 흐를수록 원자재의 공급량 대비 수요량은 계속 늘어날 개연성이 높아진다. 데이터를 살펴보면서 최대한 과학적·논리적으로 원자재 투자 기회를 알아보자.

먼저 블룸버그와 크리스캣 캐피털의 자료를 따르면, 원자재 대 주식 비율로 봤을 때 현재 원자재에 비해 주식의 성과가 좋은 시절이라고 한다. 2020년 코로나 쇼크 이후 주식과 부동산, 암호화폐가 매

원자재 대 주식 비율
(출처: Bloomberg, Crescat Capital)

우 큰 상승세를 보였다.

그에 반해 상품시장(원자재)은 그다지 큰 상승세를 기록하지 못했다. 당연히 물가상승과 함께 원자재 가격도 전반적으로 상승했으나 주식시장이나 부동산 시장의 상승세와 비교했을 때는 상대적으로 상승률이나 성과 측면에서 비교적 약세였다는 것이다. 이는 위 데이터로 보았을 때 최소는 2000년 닷컴버블, 최대는 1970년 이래 50년 만에 가장 약세인 상황이라고 설명하고 있다.

리히텐슈타인 소재 자산관리 회사인 인크레멘텀을 따르면, 골드만삭스 원자재지수와 다우존스 산업평균지수를 비교해 보았을 때 최소 50년 만에 원자재가 가장 소외받는, 즉 저평가 시장이라고 주장하고 있다. 실제 수익률 등의 성과나 투자금의 유입 등이 주식시장 대비 원자재 시장의 성과가 저조했다. 매크로나 데이터 기반으로 시장을 분석하는 기관에서는 거의 동일한 인사이트를 제시하고 있

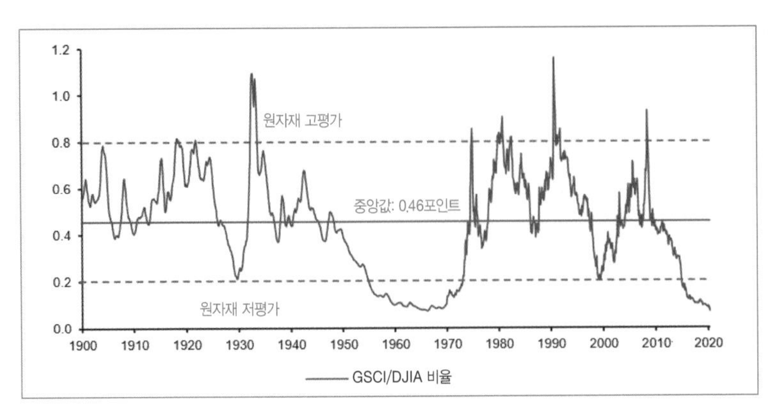

GSCI 대 다우존스 산업평균지수 비율
(출처: Incrementum)

다. 즉, 원자재 자체의 상승세나 자금 유입·유출이 아닌 주식시장과 놓고 보았을 때는 원자재 시장이 중장기적으로 상당한 투자 메리트가 있다고 전망하는 것이다.

그런데 50년 전에는 무슨 일이 있었을까? 데이터에 명시된 그래프들을 보면 1970년대 전후로 원자재/주식 비율이 바닥에 도달한 뒤 갑작스럽게 원자재가 주식 대비 치솟는 것을 확인할 수 있다. 1969년부터 1972년까지는 니프티피프티 버블이 발생했던 기간이다. 이는 닷컴버블과 유사한 버블로, 미국 주식시장에서 우량주 50개를 중심으로 과도한 상승세가 나오면서 주식시장 버블이 있었던 기간이다.

닉슨 쇼크 이후

니프티피프티 사건 이후 주식시장의 버블이 꺼지면서 1973~1974년까지 S&P500지수 기준 -50% 가까이 하락했으며, 많은 개별종목이 적게는 반토막, 많게는 -90% 이상까지 하락하는 상황이 연출됐다. 그런데 재미있게도 1971년 당시 미국에는 더 쇼킹한 사건이 발생한다. 바로 '닉슨 쇼크'다.

1971년 전만 해도 미국에는 '금본위제'가 있었다. 미국 정부가 35달러당 금 1온스를 교환해 주는 정책으로, 일종의 고정환율제다. 그럼 금 보유량이 늘지 않으면 달러 통화량 자체가 늘지 않는 상황이 된다. 지금이야 미국 연준이 마음대로 통화정책을 시행하면서 원하는 만큼 달러를 발행할 수 있지만 당시에는 '표면적으로' 이러한 일은 일어나기 어려웠다.

하지만 닉슨 쇼크 전후로 베트남 전쟁이 일어나면서 수많은 미군이 베트남전에 투입되었다. 남베트남에 투입된 미군은 1965년 중반 기준 18만 명, 1966년 말경에는 무려 50여 만 명에 달했다. 그러면서 자연스럽게 천문학적인 자금이 전쟁 비용으로 쓰이게 되었다.

그러던 중 금 보유량은 늘지 않는데 달러를 과도할 정도로 찍어내는 광경을 목격한 서방 국가들이 의문을 제기하기 시작했고, 급기야 달러를 반환하는 대신 금으로 돌려달라고 여러 국가에서 동시다발적으로 요청하기 시작했다. 일종의 국가적인 뱅크런 사태가 벌어진 것이다.

당시 미국 대통령 리처드 닉슨은 금으로 교환해 주기 어렵다며 금본위제를 폐지하게 되었고, 달러를 믿는 근간이었던 금본위제가 사라지자 전 세계 경제는 그야말로 패닉에 휩싸였다. 게다가 금 1온스의 가치가 35달러로 고정되어 있었다는 것은 기본적으로 금 1온스의 가치를 35달러로 매긴 것과 다름없었는데, 금본위제가 폐지되자 달러 가치가 30분의 1 수준으로 폭락하면서 금 1온스의 가치가 1,000달러 수준까지 오른다. 같은 기간 금의 가치가 20배 이상 폭등한 것이다.

더 놀라운 사실은 금이 20배 이상 상승할 때 은도 10년도 안 되는 동안 무려 36배나 폭등했다는 것이다. 주식 투자로도 10년간 10배 수익을 보기 힘든데 원자재를 보유만 하더라도 30배 이상 수익률이라는 것은 정말 매력적이 아닐 수 없다.

여기서 중요한 것은 우리가 이런 일련의 사건 이래 금, 은, 각종 원자재가 가장 저평가된 구간에 있다는 사실이다. 닉슨 쇼크 당시 금과 은이 수십 배 이상 폭등했다는 점을 고려한다면 앞으로 원자재 가격이 급등할 가능성이 있다는 아이디어를 얻을 수 있다. 또 상승폭이 기록적으로 높은 수준일 수 있다는 점을 염두에 두어야 한다. 데이터를 확인해 보면 1970년대 이래 닷컴버블 당시 주식시장에 자금이 상대적으로 많이 몰리면서 2000년에도 원자재가 저평가였던 구간이 있었는데, 닷컴버블 이후 금은 약 10년간 6배, 은은 11배, 기타 구리와 같은 각종 원자재도 큰 폭으로 상승하게 된다.

캐나다 기반의 귀금속 뮤추얼펀드 회사 BMG그룹을 따르면, 다우지수 대 금 비율 역시 현재 꽤 고평가된 수준으로, 금을 매수했을 때 장기 수익률이 메리트가 있는 구간이라고 설명한다. 이렇듯 원자재 투자에 대한 전망은 인사이트 있는 전략이라는 것을 알 수 있다. 그러나 원자재 투자에는 치명적인 단점도 있다. 바로 '확산성'이다. 워런 버핏이 원자재 투자를 싫어하는 이유이기도 하다.

주식은 배당을 낳고 건물은 월세를 낳는다. 장기적인 자산가격의 상승으로 시세차익을 볼 뿐만 아니라 월세나 배당과 같은 보너스가 있다. 하지만 금은 금을 낳을 수 없고 은은 은을 낳을 수 없다. 보유하는 것 이외에는 큰 메리트가 없다. 게다가 주식은 기업이 성장하면서 계속 더 많은 배당을 낳고 더 큰 기업가치를 일궈낸다. 부동산도 주식보다는 확산성이 아쉽지만 지가가 계속 오르면 그에 따라 월세도 계속 상승한다. 하지만 원자재에는 그러한 장점이 없다. 그럼 이런 단점을 보완할 원자재 투자법은 없을까?

가격 상승과 확산성 두 마리 토끼를 잡는 방법

앞서 언급했던 보완점을 강력하게 커버하는 방법이 두 가지 있다. 바로 '원자재 주식 투자'와 '현물 투자'다. 각각의 방법엔 명확한 장점이 있다. 먼저 원자재 주식 투자의 경우, 원자재를 싫어하던 워런 버핏마저 설득한 방법이다. 앞으로 원자재 가격이 상승할 것을 염두에 두던 워런 버핏은 결국 원자재 투자를 단행한다. 그 대신 원자재를 사는 방식이 아니라 원자재와 관련한 산업군의 주식을 사는 것이다. 이렇게 되면 원자재 가격 상승의 혜택도 톡톡히 누리고 주식의 특성인 확산성도 누리게 된다. 두 마리 토끼를 동시에 잡는 것이다.

확산성은 아쉽지만 원자재 투자의 장점을 극대화하는 방법도 있다. 바로 '현물 투자'다. 국내 소득세법은 열거주의를 채택하므로 법에 열거된 내용에 해당하는 소득에만 과세한다. 그런데 금이나 은 같은 금속을 매매하는 데서 차익이 발생할 경우의 세금은 소득세법에 열거되어 있지 않다. 즉, 비과세다. 현물로 귀금속을 사면 부가가치세 10%를 부담해야 하지만 개인 간 금 거래에는 부가세가 없다. 사업자의 경우 이익을 남겨야 하기에 일종의 스프레드가 존재해서 실제 금 가격보다 웃돈을 주고 사야 하지만 개인 간 중고 거래로 금, 은 등을 구매하면 최대한 웃돈을 빼고 살 수 있다. 내가 요령만 있으면 더 싸게 사고 더 비싸게 팔 수 있는 것이다.

예를 들어 금을 10억 원에 사서 10년간 묵혀두었다가 20억 원에 팔았다고 해보자. 만약 이게 주식이었다면 세금과 거래세 등이 2.5억 원 부과된다. 하지만 개인 간의 금 현물거래는 부가세도, 매매차익에 대한 양도소득세도, 거래세도 없다. 그러다 보니 금융 투자에 비해 실질적으로 손에 쥐는 수익이 더 클 수밖에 없다.

죽음과 세금은 피할 수 없다는 미국 속담이 있지만, 적어도 귀금속 투자에서는 이런 방식으로 세금을 줄일 수 있다. 현물투자와 원자재 주식 투자 사이에는 명확한 장단점이 있기에 내 자산 상태와 사정을 고려해서 유리한 방법을 고민한 후 판단하면 된다. 원자재 관련주를 찾기가 복잡하다면 ETF나 펀드 형태로도 투자할 수 있으니 참고하자.

저위험, 고수익 피라미드 매매법

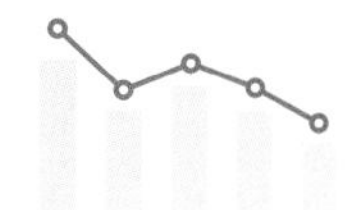

한 통계를 보면 경제침체 시 주가 패턴에서 전체 기간을 3등분했을 때 마지막 3분의 1 구간에서 전체 하락 폭의 절반에 달하는 하락이 나온다고 한다. 즉 '막판 스퍼트'가 존재한다. 현금을 갖고 기다리다가 섣부르게 매수하다가는 더 싸게 살 기회를 놓치는 것이다. 그래서 경제침체가 도래했다고 해도 조급해하지 말고 천천히 기회가 올 때까지 기다리다가 좋은 시기에 매수하는 게 가장 현명한 방법이다.

하지만 이것이 개인투자자들에게는 결코 쉽지만은 않다. 마치 지금이 마지막 기회인 것 같은 느낌이 들기 때문이다. 시장을 자주 쳐다볼수록 마음은 더욱 흔들린다. 조금만 떨어지더라도 '아, 이제 여기서 바닥을 찍고 올라가면 어떡하지?' 하는 마음이 생긴다. 이럴 때 개인투자자들에게 적합한 전략이 하나 있다. 좋은 시기를 최대한 놓치지 않으면서 리스크도 최대한 낮추고 동시에 수익도 높일 수 있는

'피라미드 매매법'이다.

대공황을 오히려 기회로 삼아서 하루 만에 2조 원을 벌어 '월스트리트 역사상 가장 위대한 투자자' '월가의 큰 곰'이라고 칭송받던 제시 리버모어는 5달러로 시작해 수조 원까지 벌어들였던 전설적인 투자자다. 그는 '피라미딩'이라는 매매 전략을 즐겨 활용했는데, 이것이 지금부터 소개할 피라미드 매매법의 시초라고 볼 수 있다.

투자 방법은 아주 간단하다. 마치 피라미드처럼 투자금을 계속 늘려나가는 것이다. 예를 들어 삼성전자 주식을 최대한 쌀 때 사서 장기투자하고 싶다고 해보자. 삼성전자의 현재 주가는 80,000원이고 아무리 많이 떨어져도 30,000원 이하로는 하락하지 않을 것 같다는 생각을 했다. 이때 주가가 떨어질 때마다 조금씩 사서 모으는 식으로 투자하면 리스크도 낮추고 기회도 잡을 수 있다. 하지만 피라미드 매매법은 여기서 조금 차이가 있다. 70,000원일 때 투자금의 10%를 투자하고, 60,000원일 때 투자금의 20%, 50,000원일 때 투자금의 30%, 마지막으로 40,000원일 때 투자금의 40%를 투자하는 방식이다.

이렇게 되면 주가가 약간 하락했다가 다시 강세장이 찾아와도 투자금 일부에 불과하지만 어쨌든 수익을 낼 수 있다. 또 주가가 폭락한다면 오히려 더 좋다. 더 비중을 실어 큰 자금을 매수하고, 매수가의 평균단가를 낮춰 추후 가격이 처음에 매수했던 70,000원까지 오지 않아도 오히려 수익권에 도달하는 결과가 된다.

위 사례대로 투자금을 100% 활용할 경우 평균 매수단가는 50,000원이다. 즉 80,000원이던 종목이 40,000원까지 하락했다가

55,000원 수준까지만 회복해도 주가는 여전히 하락 추세가 전부 회복되지 않았지만 나는 수익을 볼 수 있다. 특별할 것 없는 매매기법이지만 경제침체 구간에는 매우 효율적인 매매기법으로 활용할 수 있다. 내 기대수익률을 크게 높여주고 하락에 대한 위험은 크게 상쇄해 주기 때문이다.

경제침체 구간에 피라미드 매매기법을 활용할 경우 좋은 팁이 있다. 해당 종목(주식, 부동산, 원자재 등 어떤 종목이더라도 상관없다)이 금융위기나 닷컴버블 등의 기간에도 거래됐다면 당시에 얼마나 하락했는지, 최근 5년간 가장 많이 하락했을 때 얼마나 하락했는지 등 과거의 가격 패턴과 변동성 패턴을 보고 최대로 하락할 만한 가격대를 추산해 볼 수 있다.

이때 주의할 점이 있다. 경제침체에는 늘 갑작스러운 이슈와 함께 폭락이 나오는 경우가 많으므로 매매 가격의 텀을 넓히는 것이 좋다. 경제침체의 규모를 사전에 판단할 수 있으면 더욱 좋겠으나 경착륙, 연착륙 정도만 구분할 수 있어도 된다. 연착륙에는 경착륙보다 조금 더 타이트하게 텀을 잡아도 된다. 예를 들어 삼성전자라면 80,000원, 70,000원, 60,000원, 50,000원과 같은 식으로 말이다. 경착륙이라면 80,000원, 65,000원, 50,000원, 35,000원과 같이 매매가 간의 괴리를 좀 더 넓히는 것이 리스크를 낮추고 기대수익률을 높이는 데 도움이 된다.

달러와 채권,
위기의 유일한 해결책

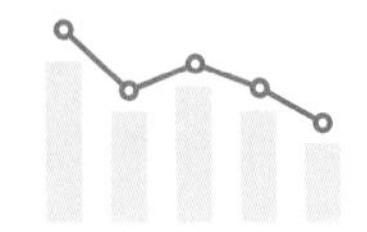

경제침체가 도래하면 모든 자산이 폭락을 면치 못한다. 개별주식(특히 중소형주)은 −90%에서 -95%까지도 하락하는 것을 어렵지 않게 볼 수 있다. 암호화폐 시장에서나 볼 수 있는 하락 폭을 체험하는 것이다. 사람들은 위기가 터지기 바로 전날까지도 주식이든 금이든 부동산이든 걱정 없이 매수하는 경향이 있다.

그러다가 본격적으로 트리거가 되는 사건이 벌어지면서(실제로는 그때 터지는 게 아니라 아주 오래전부터 진행되는 것) 시장이 갑작스럽게 폭락해 매수 심리가 얼어붙으며 거래량이 터져 시세가 연일 폭락하게 된다. 개인투자자들은 그제야 헐값이 된 주식과 부동산을 급히 매도하게 되고, 마지막까지 버티던 낙관론자마저 보유 물량을 던질 때 바닥에 도달하게 된다. 현명한 투자자들은 이런 시기를 슬기롭게 활용해 미리 위기에 준비한 다음 낙관론자들의 눈물과 탐욕으로 돈을 번다.

이러한 위기에 빛을 발하는 자산은 상승장에 극도로 소외되는 경향이 있는 '달러'와 '채권'이다. 달러는 환차익이 난다고 해도 2배, 3배 이상 수익을 내기가 어렵고, 채권은 사람들이 잘 모르기도 하지만 주식처럼 큰 수익이 나지 않는다고 판단하기 때문에 두 자산은 늘 투자자들에게 소외 대상으로 꼽힌다. 그러나 채권도 리스크를 조금만 높이면 주식 못지않은 큰 수익률을 달성할 수 있다. 특히 위기에는 채권의 성과가 더 빛을 발한다.

실제로 TLT는 연착륙·경착륙 시기를 전후로 바닥에서 고점까지 적게는 40%, 많게는 60% 수준의 수익률이 나온다. 기간은 1~2년이며, 보통 이렇게 채권이 급등하는 시기에는 달러 또한 20~30% 수준으로 상승하는 경향이 있어 미국 국채의 실수익률은 실제로 더 높다. 예를 들어 1억 원 상당의 투자금을 TLT에 투자한 이후 TLT가 50% 상승하고 달러가 20% 정도 상승했다면? 실제 수익률은 50%

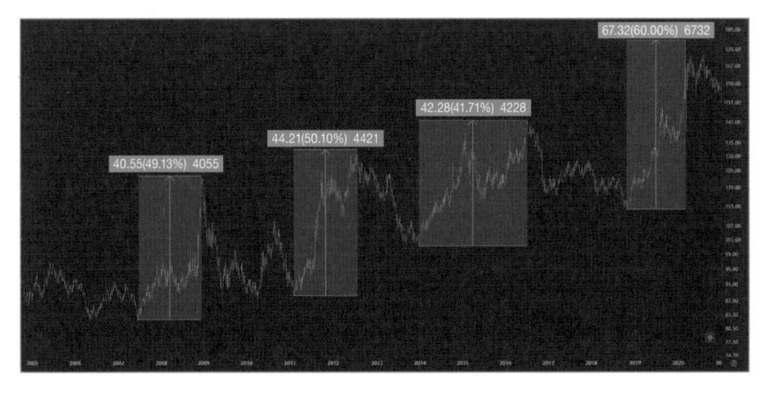

미국 장기 국채 ETF인 'TLT' 상승 구간의 수익률
(출처: TradingView)

가 아니라 무려 80% 수준이다. 달러를 환전해서 원화로 바꾸면 환차익까지 누릴 수 있다. 원금이 두 배 가까이 불어나는 것이다.

이는 매우 정확한 타이밍에 매수·매도했을 때를 기준으로 계산했을 뿐이지만 절반에 해당하는 40% 수익을 경제가 어려워지고 주가가 폭락한 시기에 냈다면 상대적 수익률은 더 크다고 볼 수 있다. 주가 또는 부동산 가격 등이 폭락한 상태이기 때문이다. 다른 투자자들은 큰 손실을 입어 부가 증발한 상황이기에 큰 수익이 없더라도 돈을 번 것과 다름없다. 여기에 수익까지 발생한다면 금상첨화이다.

하지만 모든 투자의 선택에는 대가가 따른다. 특히 고수익을 추구할 경우 더 큰 위험을 부담해야 한다. TLT는 작성일 기준으로 고점 대비 -50% 가까이 폭락한 상태인데, 이는 금리 인상의 여파이다. 채권가격과 금리는 역의 관계이다. 즉, 채권가격은 금리 인상에 취약한데 이를 쉽게 이해해 보자.

기준금리는 말 그대로 금융시장에서 '기준'이 되는 금리인데, 기준금리가 5%인 국면에서는 채권도 그 이자율에 맞춰 발행된다. 예를 들어 기준금리가 5%인 상황에서 연수익률이 5%인 20년 만기 국채가 발행됐다고 해보자. 그런데 얼마 안 가 경제가 어려워지면서 기준금리가 인하되기 시작한다. 기준금리는 1년 만에 5%에서 1% 수준까지 낮아졌다. 하지만 내가 1년 전에 투자했던 채권의 수익률은 여전히 5%에 달한다. 기준금리가 5%일 때는 5%짜리 채권이 넘쳤지만 기준금리가 1%까지 낮아지니 채권의 금리도 그만큼 낮아져 결국 1% 수준이 됐다. 그럼 내 채권의 가치는 높아질까, 낮아질까?

당연히 높아진다. 1% 금리의 세상에서 5% 채권이 주는 가치와

5% 금리의 세상에서 5% 채권이 주는 가치는 다르기 때문이다. 그래서 금리가 인하되면 기존에 높은 금리가 적용된 채권의 값어치를 시장에서 높게 쳐주므로 채권 가격이 오르는 것이다. 만기가 길면 길수록 값어치는 더 높아진다. 저금리 기조에 더 오랜 시간 높은 이자를 받을 수 있기 때문이다.

금은 안전자산일까

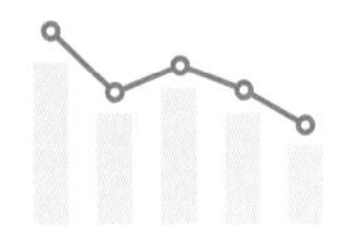

종종 달러와 채권뿐 아니라 금도 안전자산 아니냐는 질문을 받는다. 결론부터 말하면, 금융시장에서 자산을 핸들링하는 전문가들은 금을 안전자산이 아니라 원자재라고 본다. 하지만 금은 원자재치고는 안전자산 구실도 하는데, 왜 금이 안전자산이라는 인식이 생겼을까?

금은 시대와 무관하게 늘 값어치 있는 것으로 인정받았다. 그리고 비트코인이나 달러처럼 어느 국가의 어느 장소에 가도 금은 값어치를 인정받는다. 금은 화폐처럼 다양한 기능도 한다. 금을 이용해서 ① 내 자산가치를 보전하고 ② 특정한 물건이나 서비스의 가치를 측정할 수 있으며 ③ 어떠한 물건, 서비스에 대한 대가로 지불하는 수단으로 활용할 수 있다. 즉 일종의 화폐 성격이 있다.

현대에 들어서는 달러 등의 화폐가 더 편리하므로 금을 시중에서 화폐처럼 쓰는 일은 거의 없지만 금은 내가 어디를 가든, 전쟁이나 천재지변이 일어나든 어떠한 상황에서도 필요할 때 물건이나 서비스를 구매하는 수단으로 활용할 수 있다. 이런 측면에서 보았을 때 금은 제2의 화폐라고 해도 좋다. 그렇기에 금은 내 자산을 보전하고 지켜주는 안전자산의 성격이 있다.

사람들이 금을 안전자산이라고 생각하는 또 다른 이유가 있다. 바로 '시세의 기준'이기 때문이다. 강원도에 계신 어머니를 뵈러 자주 가는데 어머니의 생신이나 특별한 날에는 금을 선물해 드린다. 때로는 목걸이로, 때로는 반지로, 돈을 많이 번 해에는 목걸이·반지·귀걸이를 한꺼번에 해드리기도 한다. 2021년에도 여느 해와 다름없이 어머니 생신이 다가와서 주말에 어머니와 함께 자주 가던 금은방에 가서 목걸이를 고르고 있었다. 그런데 금은방 사장님이 대뜸 "내가 이 자리에서만 수십 년 금 장사를 했는데, 금 가격이 떨어진 것을 본 적이 없다"라고 했다.

하지만 지난 100여 년간 경제침체 당시 패턴을 공부했던 터라 그 말이 터무니없게 들렸다. 금은 대체로 경제침체에 가격이 하락하는데 대체 무슨 말인가 싶었다. 차라리 모르는 사람이었다면 무시했을 텐데, 금은방 사장님이 큰 마진을 남기지 않고 진솔하게 손님을 대하는 분이기에 그 말이 더 이해가 가지 않고 혼란스러웠다. 그 이후 몇 달이 지나 여느 때와 다름없이 시장 분석을 하다가 갑작스레 깨달았다. '아, 바로 시세의 기준 때문이구나!'

금은 국제 시세를 기준으로 경제침체 구간에는 가격이 하락하는 경향이 있다. 하지만 달러는 경제침체 구간에 가치가 상승한다. 그렇다면 한국인 A가 한국 돈인 원화로 금을 구매한다고 가정해 보자.

경제침체가 오면서 금 가격이 -20% 하락했는데 달러가 +20% 상승했다면 어떨까? 한국인 A가 금을 사는 데 드는 가격에는 변화가 거의 없다. 오히려 경우에 따라선 수익이 날 수도 있다. 그러다 보니 투자자들로서는 금에 투자해 놓으면 경제침체에도 큰 가격 변화가 없다는 것을 체감하고 안전자산이라는 생각을 하게 된다.

명확히 따지면 글로벌 펀드를 운용하는 매니저들이나 미국, 유럽의 금융 전문가들은 금을 안전자산으로 생각하지 않지만 사람들 사정이나 상황에 따라서는 금이 안전자산이 될 여지도 있는 것이다. 그러나 경제침체 구간에서 채권이나 달러와 비교해 보았을 때는 금의 투자 메리트가 그리 크지 않으니 금은 일종의 원자재 또는 투자성 귀금속으로 바라보아야 할 것이다.

미국 대형주 말고 신흥국 중소형주

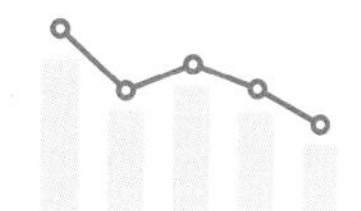

투자시장에도 유행이 있다

맛있는 음식도 한 가지만 매일 먹으면 질린다. 한창 운동할 때 고기를 네 끼에 나눠서 하루 1kg씩 먹었는데, 고깃집에서 보통 1인분이 150g인 것을 감안하면 하루에 고기만 6~7인분을 먹은 셈이 된다. 여전히 고기는 맛있게 느껴지지만 환경오염 문제나 육식이 건강에 미치는 영향 등을 알고 나서는 아침에는 무조건 채식을 하고, 저녁에도 육류를 최대한 배제한다. 하지만 지난 수년간 과도하게 육식을 한 탓에 약간 질려버림과 동시에 채식의 기쁨과 맛을 알게 된 것도 영향이 크다. 한쪽으로 과하게 쏠리면 반드시 그 반대쪽도 바라보게 마련인 게 세상의 이치 같다.

이처럼 자산시장에서도 재밌는 사실이 발견되는데, 투자시장에도 트렌드가 있다는 것이다. 투자시장에도 패션 시장과 마찬가지로 일종의 유행이 있다. 전 세계 금융시장에는 보이지 않는 저울이 있다. 나는 이것을 '김피비의 저울 이론'이라고 정의한다. 지난 10년간 미국 주식 쪽으로 많은 돈이 쏠렸다. 그럼 그다음 10년은 미국 주식보다는 신흥국 주식 쪽으로 돈이 몰리게 된다. 지난 10년간 성장주에 돈이 많이 몰렸다면 앞으로 10년간은 가치주에 돈이 몰릴 가능성이 커지게 된다.

이렇듯 자산 배분의 관점에서 보이지 않는 저울이 있다고 생각해 볼 때, 특정한 국가나 자산군에 지나치게 많은 돈과 심리가 쏠리면 그 시장은 이후 한동안 주목받지 못하며 그 국가나 자산군과 비교적 반대편 저울에 있을 법한 곳들에 돈과 심리가 쏠리게 된다. 저울 이론에서 양 저울 또는 여러 가지 저울에 놓고 봐야 할 요소들은 다음과 같다. 물론 늘 이렇지는 않으며 개인투자자들이 쉽고 빠르게 이해하도록 만들었으므로 세부 투자전략은 시황별로 다를 수 있다.

저울 이론에 상대적으로 작용할 확률이 높은 리스트

미국 vs 신흥국
주식 vs 채권
가치주 vs 성장주
대형주 vs 중소형주
에너지, 금융 섹터 vs 헬스케어, 기술 섹터
비트코인 vs 알트코인
서울 부동산 vs 지방 부동산
상업용 부동산 vs 주거용 부동산
달러 vs 신흥국 통화

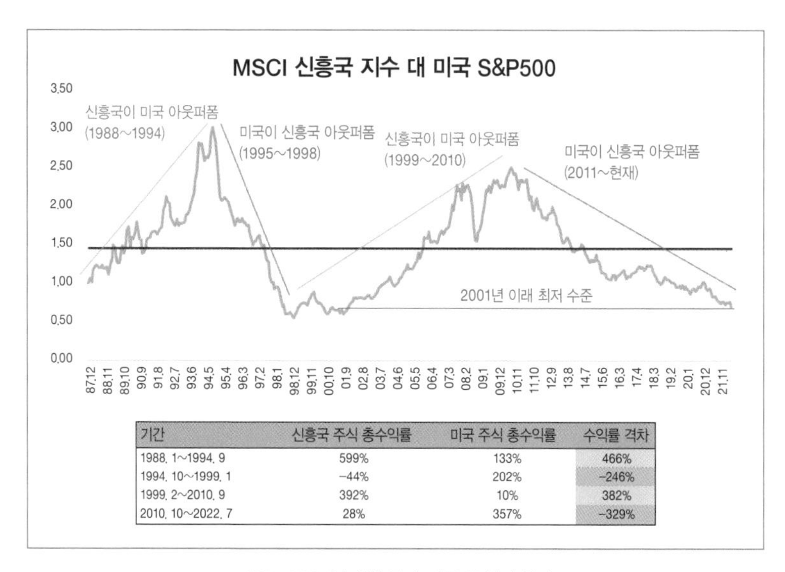

기간	신흥국 주식 총수익률	미국 주식 총수익률	수익률 격차
1988. 1~1994. 9	599%	133%	466%
1994. 10~1999. 1	-44%	202%	-246%
1999. 2~2010. 9	392%	10%	382%
2010. 10~2022. 7	28%	357%	-329%

1987~2021년 신흥국과 미국 주식의 성과
(출처: Compound)

저울 이론에 해당하는 대표적인 예로 신흥국 주가지수와 미국 주가지수를 들 수 있다. 위 자료에서 확인할 수 있는 것처럼 때로는 신흥국 주가지수가 미국 주가지수를 크게 아웃퍼폼Outperform(특정 주식의 상승률이 시장 평균보다 더 클 것이라고 예측하기 때문에 해당 주식을 매입하라는 의견)하고, 어떤 때는 미국 주가지수가 신흥국 주가지수를 크게 아웃퍼폼하는 경향이 있다. 즉, 한쪽으로 지나치게 성과가 쏠리면 반드시 그 반대급부에 해당하는 다른 자산에 자금이 많이 몰린다는 것이다. 어찌 보면 너무나 당연한 얘기인데 이렇게 데이터로 보면 눈에 띌 정도로 확실하게 '투자시장에도 유행은 존재한다'는 것을 알 수 있다. 보통 이러한 유행은 경제침체를 기점으로 뒤집히는 경우가 많아서 그 부분도 참고하면 좋다.

미국 주식시장에서 신흥국 주식시장으로

나는 한 달에 최소 2,000개, 많으면 5,000개 정도 금융 데이터와 경제 데이터, 통계 자료들을 접하고 분석한다. 실제로는 더 많을 것으로 보이지만 최소 단위를 기준으로 해도 매월 2,000~5,000개 자료를 분석한다. 그런데 이미 추세는 변화된 것이 확인된다.

앞서 언급한 바와 같이 원자재 시장이 그간 너무나 소외됐기에 벌써 원자재 시장이 주목받으면서 종종 언론에서도 원자재 시장의 투자 기회를 다루는 내용이 갑자기 많아지는 것이 확인된다. 또 그간 미국 주식시장을 중심으로 큰 상승세가 나왔기에 앞으로는 미국 주식시장 대신 신흥국 주식시장으로 쏠림 현상이 생길 가능성이 커지는 시점이다.

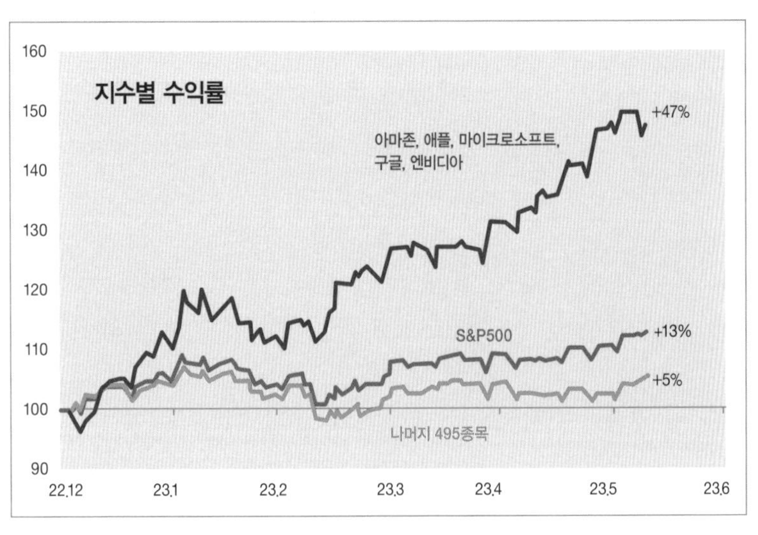

상위 5종목이 +47% 상승하는 동안 나머지 495종목은 5% 상승하였다.

특히 지난 10여 년 동안 투자시장에서 가장 큰 트렌드는 '빅Big'이었다. 한국에서도 삼성전자와 카카오가 주목을 받았듯이 미국에서도 빅테크 종목들만 큰 주목을 받았고, 성과도 눈에 띄는 수준으로 차이를 보였다.

위 자료를 보면 2022년 12월부터 2023년 6월까지 Big 5 종목에 해당하는 빅테크 종목은 +47% 상승을 기록했다. 하지만 S&P500 주가지수는 +13% 상승에 그쳤고, S&P500지수에 편입된 종목 중 Big 5를 제외한 나머지 495종목의 상승률은 5%에 그쳤다. 즉, Big 5 종목이 전체 S&P500지수를 이끌었고, 나머지 종목은 별반 큰 상승세를 기록하지 못했다는 것이다. 2023년 상반기의 시장 상승세는 너무 과했다. 경제는 1이 회복됐는데 주가는 10이 오른 느낌이었다. 그러한 상승세를 전부 대형주가 리드했다.

여기서 이미 눈치가 빠른 분들은 힌트를 얻었을 것이다. '대형주'를 중심으로 시장의 심리와 돈이 쏠렸으니 앞으로는 '중소형주'를 중심으로 심리가 쏠릴 거라고 유추해 볼 수 있고, '미국'이 그간 뜨거웠으니 이제 '신흥국'이 주목받을 가능성이 커진다는 사실을 알 수 있다. 즉, '미국 대형주' 대신 '신흥국 중소형주'가 더 주목받을 수 있다는 것이다.

종목별로 다르겠지만 투자 기회는 상대적으로 미국 대형주보다는 신흥국 중소형주에 더 많을 것임을 유추할 수 있다. 만약 펀드나 ETF 투자 위주로 자산을 운용한다면, 이러한 점을 고려해 투자할 국가와 섹터를 선정하는 데 매우 유리하게 활용할 수 있다.

부동산 시장도 저울 이론에서 벗어날 수 없다. 지금까지 상대적으로 가치에 비해 많이 오른 지역이 분명히 있다. 그 지역은 앞으로 짧게는 수년간, 길게는 10년 이상까지도 주목받지 못할 수 있다. 경제침체와 같은 큰 트리거가 될 만한 사건들이 발생하면서 트렌드가 뒤집히곤 하므로 다음 경제침체가 올 때까지 그 지역은 영영 오르지 못할 수도 있는 것이다. 예를 들어 지난 10년간 서울권 아파트 대비 경기권 아파트가 많이 올랐다면(특히 전세가율 등으로 비교해 봤을 때) 그다음엔 서울권 아파트가 주목받을 가능성이 크다.

비트코인,
마지막 바겐세일이 시작된다

자산시장에 등장한 괴물 신인

2008년 글로벌 금융위기 직후 비트코인의 백서가 세상에 공개되었고 2009년 비트코인의 첫 블록이 탄생했다. 이렇듯 비트코인의 역사는 14년 정도 되었으니 사람으로 보면 비트코인은 이제 막 세상을 알기 시작한 중학생 정도라고 할 수 있다. 하지만 비트코인은 세상에 나온 지 12년 만에 시가총액 1조 달러(한화 약 1,300조 원)를 달성한 그야말로 자산시장의 괴물 신인이다. 이게 얼마나 대단한 일인지 잘 와닿지 않을 수 있는데, 다른 혁신기업들과 비교해 보면 말도 안 되는 일이라는 것을 알 수 있다.

비주얼 캐피털리스트의 자료를 보면, 시가총액 1조 달러를 도달하는 데 어마어마한 공룡기업인 구글은 21년, 아마존은 24년 걸렸다.

애플과 마이크로소프트는 각각 42년, 44년이 걸렸다. 하지만 비트코인은 12년 만에 시가총액 1조 달러를 달성했다. 사실 경제학적으로 비교해 보면 위 네 개 혁신기업의 경제상황과 비트코인이 탄생한 이래 10여 년간의 경제상황은 많이 달랐다.

비트코인이 탄생한 이래 초저금리 기조와 미국의 양적완화로 세상에 유동성이 많이 풀렸고, 특히 코로나 쇼크 이래 화폐를 어마어마하게 발행해 미국 역사상 유례없을 정도로 유동성이 풀렸다. 비트코인은 이 유동성에 힘입어 크게 상승해왔다. 비트코인을 제외한 알트코인들은 더욱더 크게 상승했는데, 비트코인이 10배 오를 때 이더리움은 30배, 다른 알트코인들은 100배에서 많게는 500배 이상 상승한 종목도 나와 많은 개인투자자를 부자로 만들어주었다.

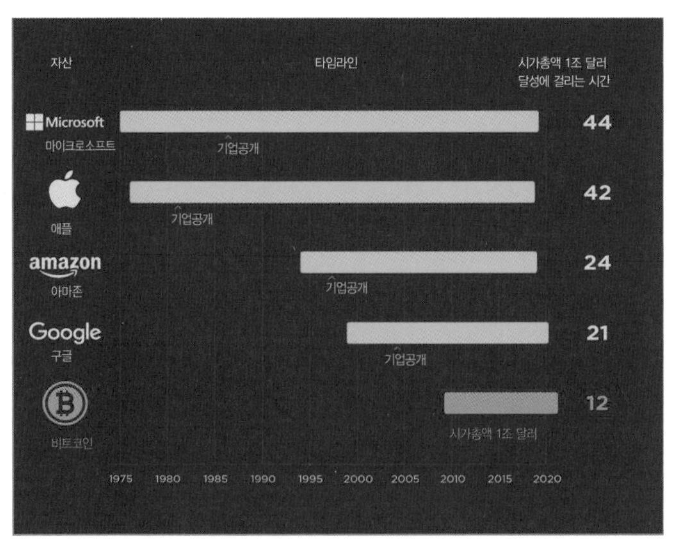

시가총액 1조 달러(한화 약 1,300조 원)를 달성하는 데 걸린 시간
(출처: Visual Capitalist)

그러나 2021년 11월 비트코인은 고점에 도달한 뒤 크게 하락하기 시작했다. 사실 암호화폐 시장의 거래대금은 이미 4월경부터 고점에 도달했다가 하락하기 시작했다. 5월에 중국의 암호화폐 시장 규제로 폭락장이 이어져 한 달 좀 넘는 동안 비트코인은 -50% 가까이 폭락했다. 그 이후 비트코인은 다시 회복하는가 싶더니 전고점이었던 65,000달러 구간을 돌파하고 얼마 지나지 않은 11월부터 하락하기 시작해 지금도 하락 중이다.

그러나 비트코인의 폭락은 예정된 미래였다고 볼 수 있다. 미국, 유럽 등 선진국의 애널리스트들이 비트코인 가격을 예측하려고 수

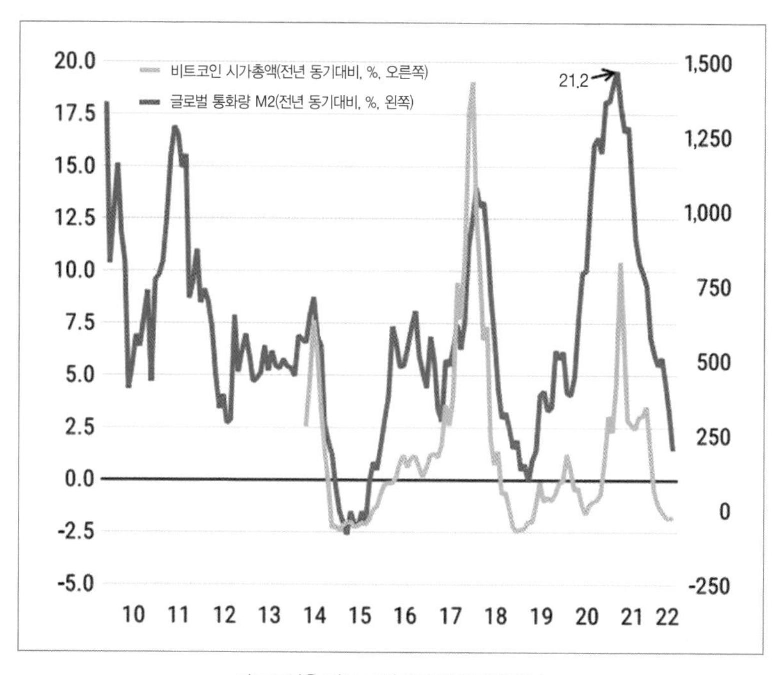

비트코인은 결국 통화량과 함께 움직인다
(출처: Macrobond, Morgan Stanley Research)

많은 지표를 동원해 가격 분석을 했는데, 사실 비트코인 가격을 결정짓는 핵심 요소는 바로 '통화량'이다.

반감기보다 유동성이 중요하다

암호화폐 시장에서 투자하고 있는, 특히 공부 좀 했다고 하는 많은 사람은 '비트코인의 가격은 결국 반감기에 움직인다'고 주장한다. 하지만 에임리치 금융공학기술연구소의 연구원, 애널리스트들이 분석했을 때는 그렇지 않았다. 모건스탠리와 매크로본드Macrobond의 연구 결과도 결국 비트코인의 시가총액은 통화량과 함께 움직인다는 것을 확인할 수 있다. 즉, 시중에 통화량이 많이 늘어나면 비트코인도 오르고, 통화량이 줄어들면 비트코인 시가총액도 줄면서 가격 하락 가능성이 커지는 것이다. 가장 직접적으로 상관계수가 높다. 그렇다면 왜 사람들은 비트코인이 반감기에 움직인다고 볼까?

반감기는 4년 주기로 비트코인 채굴량이 반으로 줄어드는 이벤트를 말한다. 비트코인의 희소성을 높이려고 비트코인 개발자 사토시 나카모토가 고안한 시스템이다. 사토시는 갈수록 채굴되는 양을 기하급수적으로 줄이고 총발행량을 2,100만 개로 제한하여 초기에 투자할수록 유리하도록 발행량을 투명하게 공개하는 시스템을 택했다. 게다가 비트코인을 이용하는 사람들이 늘어나면 늘어날수록 비트코인의 보안은 더더욱 견고해진다. 이게 바로 탈중앙화 시스템, 블록체인이 각광받는 이유다. 그러나 이것이 비트코인 가격에 절대적

요소는 아니다.

의도치 않게 반감기를 전후로 비트코인 가격이 상승했기에 투자자들은 비트코인 반감기를 기대하지만 명확하게 따지면 비트코인 가격은 글로벌 유동성에 따라 민감하게 움직인다. 즉, 미국이 금리를 낮추고 돈을 풀면서 '실제로' 통화량이 늘어날 때 비트코인이 시간을 두고 상승한다고 볼 수 있다. 반감기는 비트코인 채굴량을 줄여서 희소성을 높이는 건 맞지만 '공급'이 감소하는 것일 뿐이다. 당연히 수요와 공급의 원리에 따라 공급이 감소하면 가치가 높아지지만 그건 어디까지나 '수요'가 유지되거나 늘어난다는 전제가 있어야 한다.

투자시장에서는 주식이든 부동산이든 비트코인이든 결국 경제가 좋아지고 시중에 유동성이 풍부해야 가격이 오른다. 따라서 비트코인을 투자자산으로 바라본다면 공급보다 더 중요한 것이 수요다. 전 세계 경제에 대공황이 와서 당장 직장에서 해고되고 다음 달 카드값을 걱정해야 할 때 비트코인에 투자할 여유가 있는 사람은 없다. 그게 바로 경제와 비트코인이 밀접하게 움직이는 이유다.

비트코인이 제일 저렴해지는 순간

그렇다면 경제가 어려워졌을 때 비트코인은 가치가 없을까? 나는 이번 경제위기가 비트코인을 가장 저렴하게 살 거의 마지막 기회라고 본다. 국내에서 5년 이상 암호화폐 시장을 분석했고, 국내 유튜버 중 최초로 경제 데이터와 온체인 데이터를 이용해 암호화폐 시장을 분석하면서 애널리스트 사이에서는 거의 원로와 같은 수준이 되었다. 이렇게 긴 시간 암호화폐 시장을 분석한 결과 암호화폐가 장기적으로 각광받을 자산인 것은 확실하지만 이 시장은 한 번도 경제침체를 겪은 적이 없다. 그래서 시련이 많을 것으로 판단한다.

악재는 늘 시세가 상승할 때가 아니라 하락할 때 터지기 마련이다. 시세가 하락하며 상상도 하지 못할 악재들이 터지면서 가격은 더더욱 큰 하락 압력을 겪게 된다. 2018년에 박상기 전 법무부장관이 "가상화폐는 도박이며 거래소를 폐쇄할 것"이라고 발언하고 실제로 이를 추진하려고 한 적이 있다. 지금은 말도 안 되는 일이라고 할지 모르지만 그때는 충격적인 일이었다. 이번 경제위기에도 충격이 더하면 더했지 덜하진 않을 것이다. 하지만 공포에 매수하라는 격언도 있듯이 이런 위기가 중장기적 관점에서는 아주 매력적인 매수 기회가 될 것이다.

현재 암호화폐는 나스닥과 동행하며 투자자들 사이에서는 기술주, 성장주와 같은 취급을 받는데, 이번 시장에서 멀티플 거품이 가장 많이 빠질 곳은 기술주와 성장주, 대형주다. 그리고 비트코인은 위 세 개에 전부 해당하는 종목이다. 쉽게 말하면 1의 가치가 있는 종목의 주가가 시장 상황에 따라 때로는 3이 되기도 하고 10이 되기도 하는데, 이러한 관점에서 비트코인이 제일 저렴해지는 순간이 바로 이번 경제침체 구간이 될 확률이 높다는 얘기다.

김피비의 저울 이론을 따르면 앞으로는 기술주와 성장주보다는 가치주가 주목받을 것이고, 암호화폐 시장은 이런 트렌드에 취약한 자산이므로 그만큼 많은 사람이 암호화폐에 실망할 것이다. 하지만 투자를 하루, 한 달, 1년 하고 그만둘 것이 아니라 10년 이상의 장기 관점에서 보았을 때 비트코인은 '마지막 바겐세일'과도 같은 선물을 우리에게 줄 것이다.

비트코인뿐 아니라 다양한 암호화폐에도 큰 부를 거머쥘 기회가 올 것이다. 특히 디파이, 게임P2E, 증권형토큰STO, 결제 등의 분야에서 선두를 달리는 암호화폐들이 매우 유망할 것으로 보인다. 실제 STO 기업의 임원 관점에서 국내 증권형 토큰 트렌드를 보면 기관투자자들의 관심도가 매우 높고, 금융권에서도 이 시장에 진출하고자 상당한 노력을 기울이고 있다. 즉, 업계에서는 증권형토큰이 확실하게 미래가 밝다고 판단한 것으로 보인다.

프로젝트가 번지르르한 것이 아니라 실세로 성과를 만들어가는 암호화폐를 중심으로 관심을 두면 장기적으로 좋은 성과를 만들어 줄 개연성이 크다는 것을 명심하자. 암호화폐는 워낙 성장성이 높은 산업이다. 장기적으로 300배, 500배, 1,000배의 대박 수익률을 보여 줄 종목들이 또다시 암호화폐에서 대거 탄생할 것이다.

경제위기에
재산을 몇 배 불려주는
부동산 투자법

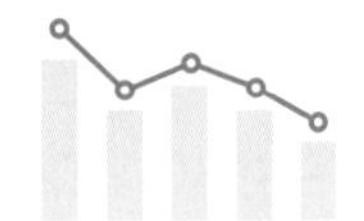

부동산 투자도 공부하고 준비해야 돈 번다

부동산 투자는 지인이 알려주는 정보로 투자하는 것이 아니다. 직접 주변 시세의 흐름을 보고 현장에 가서 혹시 주변에 개발되는 사업이 있는지 살펴보고 인터넷에서 해당 지역의 발전 가능성, 상권이나 유동인구, 각종 이슈를 찾아보고 투자해야 확실한 수익을 올릴 수 있다. 발품을 파는 만큼 돈을 버는 분야가 부동산 투자이다. 시중에 부동산 투자 관련 책도 많고, 인터넷에 동호회나 카페도 상당히 활성화되어 있으며, 방송이나 강의도 많으니 직접 찾아보고 공부하고 투자해야 실패할 가능성이 줄어든다.

책을 많이 보고 직접 사람들과 정보를 공유하면서 알게 모르게 돈 버는 눈이 생기는 것이 부동산 분야다. 그리고 철저하게 공부하고 알아본 다음 투자하면 큰돈을 쉽게 벌 수 있는 것도 부동산이다. 반대로, 묻지마 투자를 했다가는 망하기 쉬운 것도 부동산 투자다. 왜냐하면 부동산 투자는 대출을 받는다고 해도 상당한 목돈이 들어가는 것은 분명하고 처분되지 않으면 그 빚은 고스란히 투자자 부담으로 돌아가기 때문이다. 그리고 가격이 떨어지는 지역도 나오므로 내가 들인 시간과 돈에 비해 건지는 돈이 적을 가능성도 배제할 수 없다.

초반에 무리해서 투자금을 특정한 물건에 '몰빵'하는 것도 위험하다. 특히 아파트 분양권은 프리미엄이 붙을 것을 기대하고 투자하는데, 세대수가 많으면 전세 세입자를 구해서 현금을 확보하거나 대출을 가리는 타이밍을 잡기 쉽지 않은 경우가 많다. 그사이 대출 이자와 세금은 눈덩이처럼 불어나 결국 낮은 가격에 손해를 보고 파는 경우도 많다.

부동산 투자의 리스크는 결국 대출 이자 비용, 세금 그리고 내 목돈이 묶여서 다른 투자기회를 놓치게 되는 기회비용인데 이는 생각보다 관리하기가 쉽지 않다. 그래서 실패하지 않으려면 최대한 언제 다시 팔거나 현금화할지, 세금은 얼마나 나올지, 대출은 가능한지, 이자비용은 어느 정도인지, 다른 투자 방법은 없는지를 노트에 적어보거나 현금흐름표를 그려 최종적으로 이 투자를 해야 할지 면밀히 준비해야 한다.

부동산 투자 리스크 관리는 현금 유동성으로 시작

어떤 투자나 마찬가지로 부동산 투자도 현금이 필요하다. 대출을 끼고 부동산을 사더라도 시드머니는 있어야 대출금과 합쳐서 투자가 가능하다. 요즘에는 LTV(담보인정비율), DTI(총부채상환비율) 등 대출 규제가 강화되어 현금 유동성 확보가 가장 중요한 이슈가 되고 있다.

게다가 매매가와 전세가가 차이 나지 않는 아파트를 사서 현금 여력이 남아 있지 않거나 시세가 하락하면 전세금을 가리지 못해서 파산하는 상황을 경험할지도 모른다. 한창 갭투자가 유행하던 시절에는 강남에 아파트를 사서 전세를 놓고 그 전세금으로 다른 아파트를 사는 방식으로 투자하는 경우가 많았다.

이러한 투자는 부동산 시장이 호황일 때는 전세보증금보다 부동산 시세가 오르고 처분도 잘되어 큰 문제가 없고 돈도 크게 벌 수 있다. 일종의 레버리지 효과로 부동산 가격이 오르는 것과 비례해 수익률이 몇 배로 뛴다. 그러나 갭투자를 잘못했다가 부동산 가격이 하락하면 순식간에 파산할 수도 있다. 전세금을 돌려주려고 부동산을 처분해도 갚지 못하는 상황이 충분히 벌어질 수 있다.

주택만 리스크가 있는 것은 아니다. 월세 수익을 목적으로 상가에 투자했는데 생각보다 세입자를 구하지 못하거나 장기간 공실로 방치되어 대출 이자 비용만큼 손실만 누적될 수도 있다. 게다가 상가는 잘 팔리지 않는 경우도 있어서 현금 유동성이 더 중요하다. 세금을 낼 현금이 없어서 체납자가 되기도 하므로 여윳돈을 항상 생각하고 투자하는 것이 필요하다.

부동산 투자도 시기별 전략이 다르다

단기투자는 내가 투자금을 내고 부동산을 매수하는 시기와 부동산을 처분하는 시기가 짧은 것이고, 장기투자는 투자금을 회수하는 기간이 상대적으로 긴 것이다. 만약 특정 물건에 투자했는데 그 일대에 행정계획이 장기적으로 잡혀 있고, 유동인구가 늘어나고, 지속적으로 개발되고 있다면 장기투자를 염두에 두고 수익률을 높게 계획하는 것도 필요할 수 있다.

다만, 여윳돈이 없는데 장기투자를 계획하는 것은 오히려 더 좋은 기회를 놓치는 셈이 되므로 주의해야 한다. 그래서 초기에는 단기투자로 저평가된 부동산을 알아보고 매물이 있으면 투자하여 약간 수리하거나 인테리어를 한 후 단기에 시세차익을 목표로 처분하는 것이 유리하다. 이렇게 몇 번 투자하여 시드머니가 어느 정도 확보된 뒤 장기투자용으로 큰 물건에 베팅할 수 있다.

아무리 수익률이 높아도 1년 또는 더 단기간으로 환산해 보는 습관을 들이는 것이 중요하다. 예를 들면, 부동산 가격이 두 배로 올라서 수익률 100%를 얻었다 하더라도 10년이 걸렸다면 1년 수익률은 10%에 불과하다. 그러나 지금 사서 1년 후 30% 정도 오른 값에 처분한다면 이런 투자가 훨씬 위험이 덜하고 가성비가 좋은 투자라고 할 수 있다. 처분 시기, 즉 엑시트exit 시점을 생각지 않고 투자하는 일이 많은데, 그 경우 상대적으로 손해 볼 가능성도 크다.

보통 매수시점은 경제위기처럼 불황일 때가 가장 좋다. 좋은 부동산 물건을 저가에서 '줍줍'할 수 있기 때문이다. 엑시트 시점은 부동산 시장이 호황이어서 누구나 부동산을 매입하고자 할 때가 최적의 타이밍이라고 할 수 있다. 누구든 부동산을 매수하려고 한다는 것은 그만큼 부동산 가격에 버블이 형성되어 있다는 의미다. 즉, 부동산 가격이 오를 만큼 올랐거나 조만간 가격 조정이 올 수 있다는 의미다. 따라서 고가라고 판단될 때를 잘 파악하여 매도하는 것이 좋다.

직접 찾아가 눈으로 보면 투자가 안전해진다

요즘에는 프롭테크proptech가 발전해 다양한 앱을 이용해 내가 원하는 지역의 부동산 시세와 매물을 쉽게 찾아볼 수 있다. 특히 많이 이용하는 사이트가 네이버나 다음의 부동산 코너다. 그런데 진짜 좋은 물건 또는 급매물건은 부동산 앱이나 인터넷사이트에 올라오지 않는다. 전부터 부동산 중개인들과 협업할 기회가 많았는데 중개사들이 항상 하는 이야기가 있다. 좋은 매물은 인터넷에 올리지 않고 자기들만 가지고 독점적으로 중개한다는 것이다. 중개사들도 바보가 아닌 이상 경쟁자들한테 매물이 노출되어 다른 중개사가 해당 거래자와 접촉하는 것을 원치 않으므로 물밑에서 관리하는 매물이 상당히 많다.

그래서 손품을 팔아서는 진정한 매물을 찾기 힘들다. 특히 시세보다 몇억이나 싸게 내놓는 급매는 올라오자마자 바로 거래될 확률이 높다. 만약 매물이 인터넷에서 일주일 또는 2주일 안에 거래되지 않으면 좋은 물건인지 의심해 볼 필요가 있다. 말도 안 되게 싸게 내놓는 물건은 중개사들만 아는 일이 많으므로 직접 현장의 중개사들과 상담하고 친분을 쌓으며 투자하는 것이 좋다.

중개사는 엄청 좋은 매물이 나오면 자신이 먼저 투자하거나, 가족이나 친지에게 추천하여 매매하게 할 것이다. 그리고 남은 물건을 친한 지인이나 고객에게 추천하고 그래도 남으면 네이버 부동산 등에 올린다고 보면 된다. 그래서 프롭테크와 인터넷 매물만 강조하는 것은 투자를 제대로 모를 확률이 높다.

부동산 투자에도 원칙이 있어야 한다

몇 년 전부터 수도권과 지방 모두 부동산 가격 상승이 랠리를 보였다. 이러한 부동산 상승세로 지금 아니면 집을 평생 못 살지도 모른다는 심리 때문에 패닉바잉(가격 인상이나 공급 부족에 따른 두려움을 느끼고 무리하거나 과도하게 물건을 사재기하는 것)을 하는 경우도 많았다. 금리 상승으로 부동산 시장이 다시 위축되는 모습을 보이지만 서울 강남권에서는 여전히 부동산 열기가 식지 않고 있다.

부동산 가격이 오르면 신나서 투자하다가 부동산 가격이 떨어진다고 부동산 투자를 접는 것은 바보 같은 짓이다. 그래서 부동산 시장의 생리를 이해하고 기회를 포착하는 투자원칙이 필요하다. 아무리 상승세가 높다 하더라도 한번은 주춤하는 시기가 온다. 그럴 때 저가매수 기회가 더 많고, 이럴 때가 기회이다.

그렇다고 하락장에 덜컥 집을 샀다가는 낭패를 볼 수 있으니 더욱 신중하게 발품을 팔고 중개사에게도 자주 문의하면서 알아볼 필요가 있다. 꾸준히 공부하다 보면 누구나 집을 살 기회가 온다. 나도 평생 집을 못 살 줄 알았는데 생각지도 못하게 저가에 빌라를 매수하여 지금은 아파트 입주권을 획득했다. 기회를 잡으려면 공부해야 하고, 부동산을 잘 알려면 계속 관심을 가져야 한다. 이런 과정을 지속적으로 거치다 보면 자연스럽게 투자 원칙이 세워질 것이다.

집을 사려면 무엇보다 지역을 보라

부동산 가격을 결정하는 요인 중 가장 영향력이 큰 것이 지역이다. 지역마다 상권이나 인구분포가 다르고 활용도도 각기 다르다. 그렇기에 집을 사려면 어느 동네인지부터 고민하는 것이 맞다. 우량한 지역일수록 가격 상승폭은 크고 가격이 하락하더라도 그 폭이 작다. 사람들이 강남 주택을 선호하는 이유가 여기에 있다. 내 집 마련도 위험을 줄이고 수익은 극대화하는 과정의 하나이기 때문이다.

지역을 결정했다면 직장과 가까울수록 좋고 작은 골목 안쪽보다는 대로변과 접근하기 좋은 주택을 선택하는 것이 유리하다. 지하철역이나 버스정류장과 가까운 역세권일수록 집값 상승 가능성이 크고, 유동인구가 많은 곳이 투자성에서 유리하다.

저점에서 살 때 대박을 노리는 주택 가격 상승요소

전세가가 오르면 매매가도 같이 오른다

시장에서는 전세가격이 오르면 전세 수요가 매매로 전환되면서 매매가격도 함께 오를 수 있다는 것이 정설이다. 임대차 3법을 포함한 정부의 고강도 부동산대책이 잇달아 터진 2020년 8월 이후 전세가격 상승률은 0.13%에서 0.10%까지 잠시 주춤했으나 2020년 10월로 들어서면서 첫째 주에 0.11%로 올라가더니 셋째 주에는 0.13%까지 오르기도 했다.

그 이유가 무엇일까. 전세가는 실수요자들의 가격, 즉 사용가치를 의미한다. 한편 매매가는 실수요자들의 가격과 투자자들의 가격이 결합된 결과, 즉 매매가는 사용가치와 투자가치가 결합된 결과다. 결국 매매가와 전세가의 차이는 투자가치를 의미한다고 할 수 있다. 매매가와 전세가의 차이가 크다면 사람들이 그만큼 투자가치를 보고 투자해서 차이가 벌어지는 것이다. 실제 사용가치와 투자가치의 차이가 크면 클수록, 전세가율은 낮아질 수밖에 없다. 그런데 주택가격은 실수요에 크게 좌우되므로 전세가가 오르면 매매가도 함께 오른다.

전세가와 매매가의 차이가 적을수록 사람들은 전세로 들어가느니 차라리 대출을 끼고라도 집을 사야겠다고 생각한다. 그렇기에 전세가가 높아지면 높아질수록 주택가격도 함께 올라간다.

저가 아파트 가격이 많이 오른다

상대적으로 가격이 낮은 아파트의 가격상승률이 높은 이유는 무엇일까. 한국부동산원이 발표한 경기 지역의 아파트 매입자 연령별 통계자료에서 해답을 찾을 수 있다.

2021년 1월부터 5월까지 30대 이하가 전체 주택매입에서 차지한 비중은 36%로 2019년 29%, 2020년 30%보다 크게 상승했다. 상대적으로 구매 여력이 낮은 30대 수요자가 주택시장에서 차지하는 비중이 커지면서 중저가 아파트의 수요가 확대되고 가격 상승으로 이어지는 상황이다. 특히 무주택자에 대한 LTV(주택담보대출인정비율)가 50%에서 60%로 완화되면서 30대 이하 무주택자들의 아파트 수요가 빠르게 증가하고 있다.

그러나 이것도 일시적인 트렌드일 수도 있다. 저가 아파트가 상대적으로 거래하기 쉽고 수요가 많은 것은 사실이지만 가격이 오르는 데도 한계가 있기 때문이다. 오히려 나중에는 작은 평수의 저가 아파트에서 큰 평수의 고가 아파트로 수요가 옮겨갈 때 높은 평수 아파트의 공급이 부족하게 될 확률이 높은 만큼 큰 평수 가격 상승이 일어날 가능성도 있다.

규제 완화 기대감으로 재건축 아파트값이 오른다

2021년 상반기 부동산 시장의 흐름을 주도한 것은 정비사업(재건축·재개발)에 대한 규제 완화 기대감과 대출 규제 완화로 요약할 수 있다. 규제 일변도 정책에도 가격 상승세가 지속되자 규제가 시장에 영향을 미치지 않는다고 보고 오히려 규제를 완화하는 정책으로 방향이 바뀌고 있다. 그러자 규제 완화 정책이 주택가격 상승세를 더욱 빠르게 하고 있다.

시장 호황기에 규제정책이 시장에 영향을 미치려면 절대 시간이 필요하다. 반면, 가격이 오르는 상황에서 규제 완화는 바로 시장에 영향을 준다. 우리나라에서 정책이 부동산 시장에 미치는 영향은 크다. 특히, 시장의 불확실성이 커질수록 더욱 그렇다. 정책의 시간차를 알아야 일관성을 유지할 수 있고 정책을 통한 시장 안정도 가능하다.

반면, 불확실한 상황에서 놓치지 말아야 할 중요한 점이 있다. 정책은 언제든 바뀔 수 있다는 것과 시간이 문제일 뿐 본질은 바뀌지 않는다는 사실이다. 거래가격이 상승하자 재건축 활성화 방안은 시장 불안을 이유로 구체적으로 실행되지 않고 있다. 노후 아파트들의 재건축 불가 판정 또한 이어지고 있다. 기대는 실망으로 바뀔 수 있고, 실망은 기대로 바뀔 수 있다. 최근 시장 흐름을 보면서 마음을 다시 보게 되는 이유다.

인사이트

경제위기 부동산 투자에 도움 되는 정보

다양한 정보를 수집하는 것은 부동산 투자에서 중요한 요소이다. 그만큼 각종 부동산 관련 결정에서 실패를 줄여준다. 부동산 투자에 도움이 되는 다양한 사이트가 있다.

네이버 부동산 사이트

부동산 사이트 가운데 기본이라고 할 네이버 부동산 홈(https://land.naver.com)에 들어가면 메뉴가 매물, 분양, 뉴스, 커뮤니티, 경매, MY 페이지로 구분되어 있다. 그중에서도 매물정보의 활용 가능성이 크다. 원하는 지역을 선택하면 관련 매물을 지도에서 한눈에 볼 수 있고, 아파트/오피스텔, 빌라/주택, 원룸/투룸, 상가/업무/토지, 매매, 전세, 월세, 단기임대 등 종류별로 선택하여 조회해 볼 수 있다.

통계정보를 확인할 만한 사이트

KB국민은행 사이트(https://www.kbstar.com)

KB국민은행은 생각보다 다양한 부동산 정보를 제공한다. 주택 분야에서는 질 좋은 정보가 많은 편이다. 먼저 국민은행 홈페이지에 접속하면 상단에 부동산 메뉴가 있다. 부동산 메뉴를 클릭하면, 부동산 화면이 나오는데, 여기에서 원하는 지역을 검색해 매물을 클릭하면 매매, 전세, 시세와 가격의 추세 및 실거래 사례와 인기도 랭킹 등을 한눈에 볼 수 있다. 대부분 네이버 부동산에서 확인 가능한 기능이지만, KB만이 제공하는 뉴스와 정보도 팝업으로 뜨므로 트렌드 파악에 도움이 된다.

한국부동산원 사이트(https://www.reb.or.kr)

한국부동산원에서는 매우 유용한 정보를 제공한다. 특히 부동산 가격과 관련된 전반적인 데이터를 관리하는 곳인 만큼 그와 관련된 통계와 자료를 찾아보기에 유용하다. 사이트 첫 화면에서 청약 관련 정보, 부동산 통계, 부동산 가격공시 메뉴를 한눈에 확인할 수 있다. 게다가 최근에는 부동산정보 앱을 이용해 다양한 정보를 제공하고 있다.

부동산 경매 정보 사이트

법원 부동산 경매나 공매처럼 부동산을 떨이로 파는 제도로 시세보다 싸게 부동산을 매입하려면 경매, 공매 제도를 활용하는 것이 도움이 된다. 이때 한국자산관리공사가 운영 관리하는 온비드 사이트(https://www.onbid.co.kr)를 활용하길 추천한다.

법원경매정보 사이트

법원의 부동산 경매는 대한민국법원 법원경매정보 사이트(https://www.courtauction.go.kr)를 활용하면 된다. 법원경매정보를 자세히 확인할 수 있어 경매를 고려한다면 필수적으로 확인해야 하는 곳이다. 특히 상단에서 경매물건 메뉴를 클릭하면 부동산과 동산의 물건상세검색이 가능하다. 여기서 법원소재지나 소재지를 입력하고 사건번호는 그대로 둔 채 용도, 감정평가액, 최저매각가격, 면적, 유찰횟수, 최저매각가율 등을 설정한 뒤 검색할 수 있다.

대출 등 금융상품 정보 사이트

주택도시기금 사이트(https://nhuf.molit.go.kr)

주택과 관련하여 대출이 필요하면 은행에 연락해 알아보는 방법도 있지만 인터넷으로 먼저 검색해 보면 좀 더 효과적으로 대출을 받을 수 있다. 주택도시기금 사이트에서 주택 전세자금이나 주택 구입자금, 기타 주택자금 대출과 관련한 정보들을 쉽게 확인할 수 있다. 또 청약 관련 정보도 제공하는 것이 특징이다. 특히 주택 구입자금 계산 마법사로 대출 신청자격을 확인해 주고, 대출 신청 정보를 입력하면 예상 대출대금까지 산출해준다. 주택 전세자금 대출 상품도 한번에 정보를 알 수 있으니 주택 입주를 꿈꾸고 있다면 이 사이트를 적극 이용해 보자.

전국은행연합회 사이트(https://www.kfb.or.kr)

대출 정보를 찾기에 유용한 사이트이다. 특히 상단의 소비자포털 메뉴에서 금융상품정보, 금리/수수료 비교, 금융서비스 정보 등을 확인할 수 있다. 대출의 경우 대출 가능성과 금리가 매우 중요한 요소이기 때문에 이 사이트에서 미리 비교해 보고 대출 상담을 받는 것도 좋다. 대출 조회를 하면 신용등급이 하락하는 문제가 생길 수 있는데 이 사이트는 이런 불이익이 없는 것도 장점이다.

대법원 인터넷등기소

부동산 거래를 할 때 낭패를 보지 않으려면 상대방이 진짜 소유자인지, 권리관계는 어떻게 되는지를 면밀히 살펴보아야 한다. 그러한 권리관계에 대한 정보는 등기사항전부증명서에 나타나 있다. 이러한 등기사항전부증명서를 편리하고 간편하게 열람, 발급받을 수 있는 사이트가 대법원인터넷등기소(http://www.iros.go.kr)이다. 등기 열람과 발급뿐만 아니라 부동산 거래 이후 등기하고자 할 때 이 사이트에서

처리하면 훨씬 간편하다.

아파트 투자에 도움 되는 사이트 아실(http://asil.kr)

주택투자는 아파트가 대표적 투자 종목인데, 그 이유는 빌라나 오피스텔은 아파트만큼 가격 상승폭이 크지 않기 때문이다. 특히 경제위기에 폭락한 가격으로 아파트를 사면 추후 시세차익을 극대화할 수 있다. '아실(아파트 실거래가 포털의 줄임말)'은 아파트 투자할 때 참고할 만한 사이트다. 내가 투자할 만한 지역을 선정하는 데 필요한 순위분석, 가격분석, 인구변화, 입주 물량 등 빅데이터 분석을 쉽게 할 수 있다.

빅데이터로 아파트 단지 분석하는 플랫폼 리치고(https://m.richgo.ai)

요즘에는 꽤 효과적인 부동산 빅데이터와 인공지능 분석 애플리케이션이 출시되고 있다. 리치고에서는 빅데이터를 이용해 아파트 단지를 비교하고 가격을 예측해 볼 수 있다. 수십 가지 요소를 분석해 AI를 통해 투자점수, 거주점수, 저평가지수 등을 표시해 주고, 아파트 가격이 어떻게 변화할지 예측도 해준다. 이를 이용하면 그동안 주먹구구식으로 아파트 투자를 하던 데서 벗어나 좀 더 과학적인 투자가 가능하다.

경제위기에 1000% 수익을 노리는 부동산 경매

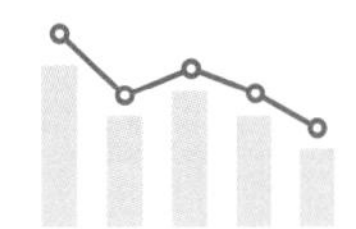

주택이나 상가, 토지를 싸게 취득하는 대표적 방법이 경매이다. 경매는 절차를 알고 어떻게 참가하는지만 알아두면 다양한 매체를 활용해 공부하면서 돈을 벌 수 있는 좋은 수단이다. 경매 절차를 소개하면 다음과 같다.

1. 여유자금을 체크하는 단계
2. 주택, 상가, 토지 가운데 어디에 투자할지 계획하는 단계
3. 어느 지역에 투자할지 결정하는 단계
4. 경매 사이트에서 계획한 조건의 물건 검색하는 단계
5. 공부서류를 검토하여 배당, 권리, 임차인을 분석하는 단계
6. 현장조사(시세조사, 입지 확인)를 하고 공부서류와 대조해 보는 단계
7. 입찰 게시판에서 사건기록 열람 및 경매 참여 단계

8. 잔금 지급 및 소유권이전등기 단계

9. 대상 물건 활용 단계

이러한 경매의 종류는 사경매와 공경매로 나눌 수 있다. 공경매의 경우 법원경매와 관세청 경매로 구분할 수 있고, 법원경매는 강제경매와 임의경매로 나누어볼 수 있다. 여기서 사경매는 개인이 실시하는 경매로 주로 농산물시장이나 수산물시장에서 이루어지는 경매라서 이 책에서는 다루지 않는다. 반면, 공경매는 국가 공권력을 이용하는 경매로, 민사집행법에 따른 법원경매와 국세징수법에 따른 공매로 구별된다.

좀 더 자세히 말하면, 법원에서 진행하는 것이 강제경매이고 근저당권 실행으로 진행되는 것이 임의경매다. 만약에 돈을 갚지 않을 때 채권자가 법원에 소송을 제기하여 승소판결을 받은 후 이를 통해 경매를 신청할 수 있는데 이것이 강제경매이고, 은행에서 돈을 빌린 채무자가 돈을 갚지 않아 은행이 근저당권을 실행 압류하여 매각하는 경매가 임의경매이다.

참고로, 경매 낙찰금의 경우 법원은 낙찰대금에서 감정료, 현장조사수수료, 신문공고료, 매각수수료 등 경매를 진행하면서 발생하는 비용을 공제하고 순액만 채권자에게 배당한다. 그리고 낙찰가와 감정평가액은 약간 다른 개념으로 감정평가는 대상 물건을 감정평가사가 가격을 매기는 것이다. 일반적으로 이런 감정평가액의 80% 정도에 낙찰받는다. 경매에 여러 사람이 참가하면 낙찰가가 감정가보다 높아지는 경우도 있는데 잘못하면 손해를 볼 수 있으니 신중해야 한다.

경매에서 최저매각가격이라는 말이 있는데, 경매신청한 물건을 감정인이 평가한 가격을 기준으로 최소 이 정도에는 팔아야 한다고 법원이 결정한 가격이다. 경매에서 살 사람이 없으면 20% 정도 할인된 가격이 최저매각가격으로 나온다.

경매는 대법원 법원경매정보 사이트에서 시작된다고 할 수 있다.

물건상세검색

검색조건 용도 : 토지 > 지목 > 대지 [총 물건수 : 648건]

사건번호▲	물건번호 용도	소재지 및 내역	비고	감정평가액▲ 최저매각가격▲ (단위:원)	담당계 매각기일▲ (입찰기간) 진행상태▲
서울중앙지방법원 2019타경6547	1 단독주택	서울특별시 관악구 복은12길 7 [건물 철근콘크리트구조 (철근)콘크리트지붕 3층 단독주택 지1층 87.56㎡ 1층 87.56㎡ 2층 95.32㎡ 3층 59.34㎡ 옥탑1층 11.44㎡] 서울특별시 관악구 신림동 98-58 [토지 대 175㎡]	- 일괄매각, 제시외 건물 포함 - 본건 부동산은 각 층 호수를 구분한 총19가구 원룸주택으로 이용중임(현황조사보고서) - 건축물대장상 위반건축물 표시(감정평가서 참조)	1,070,962,400 1,070,962,400 (100%)	경매3계 2022.03.22 신건
서울남부지방법원 2020타경9449 2020타경113997 (중복)	1 다세대	서울특별시 강서구 화곡동 475-25 [토지 대 137.9㎡] 서울특별시 강서구 화곡동 475-25 1층101호 [집합건물 철근콘크리트조 35.19㎡] 서울특별시 강서구 화곡동 475-25 제2층 제201호 [집합건물 철근콘크리트조 59.82㎡] 서울특별시 강서구 화곡동 475-25 제3층 제301호 [집합건물 철근콘크리트조 59.82㎡] 서울특별시 강서구 화곡동 475-25 4층401호 [집합건물 철근콘크리트조 28.53㎡]	일괄매각	1,098,000,000 878,400,000 (80%)	경매3계 2022.03.23 유찰 1회
서울남부지방법원 2020타경112130	1 대지	서울특별시 영등포구 양평동1가 253 [토지 대 198.7㎡ 조영자 지분 3120분의 70, 김정화안나 지분 3120분의 140, 원정옥조 지분 3120분의 140 각 전부]	지분매각, 토지만의 매각, 공유자의 우선매수신고는 1회에 한하여 행사할 수 있음, 특별매각조건 매수신청보증금 최저매각가격의 20%	141,987,300 127,721,700 (89%)	경매5계 2022.03.16 신건
서울남부지방법원 2021타경67 2021타경1510 (중복)	1 기타	서울특별시 영등포구 당산동4가 1-36 [토지 대 251.8㎡] 서울특별시 영등포구 영신로55길 6 [건물 철근콘크리트구조 평스라브지붕 8층 사무실 1층 74.54㎡ 사무소 1층 32.55㎡ 주차장 2층 131.24㎡ 의원 3층 131.24㎡ 의원 4층 131.24㎡ 의원 5층 131.24㎡ 사무소 6층 131.24㎡ 사무소 7층 131.24㎡ 사무소 8층 29.62㎡ 사무소 옥탑1층 7.54㎡ 기타제2종 근린생활시설]	일괄매각, 제시외 건물 포함	3,140,020,000 3,140,020,000 (100%)	경매8계 2022.03.15 신건

빠른물건검색에서는 지도검색이 가능하며, 용도별 물건정보에는 아파트, 빌라, 대지, 임야, 전, 다세대주택, 답, 근린생활시설, 단독주택, 오피스텔, 도로, 승용차로 나뉘어 있어 각각의 물건정보를 찾아볼 수 있다. 대지를 클릭하면 진행 중인 경매물건이 뜬다.

이를 보면 사건번호, 물건번호용도, 소재지 및 내역, 비고에는 일괄매각인지, 제시 외 건물이 포함되었는지 등이 기재되어 있다. 그리고 감정평가액과 최저매각가격이 나와 있고, 신건인지 몇 번 유찰되어 현재 가격이 어떠한 상황인지도 확인할 수 있다.

소재지 및 내역을 클릭하면 물건기본정보와 기일내역, 목록내역을 더 상세하게 볼 수 있다. 또 언제 기일이 진행되었고, 얼마나 유찰되었으며, 향후 언제가 법원의 기일인지 나와 있으므로 참여 가능한 일정도 확인할 수 있다.

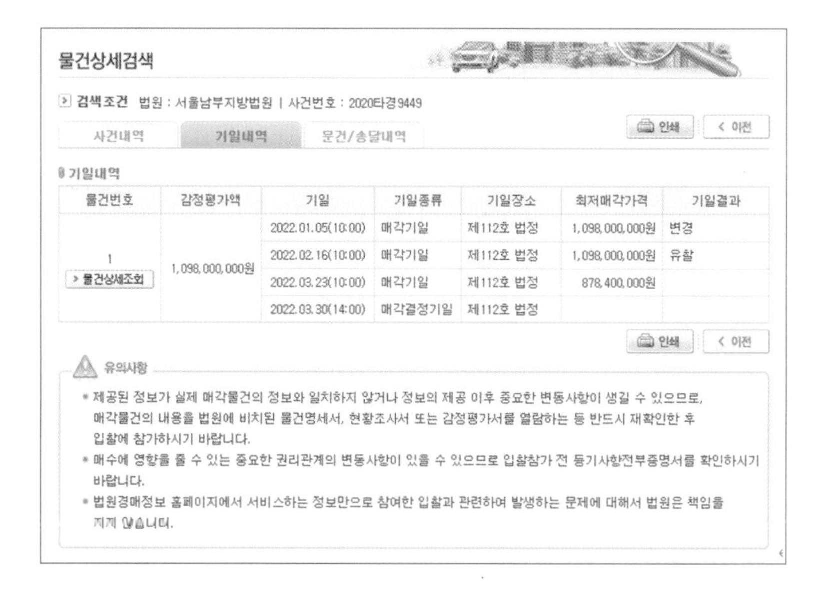
물건상세검색

검색조건 법원 : 서울남부지방법원 | 사건번호 : 2020타경9449

사건내역 | 기일내역 | 문건/송달내역

인쇄 | < 이전

기일내역

물건번호	감정평가액	기일	기일종류	기일장소	최저매각가격	기일결과
1 > 물건상세조회	1,098,000,000원	2022.01.05(10:00)	매각기일	제112호 법정	1,098,000,000원	변경
		2022.02.16(10:00)	매각기일	제112호 법정	1,098,000,000원	유찰
		2022.03.23(10:00)	매각기일	제112호 법정	878,400,000원	
		2022.03.30(14:00)	매각결정기일	제112호 법정		

인쇄 | < 이전

유의사항

* 제공된 정보가 실제 매각물건의 정보와 일치하지 않거나 정보의 제공 이후 중요한 변동사항이 생길 수 있으므로, 매각물건의 내용을 법원에 비치된 물건명세서, 현황조사서 또는 감정평가서를 열람하는 등 반드시 재확인한 후 입찰에 참가하시기 바랍니다.
* 매수에 영향을 줄 수 있는 중요한 권리관계의 변동사항이 있을 수 있으므로 입찰참가 전 등기사항전부증명서를 확인하시기 바랍니다.
* 법원경매정보 홈페이지에서 서비스하는 정보만으로 참여한 입찰과 관련하여 발생하는 문제에 대해서 법원은 책임을 지지 않습니다.

경제위기에도 망하지 않는 경매원칙은 알고 투자하자

경매는 가용자금이 얼마인지 파악하는 데서 시작한다

내 여윳돈이 얼마인지를 알아야 토지 경매에 참여할지, 아파트 경매에 참여할지 등을 결정할 수 있다. 돈이 많으면 강남처럼 비싼 동네의 물건에 참여할 수 있지만 돈이 적으면 시골의 토지나 값싼 빌라에 투자해야 한다.

그렇기에 가용자금이 얼마인지 먼저 정확하게 체크하고, 법원경매정보사이트에 올라오는 물건들의 가격대를 보면서 어떤 종류의 물건에 투자할지 계획을 세워야 한다.

경매에서 부동산 종목 선택은 필수

경매모임에 참여하다 보면 무조건 아파트만 고집하는 분들이 있다. 앞에서도 설명했듯이 자금 사정에 맞게 경매 대상물건, 즉 부동산 종목을 선정해야 한다. 그리고 향후 기대이익 정도에 따라서도 부동산 종목 선택을 고려해야 한다. 가장 많이 선택하는 아파트를 생각해 보자. 아파트는 소형아파트 수요가 많아 이의 가격 상승이 가장 높은 편이다. 다만 아파트는 빌라와 같은 다세대주택에 비해 대지지분이 적고 용적률이 높아서 건물이 낡았을 때 개발이익은 적다고 볼 수 있다.

한편 빌라 같은 다세대주택은 아파트나 오피스텔보다는 대지지분이 커서 재개발이 진행되면 개발이익이 크다. 그리고 빌라도 서울은 집값이 상승하는 추세에 맞추어 오르므로 투자가치가 있다. 일반 건물이나 상가는 관리하는 데 고려해야 하는 부분이 많아서 경매에 참가하려면 여윳돈이 많을 때만 추천한다. 상가는 가격이 상승하는 폭이 주택만큼 크지 않다. 그래서 부동산 경매 초보자에게는 여유자금이 있고 다른 마땅한 물건이 없을 때 고려해 볼 것을 추천한다.

지역을 선정할 때는 내가 잘 알고 접근하기 편한 곳으로

어떤 종류의 부동산 경매에 참가할지 정했다면 어느 지역의 물건에 참가할지도 고민해야 한다. 초보자들은 가장 잘 알고 가까운 지역의 물건에 관심을 두고 참가하는 것이 좋다. 너무 멀리 있는 부동산은 현황을 파악하려 임장을 가기도 쉽지 않고 관리하기도 어려워 향후 투자수익이 잘 나지 않는 경우가 많다. 멀리 떨어진 곳에는 자주 가지 못할 뿐만 아니라 그 지역 트렌드가 어떤지도 파악하기가 쉽지 않기 때문에 조심해야 한다.

건물만 매각하는 경우는 피하자

보통 법원경매정보에서 물건검색을 하다 보면 건물만 매각하는 경우를 종종 볼 수 있다. 그러나 건물만 매각하는 경우 토지매각은 제외되었으므로 입찰에 참여하지 않는 것이 좋다. 특히 초보자는 이런 물건이 여러 번 유찰되어 가격이 싸다고 해서 입찰하면 나중에 손해를 볼 수 있다.

일반적으로 시장에 건물이 있으면 토지와 건물이 토지, 건물 일

□	사건번호▲	물건번호 용도	소재지 및 내역	비고	감정평가액▲ 최저매각가격▲ (단위:원)	담당계 매각기일▲ (입찰기간) 진행상태▲
□	인천지방법원 **2021타경8493** 2021타경12669 (중복)	2 근린시설	인천광역시 미추홀구 학익동 264-4 2층205호 [집합건물 철골철근콘크리트조 111.470m²]	1. 건물만 매각(대지권 미등기이며 최저매각 금액은 건물만 평가한 금액임) 2. 사용승인 전 구분 건물이며 공사가 중단된 상태임. 3. 유치권행사 중 안내물 설치되어 있음. 4. 농업회사법인 다인 주식회사 유치권 신고서(2021.11.1.자) 제출 5.특별매각조건으로 매수보증금은 최저매각가격의 10분의 2임.	518,400,000 177,811,000 (34%)	경매22계 2022.03.17 유찰 3회
□	인천지방법원 **2021타경8493** 2021타경12669 (중복)	3 근린시설	인천광역시 미추홀구 학익동 264-4 2층210호 [집합건물 철골철근콘크리트조 96.340m²]	1. 건물만 매각(대지권 미등기이며 최저매각 금액은 건물만 평가한 금액임) 2. 사용승인 전 구분 건물이며 공사가 중단된 상태임. 3. 유치권행사 중 안내물 설치되어 있음. 4. 농업회사법인 다인 주식회사 유치권 신고서(2021.11.1.자) 제출 5.특별매각조건으로 매수보증금은 최저매각가격의 10분의 2임.	489,600,000 167,933,000 (34%)	경매22계 2022.03.17 유찰 3회

괄매각으로 함께 경매에 나온다. 그런데 여러 가지 이유로 건물만 경매에 나오기도 하는데 이때 건물에 법정지상권이 없는 경우도 많다. 법정지상권이 없다면 낙찰 후 소유권을 가지게 되어도 토지소유자가 건물 철거를 요구하면 그에 응해야 한다. 소송까지 가더라도 질 수밖에 없다. 만약 법정지상권이 성립한다면 입찰을 검토해 볼 수 있는데 이때도 토지소유자에게 지료를 지급해야 하므로 부담이 크다. 따라서 이런 건물은 애초에 입찰에 참가하는 것 자체가 큰 리스크라고 생각해야 한다.

토지만 매각하는 물건도 피하자

검색을 하다 보면 토지만 매각하는 경우도 종종 있다. 이런 물건은

지상에 건물이 있는데도 토지만 경매로 나왔으므로 건물소유자와 분쟁이 예상된다. 지상의 건물에 법정지상권이 성립되었는지 검토해야 하고, 만약 법정지상권이 성립하면 건물에 대한 철거 청구를 할 수 없다. 다만, 지료청구는 가능한데 만약 2년분 지료가 연체되었다면 법정지상권이 소멸했다고 주장할 수 있고, 그 후 건물 철거청구소송을 제기하여 철거 집행을 해야 하므로 복잡하다.

□	서울남부지방법원 **2020타경112130**	1 대지	서울특별시 영등포구 양평동1가 253 [토지 대 198.7㎡ 조영자 지분 3120분의 70, 김정화안나 지분 3120분의 140, 원정옥조 지분 3120분의 140 각 전부]	지분매각, 토지만의 매각, 공유자의 우선매수신고는 1회에 한하여 행사할 수 있음, 특별매각조건 매수신청보증금 최저매각가격의 20%	141,987,300 127,721,700 (89%)	경매5계 2022.03.16 신건

지분매각 물건은 되도록 피하자

보통 경매물건은 일괄매각에 더 많지만 지분매각 물건도 심심치 않게 나온다.

□	서울남부지방법원 **2021타경105825**	1 다가구주택	서울특별시 구로구 구로동 458-13 [토지 대 99㎡ (유승헌 지분 2분의 1 전부)] 서울특별시 구로구 구로동로42길 16-11 [건물 벽돌조 평슬래브지붕 2층 다가구주택(4가구) 지하1층 48.6㎡ 1층 48.6㎡ 2층 48.6㎡ (유승헌 지분 2분의 1 전부)]	지분매각, 일괄매각, 제시외 건물 포함 공유자우선매수신고 제한 있음	235,074,600 188,060,000 (80%)	경매5계 2022.03.16 유찰 1회

이런 부동산은 여러 사람의 공동명의로 되어 있고 그중 한 명의 지분이 경매로 나온 경우라고 볼 수 있다. 이때는 다른 공유자와 협상해 나머지 지분을 사거나 아니면 낙찰받아 나머지 공유자에게 매도하는 경우를 생각해야 한다.

만약 협상이 되지 않으면 공유물분할청구 소송으로 부동산 전체를 경매 처분해서 지분 비율대로 배당을 받아야 한다. 그리고 부동산을 다른 공유자가 사용하고 있다면 내 지분에 해당하는 만큼 지료 등의 부당이득반환청구를 할 수 있다. 이러한 상황 자체가 초보자에게는 부담이 되므로 투자하지 않는 것이 좋다.

이것만 챙기자! 초보자가 반드시 해야 할 권리분석

선순위 등기가 근저당권, 가압류, 담보가등기, 경매개시결정등기인지 체크해 최선순위 등기가 저당권, 근저당권, 가압류, 압류, 담보가등기, 경매개시결정등기라면 크게 문제 되지 않을 가능성이 크므로 입찰을 고려한다. 다만, 전세권 등기가 최선순위 등기라면 아파트와 빌라처럼 전체에 대한 전세권에만 전세권자가 경매신청을 했거나 전세권자가 배당요구를 했다면 입찰을 고려할 수 있다. 전세권이 건물 일부에만 설정되었으면 낙찰을 받더도 낙찰자가 등기가 말소되지 않은 채 이를 부담해야 하므로 골치 아파진다.

근저당권, 가압류, 담보가등기, 경매개시결정등기, 전세권등기는 경매가 실행되어 낙찰된 후에 잔금을 납입하면 본등기와 후순위등기들이 모두 말소되고 깨끗한 부동산이 되므로 이러한 권리가 최선순위라면 투자를 고려해도 좋다는 말이다. 다만, 이러한 등기보다 선순위등기가 있다면 말소되지 않고 남아 있으므로 낙찰 이후 그 대가를 지불해야 해서 그만큼 손해가 된다.

가처분이 있는지 확인하자

가처분이 있다면 초보자는 입찰을 고려해서는 안 된다. 가처분 후

본안에 관한 확정판결이 있으면 그대로 본집행으로 이전되는 것이 아니라 가처분 상태에서 따로 청구권을 실현할 강제집행을 해야 한다. 즉 가처분이 있으면 그 부동산에 분쟁이 있다는 뜻으로 소송관계에 휘말릴 수밖에 없으므로 초보자는 무조건 피하는 것이 좋다. 난도가 낮은 물건도 많은데 굳이 소송까지 감수하면서 낙찰받을 이유가 없다. 최선순위 등기보다 전입일자가 빠른 임차인이 있다면 그 임차인에게는 대항력이 있어 골치 아플 수 있으니 이런 물건 또한 피하는 것이 좋다.

물론, 최선순위 등기보다 전입일자가 빠른 임차인이 있더라도 임차인이 받아갈 배당금을 산정하여 분배하는 경우에는 괜찮다. 세입자들은 결국 보증금을 받아야 떠난다. 그렇기에 경매로 소유자가 바뀐다고 해도 대항력이 있는 임차인은 낙찰자에게 임대차 보증금을 요구할 권리가 있다. 게다가 대항력이 있는 임차인이 보증금을 모두 배당받는다면 낙찰자와 상관없지만, 배당받지 못한 금액이 있다면 나머지는 낙찰자가 지불하지 않는 이상 명도청구, 즉 나가라고 할 수 없다.

그다음으로 경매정보에 인수, 여지 있음, 미납, 유치권, 법정지상권 등의 특별한 내용이 있는지 검토해야 한다. 이러한 내용이 있다면 입찰에 참가하지 않는 것이 좋다. 여기서 인수는 어떤 권리에 대한 의무를 낙찰자가 부담해야 한다는 뜻이고, 여지 있음이란 어떤 의무가 성립할 가능성이 있다는 뜻이다.

마지막으로, 경매 신청자와 최선순위 등기자가 같다면 아무 문제가 없으므로 투자를 고려해도 좋다. 만약 다르다면 최선순위 등기자가 채권계산서를 제출했는지 문건 송달내역에서 확인해야 한다. 만약 제출되었다면 입찰해도 큰 문제가 없지만 제출되지 않았다면 채권이 존재하는지 조사해야 하며, 채권이 없는 경우에만 투자해야 한다.

지금까지 설명한 정도만 확인하고 경매물건의 입찰에 참가해도 초보자는 어느 정도 권리분석이 된 물건에 입찰하는 것이다.

입찰에서 챙겨야 할 것들

입찰에 참가하려면 법원에 가야 하므로 준비물을 잘 챙겨야 당황하지 않는다. 보통 신분증, 도장, 입찰보증금은 기본으로 챙겨야 한다. 도장은 막도장이면 되며 법원 앞에 보통 도장집이 있어 당일 만들어도 무방하다.

만약 법정에 본인이 아닌 대리인이 가서 입찰에 참여한다면 본인 인감증명서, 본인 인감도장이 날인된 위임장, 대리인 신분증과 도장, 입찰보증금을 챙겨야 한다. 여기서 본인은 부동산을 낙찰받으려는 사람을 말하고 대리인은 본인의 위임을 받아서 법정에 대신 가서 입찰에 참여할 사람을 말한다. 입찰 법정에 가면 비치된 입찰표 뒷장에 위임장이 있으므로 미리 위임장을 대법원 경매 사이트에서 내려받아 작성해 가거나 당일 법원에서 작성해도 된다.

물론, 법정대리인이 입찰할 수도 있다. 미성년자의 부모가 입찰에 참여하는 것이 대표적이다. 이때는 부모의 인감도장이 날인된 미성년자 입찰참여 동의서, 부모 인감증명서, 호적등본, 법정에 온 사람의 신분증과 도장, 입찰보증금을 챙겨야 한다. 법원마다 미성년자 본인의 인감증명서와 위임장을 요구하기도 하므로 미리 법원에 물어보는 것이 좋다.

그리고 2명 이상이 공동명의로 입찰에 참여할 때는 공동입찰 신고서, 공동입찰자 목록, 입찰 불참자의 인감증명서와 위임장(인감도장 날인), 입찰참석자나 대리인 신분증과 도장, 입찰보증금 등을 챙겨야 한다. 공동입찰자 목록에는 입찰자별 지분을 표시하고 표시가 없으면 동일 지분으로 본다.

입찰서 작성방법

입찰서는 작성하는 데 생각보다 시간이 오래 걸리므로 미리 준비해 가는 것이 좋다. 법원에 가서 허겁지겁 쓰다 보면 오류가 날 수도 있으므로 미리 작성해 가는 것을 추천한다. 입찰서의 금액란은 수정하면 안 되기 때문에 글씨가 뭉개졌다든지 숫자가 알아보기 힘들다든지 하면 새로 작성하는 것이 필요하다. 경매 법정에 비치되어 있는 입찰서에는 대부분 해당 법원의 명칭이 인쇄되어 있지만, 대법원 경매정보 사이트에서 입찰서를 내려받아 작성하면 공란으로 되어 있어 해당 법원의 정확한 명칭을 기재해야 한다.

일반적으로 하나의 사건번호에 하나의 부동산이므로 물건번호는 공란으로 비워둔다. 하나의 사건번호에 여러 개 부동산이 매각될 때는 각각의 부동산마다 물건번호가 1, 2, 3, 4, 5 등으로 정해져 있으므로 입찰하고자 하는 부동산의 물건번호를 기재해야 한다. 그리고 주소란에는 반드시 신주소를 기재해야 하고, 입찰가격과 보증 금액란을 잘 구분해서 금액을 정확하게 기재해야 한다. 보증금액은 최저입찰가의 10%를 기재하면 된다. 대금 미납 등으로 재매각되는 사건은 특별매각조건으로 입찰보증금을 최저매각가격의 20%로 정했다면 그 금액을 기재해야 한다.

입찰보증금을 현금이나 수표로 낸다면 현금자기앞수표란에 표시하고 보험회사에서 발행한 보증보험 증권으로 납부할 경우에는 보증서에 표시하면 된다. 만약에 대리인이 입찰하면 본인란과 대리인란 두 가지를 모두 작성해야 하는데, 본인란에는 부동산 명의로 할 사람의 성명, 전화번호, 주민등록번호, 주소를 기재한다. 대리인란에는 대리인의 성명, 본인과 관계, 전화번호, 주민등록번호, 주소를 기재하고 대리인의 도장을 날인한다.

대리인이 입찰할 때는 위임장에만 본인의 인감도장을 날인하고 입찰표와 봉투 등 나머지 모든 날인은 대리인의 도장을 날인한다.

[전산양식 A3360] 기일입찰표(흰색) 용지규격 210mm×297mm(A4용지)

(앞면)

기 일 입 찰 표

지방법원 집행관 귀하 입찰기일 : 년 월 일

사건번호	타경 호	물건번호	※물건번호가 여러개 있는 경우에는 꼭 기재

입찰자					
본인	성명	㊞	전화번호		
	주민(사업자)등록번호		법인등록번호		
	주소				
대리인	성명	㊞	본인과의 관계		
	주민등록번호		전화번호	-	
	주소				

입찰가격	천억	백억	십억	억	천만	백만	십만	만	천	백	십	일	원

보증금액	백억	십억	억	천만	백만	십만	만	천	백	십	일	원

보증의 제공방법	□ 현금·자기앞수표 □ 보증서	보증을 반환 받았습니다. 입찰자 ㊞

주의사항.

1. 입찰표는 물건마다 별도의 용지를 사용하십시오, 다만, 일괄입찰시에는 1매의 용지를 사용하십시오.
2. 한 사건에서 입찰물건이 여러개 있고 그 물건들이 개별적으로 입찰에 부쳐진 경우에는 사건번호외에 물건번호를 기재하십시오.
3. 입찰자가 법인인 경우에는 본인의 성명란에 법인의 명칭과 대표자의 지위 및 성명을,

맨 아래 입찰자란에도 대리인을 기재하고, 보증금을 반환받을 때도 대리인의 도장을 날인하고 반환받는다.

입찰봉투 작성방법

입찰봉투는 입찰보증금을 넣는 소봉투와 입찰표, 위임장, 인감증명서 등 모든 서류를 넣는 대봉투로 구분된다. 본인이 입찰하면 본인란에 본인 성명을 적으면 된다. (인) 표시가 된 부분에 본인 도장을 찍는다. 사건번호란에는 사건번호를 쓰고 물건번호가 있다면 물건번호란에 물건번호를 쓰고 없으면 공란으로 두면 된다.

대리인이 입찰할 때는 본인란에 본인 성명을 적는다. 대리인란에 대리인 성명을 적고, (인) 표시가 된 부분에 모두 대리인 도장을 찍는다. 사건번호란에는 사건번호를 쓰고 물건번호가 있다면 물건번호란에 물건번호를 쓴다. 없다면 공란으로 두면 된다.

입찰 법정에서 해야 할 것들

입찰 법정에 도착하면 입찰 게시판을 확인해야 한다. 입찰 게시판에는 당일 진행하는 사건의 목록이 나와 있다. 사건이 취소되거나 입찰 날짜가 바뀌는 경우도 있으니 이 또한 확인해야 한다. 법정에 가기 전에 미리 문건, 송달내역 및 기일내역을 확인해서 취하되었거나 변경되었는지 확인하는 것이 실수를 줄이는 길이다. 물론 취하나 변경이 되었어도 인터넷에 반영되는 데 시간이 들기 때문에 당일 도착해서 입찰 게시판을 한 번 더 확인해야 된다.

다음으로 자리를 맡아서 입찰서를 제출하기 전에 다른 사람들이 어떤 정보를 교환하는지 엿듣는 것도 하나의 팁이다. 해당 물건의 비하인드 스토리를 듣게 되기도 하므로 이런 식으로 정보를 얻는 것도 한 방법이다. 입찰 법정에서는 즉석에서 차순위 매수신고와 공유자 우선매수신고를 할 수 있으니 참고하자.

차순위 매수신고가 뭐지?

차순위 매수신고는 낙찰자가 낙찰대금을 내지 않으면 차순위 매수신고인에게 낙찰 기회를 주는 것이다. 매각불허가라면 차순위 매수신고인에게 기회가 오지 않는다. 차순위 매수신고는 낙찰가에서 입찰보증금을 뺀 금액보다 높은 금액에 입찰한 사람이면 신고할 수 있다.

차순위신고를 원하는 사람이 여러 명이면 그중에서 가장 높은 입찰가를 낸 사람에게 기회를 주고 같은 금액을 낸 사람이 여러 명이면 추첨으로 정한다. 그런데 잘 생각해 보면 낙찰자의 보증금이 몰수될 때까지 돈을 안 냈다는 것은 뭔가 심각한 하자가 있다는 뜻이다. 따라서 제대로 알아보지 않고 차순위신고를 하면 안 된다.

공유자 우선매수신고는?

부동산의 일부 지분만 경매에 나오면 공유자 우선매수신고를 할 수 있다. 이때 경매로 나온 물건의 나머지 공유자에게 매수할 기회를 먼저 주는 것이 이 제도의 취지다. 공유자 우선매수신고는 사전에도 가능하고 입찰 당일에도 할 수 있다. 사전에 공유자 우선매수신고서를 제출하면 법원 경매정보에 떠서 입찰자 수가 줄어들어 낙찰가가 낮아지는 효과를 누릴 수도 있다.

낙찰 이후 챙겨야 할 것들

낙찰된 후에는 먼저 점유자와 접촉해야 한다. 점유자와는 빨리 연락할수록 좋다. 혹시 알지 못하는 리스크가 있는지 파악도 해야 하고, 권리분석으로 발견할 수 없는 물건의 실질적·물리적 하자가 있는지 파악해야 하기 때문이다. 만약 하자를 발견한다면 잔금을 치르기 전까지 이를 해결하는 방안을 마련하는 것이 좋다.

그리고 점유자와의 명도를 위해서도 빨리 접촉하는 게 좋다. 점유자로서는 낙찰자와 연락된 시점부터 명도를 고민하게 된다. 낙찰만 받았지 아직 잔금을 내지 않은 낙찰자가 점유자와 아무런 접촉도 하지 않으면 점유자는 부동산 점유를 포기할 생각을 하지 않을 수도 있다. 그래서 점유자와 접촉해서 집이나 상가를 비워주고 나가야 한다는 준비를 하도록 기회를 주는 게 필요한 것이다.

점유자에게는 잔금을 치르고 나서 배당일까지는 집이나 상가 등에서 나가는 것이 원칙이라는 점을 설명해야 한다. 인도명령이나 강제집행에 대해 말하는 것은 자칫 점유자와 분란만 조장할 수 있으므로 처음부터 그런 언행을 하는 것은 좋지 못하다. 법보다는 인간적인 설득이 명도에서는 좀 더 잘 통하는 것을 많이 보았기에 잘 설득하는 작업이 무엇보다 중요하다. 언제 이사할 수 있는지, 이사 갈 곳을 알아봐 준다든지 이사비를 대신 내주는 등의 배려도 좋은 방법이다.

만약 이렇게 대화를 시도했는데도 점유자가 고액의 이주비를 요구하거나 나가지 않겠다고 밝힌다면 내용증명을 보내 법적 절차를 밟겠다고 통지하는 방향으로 전략을 변경한다. 법적 절차를 어쩔 수 없이 밟는 것은 최후의 보루이니 다시 대화하자고 설득하는 방법도 병행하는 것이 좋다. 대출을 해야 한다면 대출은행을 결정하고 대출 신청을 서둘러야 한다. 필자도 대출 과정에서 대출 조건을 까다롭게 하는 은행이 많은 것을 본 뒤로는 이 부분을 강조하고 있다. 대출을 계속 유지할지, 전세로 상환할지도 생각해야 한다. 이자 비용도 큰 부담이 되기 때문이다.

강제로 명도하는 방법을 인도명령이라고 한다. 이는 최후의 보루이지만 그 방법을 소개하면 다음과 같다. 인도는 점유하는 부동산을 낙찰자에게 넘기는 일체를 말하고, 인도명령은 법원에서 점유자에게 점유하고 있는 부동산을 낙찰자에게 넘겨주라고 명령하는 결정을 내린 것을 말한다. 인도명령의 대상은 채무자와 동거가족, 채무자와 근친 관계, 채무자의 피고용인, 채무자가 법인일 경우 같은 법인의 점유보조인, 채무자와 공모하여 집행을 방해할 목적으로 점유하는 자, 정당한 권원 없이 점유하는 자가 된다.

인도명령의 대상자는 소유자, 채무자, 대항력 없는 임차인 등 정당한 권리 없이 점유하고 있는 점유자이다. 채무자를 상대로 인도명령을 신청하면 그 가족한테도 효력이 미치게 된다. 채무자가 다수이면 각각에 인도명령을 신청해야 한다. 인도명령은 법원에 방문 또는 전자소송 사이트에서 신청할 수 있다. 부동산인도명령신청서를 작성하고 서류를 첨부하여 제출하면 되며 첨부서류는 다음과 같다.

- 부동산목록
- 매각대금 완납증명서
- 수입인지
- 송달료 납부 영수증

인도명령이 나고 그 결정문이 점유자에게 송달되고 난 이후에 강제집행이 가능하다. 일반적으로 강제집행한 물건은 몇 개월간 창고에 보관하는데 보관료도 매월 발생한다. 점유자에게 물품을 가져가겠다는 연락이 오면 보관료를 징수한 후 물품을 주면 된다. 만약 연락이 없거나 점유자가 찾아가지 않겠다고 하면 그 물품은 경매 처분하면 된다.

낙찰자는 강제집행비용확정신청을 해서 결정문을 받은 뒤 이를 근거로 보관된 물품을 압류하고 유체동산경매 절차에 따라 매각하면 된다. 낙찰된 금액으로 강제집행비용에 충당하고 남는 금액은 채무자 명의로 공탁하면 끝난다.

5장

경제위기에도 주식시장은 열린다

약세장일 때는 한 발 물러서서 좋은 시절이 오기를
기다리는 것이 좋다. 아니면 하락에 저항하는 주식을 찾는 게
유일한 방법이다. 추세가 변하면 가장 빨리 선두에 나설 수
있기 때문이다. 이런 주식들은 대부분 수익이 급증하는 추세다.
시장이 나빠도 자본은 이들 기업에 흘러 들어간다.
역시 주식은 수익의 시녀다.

- 니콜라스 다비스(박스이론의 창시자)

경제위기를 주도하는 주식 투자법

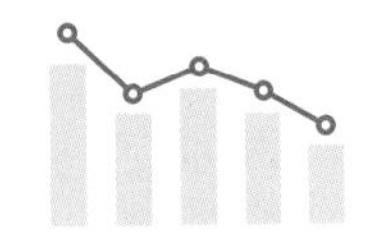

위기가 오히려 투자하기 딱 좋을 때

많은 사람이 미국 주식에 투자하고 묻어두면 되지 않느냐고 묻는다. 우리나라 주식은 타점을 잡기 어려워 못 사겠다는 이야기도 들린다. 한 회계사는 재무제표 감사를 하다보니 회사를 더 믿을 수 없어져 주식 투자는 하지 않는다고 했다. 더욱이 코인은 기초자산이 검증되지 않았고 가격산정 모형이 불명확해서 못 하겠다는 이들도 많다. 부동산은 한번 물리면 팔기 어렵고 목돈이 들어가서 못 하겠다는 사람들도 있다.

하지만 이 핑계, 저 핑계 대다 보면 투자는 절대로 할 수 없다. 월급을 저축하는 것 말고 재산을 불리는 방법은 영영 찾기 어렵다. 일단 10만 원이라도 투자해 주식을 한 주라도 사보는 것이 지금 그대로 머무는 것보다 낫다. 사실 경제위기가 왔을 때가 기회인데 그 기회를 잡으려면 한 푼이라도 투자해 본 사람이 유리할 수밖에 없다. 투자의 세계에는 정답이 없다. 유명한 투자자들도 큰 손실을 볼 수 있고 초보자가 큰돈을 벌기도 한다. 몇 년째 적자인 종목이 급등하기도 하고, 재무상태가 우량한 기업의 주가가 흘러내리기도 한다.

투자로 몇십억 원을 벌었다는 이들의 강연을 많이 들어보았는데 대부분 그대로 따라 하기 어려웠다. 오히려 소액으로 시작해 단타로 여러 경험을 해보다가 원금이 커지면 스윙매매 혹은 장기투자로 넘어가는 것이 좋다. 특히 경제위기에는 저평가 우량주 또는 대장주에 장기투자를 하면 수익률을 극대화할 수 있다. 이때 위기를 포착하는 신호는 앞 장에서 많이 다루었으니 참고하기 바란다.

위기에 근접해 갈수록 소액으로 충분하게 투자를 트레이닝하고 진정한 하락장이 왔을 때 베팅할 준비를 해야 한다. 투자 규모가 크다고 그가 투자를 잘하는 것이 절대 아니다. 오히려 처음부터 큰 금액으로 투자금을 넣는 것이 더 우매한 짓이다. 주식시장을 알아갈수록 투자금을 불려 나가는 데 신중하게 된다. 리스크가 크기 때문이다.

주식 고수들은 대부분 처음에는 소액으로 단타(단기투자)와 스윙매매(주식을 하루에서 며칠 정도 보유하는 투자 활동)를 번갈아 하면서 부자가 되었다. 처음부터 거액을 넣어서 부자가 된 것이 아니라는 말이다. 처음부터 억대 금액을 베팅한 사람이 제대로 자산을 쌓은 케이스가 많지 않은 것을 보면 더욱 그렇다. 주식 투자를 시작했다면 그리고 위기에 근접한 경제를 경험하고 있다면 여러 고수가 추천하는 매매기법을 소액의 투자금으로 연습해 보기 바란다. 매매에 어느 정도 감을 잡고 수익에 자신이 있다면 100만 원, 200만 원, 500만 원으로 높이면서 수익을 늘려나가야 한다.

내가 잃더라도 생활이 어렵지 않은 금액부터 시작해야 한다. 위기 신호가 왔고 경제위기를 경험하고 있다고 하더라도 마찬가지로 신중해야 한다. 큰돈을 한번에 잃을 수 있는 곳이 주식장이고 코인장이다. 한번 큰돈을 잃으면 생활도 안 되고 투자도 더 무리수를 둘 수 있다. 큰돈을 잃게 되면 투기심이 발동해서 원금을 찾기 위해 수단과 방법을 안 가리고 결국 더욱 위험한 투자를 반복하게 될 수 있다.

특히 처음 투자하는 사람일수록 아니면 원금이 현재는 작다고 생각될수록 지지선에서 매수하고 저항선에서 매도하는 전략으로 차트 분석을 하면서 재무적으로 탄탄한 기업 위주로 투자를 시작해 보기 바란다. 재무적 분석은 내가 쓴 『재무제표 100문 100답』이나 『주식 투자 Q&A 100가지』 등에서 자세히 소개하였으나 결국에는 '영업이익'이 꾸준히 상승세를 그리고 순이익이 나오는지, 부채비율과 유동성 비율이 안정적인지 등을 따져보고 투자하라는 것으로 요약된다.

그리고 처음 투자할 때는 4~5종목에 분산해서 투자하며 수익률을 체크해 보면 좋겠다. 경제위기에 근접했거나 경제위기가 오면 무조건 차트는 망가진다. 좋은 종목일수록 수익률이 마이너스가 나더라도 소액을 넣어두고 폭락이 올 때 오히려 투자금을 늘리며 장기적 관점에서 대응하는 것이 좋다.

결론적으로 투자는 지금 당장 시작해야 한다. 지금이 고점이라

하더라도 연습하기 좋은 시점이다. 그리고 소액으로 투자하다가 위기 신호가 오고 저점을 찍어 수익률이 마이너스가 났을 때가 오히려 기회다. 나도 바닥을 칠 때 금액을 늘리며 대응하여 수익을 본 사례가 많다. 그렇게 투자 감각을 키우고 종목에 대한 이해도 높이며 수익도 늘려나가는 것이다.

변동성이 큰 위기 장에서 통하는 단기투자 기법

투자자들의 심리를 이용하면 큰돈을 단기간에 벌어들일 수 있다. 공포탐욕지수Fear&Greed Index는 투자심리를 반영하는 것으로 알려진 7가지 지표를 종합하여 시장에 내재화된 공포와 낙관의 강도를 상대적인 지표로 나타낸 것이다. 이 지표가 0이면 시장이 극단적인 패

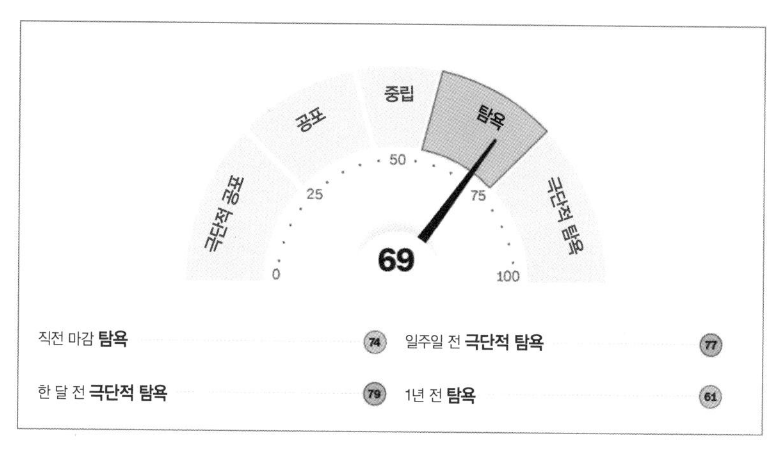

CNN에서 제신하여 공표하는 공포탐욕지수
(출처: https://us.cnn.com/markets/fear-and-greed)

닉 상태이며, 100이면 시장을 극단적으로 낙관하는 상태라고 할 수 있다.

이 지표는 의외로 많은 투자자가 이용하며 SNS에서도 매일 공유되는 것만 보더라도 대부분 참고하는 지표라는 것을 알 수 있다. 공포탐욕지수를 활용해서 투자하는 것이 여러 투자자의 패턴을 이용해서 단기적으로 수익을 극대화하는 데 도움이 되는 것은 분명하다.

공포탐욕지수는 S&P500지수와 비교할 때 매우 유사한 방향으로 움직이는 것을 확인할 수 있다. S&P500지수가 우상향하면 공포탐욕지수는 50을 넘기며, 좌하향하는 하락장에서는 50 아래에서 형성된다. 이를 활용하여 매매하려면 단순하게 지표의 기준을 다소 양

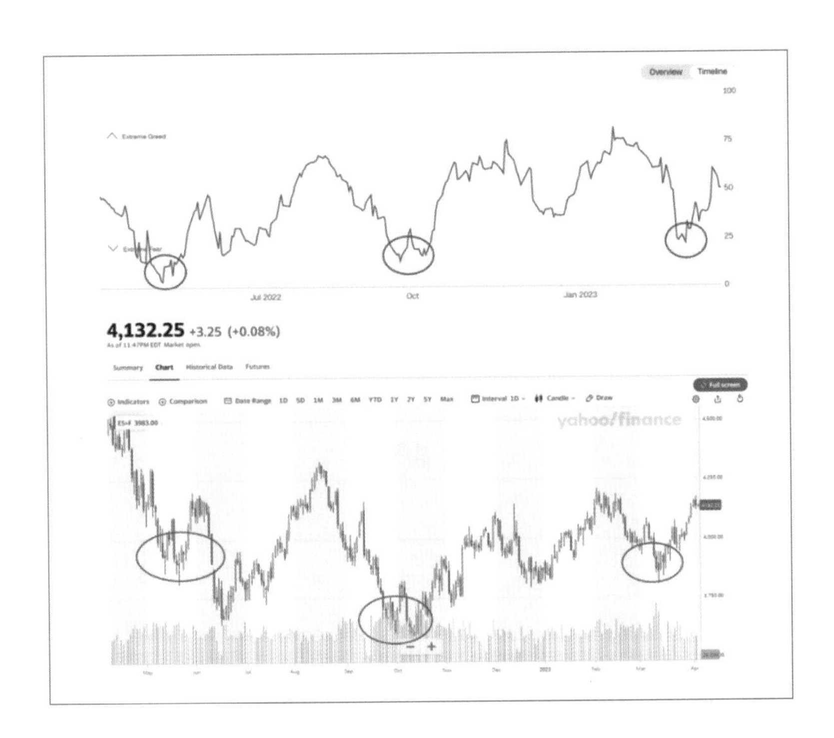

극단에 두고 트레이딩하면 된다.

극단적 공포(25) 아래로 내려오면 바닥일 가능성이 높으므로 위험자산의 가격이 충분히 맞는다고 판단되면 매수를 진행하면 된다. 반대로 극단적 탐욕(75) 이상으로 나타나면 주가가 고점일 가능성이 높다. 적정주가를 스스로 판단해 본 후 주가가 과열되었거나 높다고 판단되면 매도를 진행하면 된다. 이렇게 매수와 매도 타점을 잡기에는 공포탐욕지수가 유용하다.

공포탐욕지수는 묘하게 바닥을 예상할 때 더 유용한 듯하다. 공포탐욕지수 25 아래에서는 주가지수가 대부분 바닥권을 형성하거나 눌림목 패턴을 보였기 때문이다.

경제위기에 구체적으로 어떻게 투자해야 할까

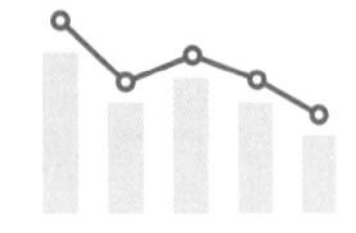

처음 투자에 입문한 사람이거나 자신이 고수가 아니라는 생각이 든다면 다음 요소를 집요하게 공부하는 게 도움이 된다.

어떤 종목에,
얼마를 가지고,
언제 사고,
언제 팔지.

정말 미친 듯이 연구해야 수익을 낼 수 있다. 위기 상황에서는 어디가 바닥인지 모르기 때문에 고수들도 간혹 손해를 본다. 선수들이 판을 치는 자산시장에서는 비정상적인 가격 패턴이 나오기도 한다. 테마주가 성행하다 보면 이 테마, 저 테마로 옮겨 다니면서 온통 손해를 보고 계좌가 0으로 수렴하는 경험을 할지도 모른다. 그래서 철저하게 공부하고 투자해야 한다는 것이다. 투자를 소액으로 하면서 경험을 쌓는 것도 매우 중요하다.

어떤 종목에 들어갈지 공부하는 것은 간단하다. 미래에 유망한 섹터를 발굴하는 스터디를 꾸준히 하면 된다. 얼마를 가지고 할지는 자기 사정에 맞추어야 하는데 절대로 '영끌, 빚투'는 권장하지 않는다. 경제위기에는 베팅해야 할 때도 오지만 정말 신중해야 한다. 돈을 벌었을 때보다 잃었을 때 사람은 무섭게 나락으로 떨어진다. 그래서 지금 영위하고 있는 생활이 어려워질 수도 있음을 명심하자.

위기에 제 몫을 하고 어떤 투자에도 통하는 거꾸로 투자법

내가 고시 3관왕에 자격증을 30개 이상 취득하게 된 비결이 '거꾸로 공부법'이었다. 미래 목표를 설정해 두고 과거로 역산하면서 행동계획을 세우고 이를 지켜내는 방식으로 목표를 완벽하게 달성한 것이다.

투자도 마찬가지다. 투자를 15년 이상 진행하면서 느낀 것이 있다. 지금 이슈를 가지고 과거로 돌아가서 확신하여 미래의 투자에 반영하는 고급 투자기법이 바로 거꾸로 투자법이다. 이는 리스크를 획기적으로 줄여주고 투자수익을 안전하게 내는 방법이다. 주식시장이나 코인시장에서 손실을 보지만 않으면 일단 성공이다. 손실만 안 보면 안전한 이익이 날 거라는 증거이기 때문이다.

그러면 거꾸로 투자법은 조기에 어떻게 세팅해야 할까? 보통 많이 사용하는 네이버 증권을 들여다보자. 국내증시 화면에는 현재 코스피 지수, 코스닥 지수, 코스피200 지수가 나타나 있다. 왼쪽에 보면 주요 시세 정보 외에도 시가총액, 배당, 업종, 테마, 그룹사, ETF 등 그룹핑된 메뉴들이 보인다. 상승, 상한가 종목만 표시되는 메뉴도 있다.

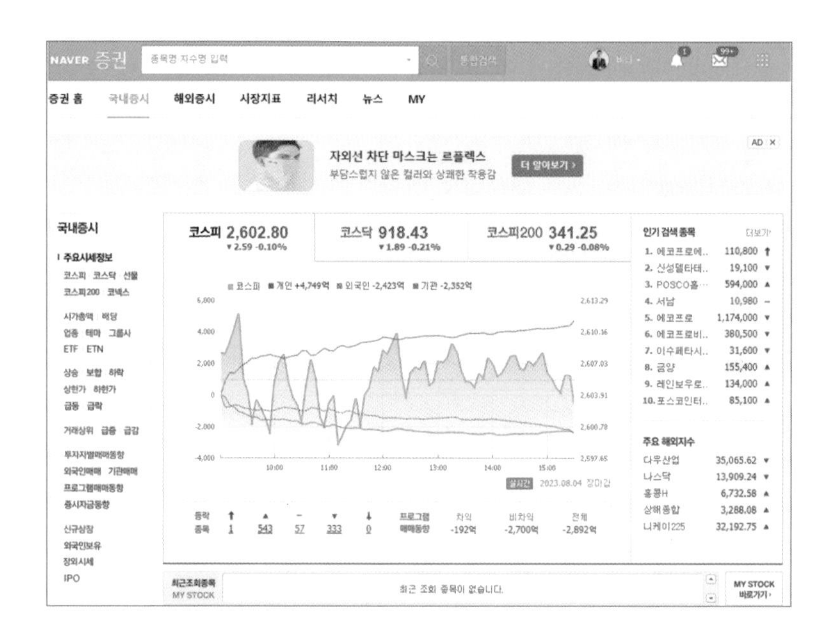

먼저, 현재 가장 중요한 것은 내가 어떤 종목에 투자해야 할지 찾아보는 것이다. 잘 알고 있는 성장섹터가 있다면 그 섹터 종목 위주로 리서치하여 투자하는 것도 좋은 방법이다.

그러나 이는 가치투자를 할 경우에 주로 사용하는 방식이고 초기에 시드머니가 작으면 단기투자와 트레이딩부터 연습해 보는 것이 더 현실적이다. 그래서 초기 투자자라면 눈여겨봐야 하는 종목은 아래와 같다.

- **상한가 종목들**
- **급등하는 종목들**

상한가 종목은 특정한 뉴스나 공시가 발표되거나 믿을 만한 재료가 있어서 오르는 경우가 많다. 물론, 시장에는 세력이라는 존재도 있다. 주가가 낮고 아무도 관심 없을 만한 종목을 세력이 일정 기간 매집하여 주가를 급등시키는 것이다. 이러한 종목은 단기적으로 급락이 나올 수도 있다.

일단 네이버 증권 국내증시에서 왼쪽 메뉴의 상한가 종목을 클릭하면 아래와 같이 리스트가 뜬다.

Top종목

상한가 하한가 상승 보합 하락 거래량상위 고가대비급락 시가총액상위

순위	연속	누적	종목명	현재가	전일비	등락률	거래량	시가	고가	저가
	1	1	카프로	864	↑ 199	+29.92%	11,888,918	685	864	680
	1	1	진영	5,440	↑ 1,250	+29.83%	3,548,048	4,165	5,440	4,125
	1	2	다원넥스뷰	12,070	↑ 1,570	+14.95%	1,549	10,500	12,070	9,800
	1	3	에코프로에이치엔	110,800	↑ 25,500	+29.89%	8,269,301	87,800	110,800	86,900
	1	1	와이랩	11,060	↑ 2,550	+29.96%	14,545,852	8,840	11,060	8,660
	1	5	오가닉티코스메틱	184	↑ 42	+29.58%	14,913,065	159	184	158

이러한 종목들부터 리서치해 보는 게 좋다. 인기가 많고 단기적으로 호재가 가득한 종목일 가능성이 많기 때문이다. 단기 테마주일 가능성도 있는데 그 테마에 신뢰성이 있는지도 같이 검증해야 한다. 지속적으로 오를 만한 재료가 있다면 그 종목은 매수하여 계속 가져가도 좋다.

당장은 상한가를 쳤지만 며칠 지켜보면 다시 갭하락을 기록하면서 주가가 원상복귀되는 경우가 있다. 이때 단기적으로 물량을 매집하려는 세력이 장난한 것일 수 있다. 하지만 아무런 이유 없이 급락하여 원점으로 돌아온 종목이 있다면 이때가 절호의 기회다. 단기적으로 급락한 원인이 여러 가지 악재 때문일 때는 조심해야 한다. 그래도 일단은 상한가 종목, 상승 종목, 거래량 상위 종목에 관심을 가지고 분석하는 것이 좋다.

위 차트에서는 종목 이름을 일부러 삭제했다. 순수하게 상한가 패턴만 보기 위해서다. 자세히 보면 이틀 연속 상한가를 치고 최고가 2,540원을 찍고 흘러내리기 시작했다. 거래량은 어마어마하지만 이러한 종목은 조심해야 한다. 갭상승이 뜨면 그 갭은 메우게 되어 있다. 그 시기가 언제이든 말이다.

실질적인 재료가 있어서 상승하는 종목에는 주목할 필요가 있다. 에코프로에이치엔이 상한가로 급등한 날의 주가 차트를 보자. 에코프로는 수직계열화를 하면서 계열사 상장을 추진하였다. 에코프로의 주가는 수십 배 증가하는 모습을 보였고, 양극재 생산 법인 종목인 에코프로비엠도 지속적으로 급등을 이어왔다.

그리고 에코프로에이치엔은 폐배터리 관련 종목인데 해당 섹터도 성장 가능성이 커서 이러한 이슈로 급등을 두 번이나 거듭한 것을 볼 수 있다.

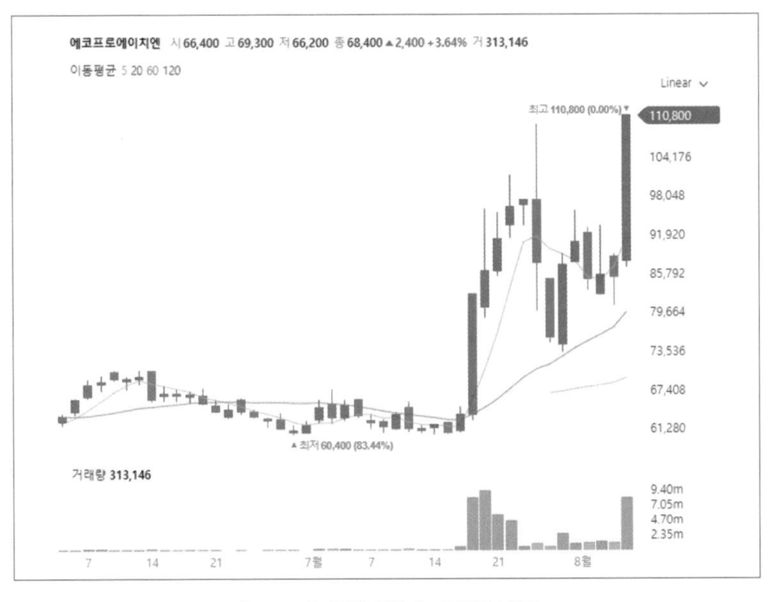

에코프로에이치엔 상한가 기록한 날 차트

물론 그 이후 며칠간 하락세를 면치 못했는데, 종목 자체의 악재보다 공매도 과열 종목으로 지정되면서 공매도 세력이 많이 들어왔다는 점이 두드러졌고, 중국의 경제위기설이 며칠간 지속되었으며, 미국 연준의 잭슨홀미팅에서 앞으로 금리를 더 올릴 것이라는 매파적 발언이 예상되면서 시장 전체 주가가 눌리기는 했다.

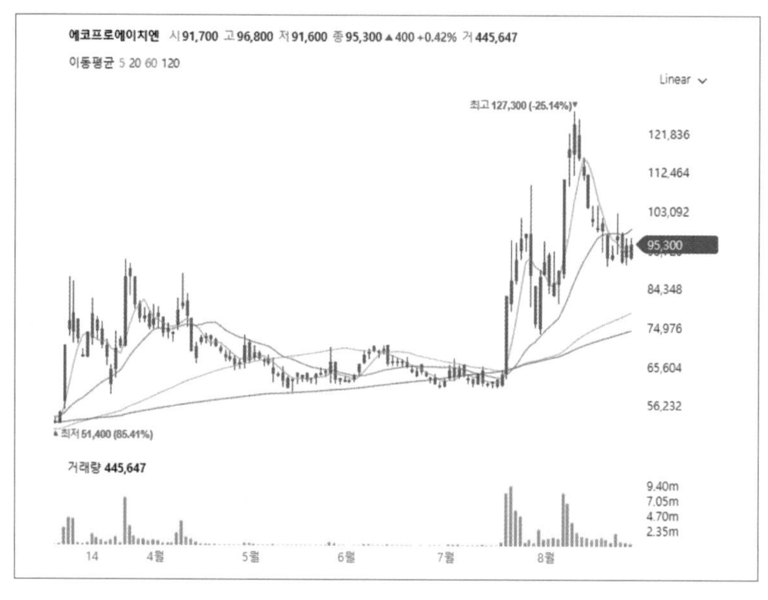

이후 에코프로에이치엔의 주가 추이

이처럼 급등 종목을 유심히 공부하되 급등한 직후에 매수 버튼을 누르는 것은 좋지 못하다. 이러한 종목은 적어도 2주 정도 지켜보면서 소액으로 투자 연습을 하다가 확신이 설 때 매수량을 늘리는 것이 좋다.

단기적으로 연습하기 좋은 거꾸로 투자법은 가격이 급등하거나 인기 종목에 대해 아래와 같이 활용해 보기를 추천한다.

- 바닥권에서 이유 있는 상한가를 기록한 경우 강력한 매수세가 형성되기 때문에 이때는 기술적 분석뿐만 아니라 재료와 미래 전망 분석이 필요하다. 미래 전망에 대해서는 뉴스만 봐서는 안 된다. 뉴스에는 항상 회사에서 만들어낸 자료도 섞여 있기 때문이다. 이에 대한 여러 자료와 미래의 매출 전망, 사업보고서 분석 등이 함께 이루어지면 좋겠다. 그냥 차트만 보고 투자하면 안 된다.
- 5일 이동평균선에 지지되는지를 살펴보면서 분할 매수하면 좋다. 이동평균선은 단기투자에는 필수적 요소다. 투자자들의 심리와 주가의 향방을 가장 직관적으로 나타내기 때문이다.
- 거래량이 줄면서 음봉이 이평선을 터치하면 매수를 강력하게 추천한다. 다만, 장기투자에는 이러한 방법을 사용해도 소용없다. 어디까지나 단기 매매에 잘 적용되는 기법이다.

다음은 포스코홀딩스의 주가차트이다. 7월 말 두 번 상한가를 기록했고 이후 3주간 조정국면을 맞이했다. 이때 단기 이동평균선을 터치하면서 음봉이 나온 아래 구간에서는 매수 타이밍이다. 이후 반등을 하고 있으며, 향후 주가의 흐름을 보더라도 오를 가능성이 높다는 것을 알 수 있다. 물론, 단기적으로 거시경제 상황이 좋지 못한 점에서 주가가 더 오르지 않는 상황이 벌어졌는데 그래서 거시경제 분석도 함께 해야 한다.

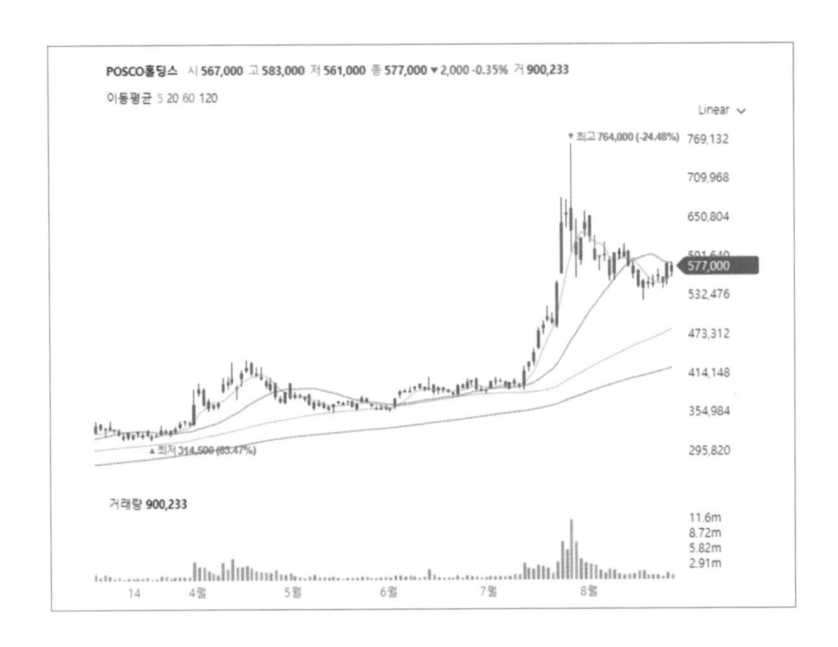

선택과 집중 투자법

금리가 주가에 미치는 영향

인플레이션 상황에서는 물가를 잡기 위해서 기준금리가 올라가게 되어 있다. 금리가 올라가면 투자자들도 긴축하여 당장 현금이 필요하기에 자기 자산을 헐값에 내놓을 확률이 높다. 2022년 갑작스러운 금리 인상은 주식시장과 부동산 시장에 악재로 작용했다. 특히 주식시장은 한동안 곡소리가 날 정도로 폭락했다.

우량주와 성장주는 나중에는 큰 수익을 가져다주겠지만 경제 전체가 하락하는 시기에는 손실을 감내해야 하는 상황이 올 수 있다.

우량주에 지속적으로 투자해 두면 장기적으로는 주가가 오르기 때문에 수익을 기대할 수 있다. 과거에 삼성전자가 그랬고 애플이나 엔비디아, 테슬라, 구글 등 빅테크 기업들도 마찬가지였다. 사놓고 주가가 몇 배씩 오르면 내 자산도 몇 배씩 오르는 것이니 가장 좋은 전략은 무조건 오를 만한 종목을 추려서 오래 보유하는 것일지도 모른다.

그런데 문제는 금리 인상과 경제위기에는 장사가 없다는 것이다. 아무리 우량주라고 하더라도 경제위기 속에서는 주가가 한번 크게 빠질 수밖에 없다. 나도 투자를 오래했지만 주가가 떨어지는 시기에는 더 떨어질까 봐 두려워 주식을 손해 보고 팔 수밖에 없었다. 또 경제침체기를 지나고 경제 상승기에 오히려 고점에서 주식을 사서 나중에 다시 조정이 오면 팔아 손해를 반복하던 시절도 있었다. 그런 실수를 반복하면 어느덧 내 계좌는 0으로 수렴하게 된다. 그래서 경제위기가 올 때 포트폴리오와 경제가 반등해 상승할 때 포트폴리오 시나리오를 모두 염두에 두어야 하는 것이다.

경제위기가 오고 많은 기업이 도산할 위기에 놓이면 정부는 금리를 내리게 되어 있다. 역사적으로도 그랬다. 금리가 낮아지면 투자에 부담이 없어진다. 그러면 성장종목에 큰돈을 투자해서 더 큰 수익을 볼 수 있다. 금리가 낮으니 대출받아서 투자할 여력도 생기고 기업들 실적도 개선되니 주가도 오르게 된다. 이런 시기를 맞이하려면 내 투자금액을 어떻게 조정할지 계획을 제대로 세워야 한다.

일단 주식 종목을 선정하고 투자금을 조정하는 법을 이야기하기에 앞서 금리에 따른 주가 영향을 설명해 보고자 한다.

카카오게임즈 주가 흐름

위는 카카오게임즈의 주가 차트이다. 월봉 차트에서 기간별 주가 추이를 살펴보자.

금리가 상승하던 2022년 중순 전까지만 해도 주가가 최고점 116,000원을 기록했다. 그리고 금리하락의 여파와 여러 요소가 결합되면서 지금은 주가가 27,600원으로 거의 5분의 1 토막이 났다. 만약 1억을 투자했다면 8,000만 원가량 손실을 보아 계좌에 2,000만 원만 남게 되는 것이다. 이런 상황을 맞이하면 목숨 걸고 투자하는 사람은 우울증에 걸릴 수 있다.

다음은 우리가 우량주로 알고 있는 삼성전자의 주가 흐름을 살펴

삼성전자 주가 흐름

보자.

제아무리 삼성전자라 하더라도 금리 상승의 우려가 있었던 2022년부터 주가가 8만 원대에서 하락하여 2022년 말 최저치 51,800원을 찍었다. 반토막에 가까운 수치다. 물론 그 이후 반도체 업황과 기업의 미래 성장성 등으로 주가가 상승세에 있지만 금리상승 시기에는 아무리 좋은 종목도 오르기가 힘들다는 사실을 잘 보여준다.

물론, 경제침체기에도 미래에 엄청난 성장과 영업 실적이 기대되는 종목은 지속적인 급등을 이어가기도 한다. 경제하락기에는 많은 종목에 백화점식으로 무지성 투자를 할 것이 아니라 성장주에 없어도 생활이 될 정도의 투자금으로 베팅하는 것이 현명할 수 있다. 금리가 상승하고 경제가 침체되는 시기에도 큰 조정이 오지 않고 미래를 먹고 오르는 종목에 묻어두면 1000% 수익도 가능하다. 다음은 에코프로의 주봉 차트이다.

이러한 성장섹터의 성장주에 포트폴리오를 집중해 어려운 시기를 틈타 '줍줍'하는 것도 좋은 전략이고 주식을 제대로 배워보는 기회가 된다.

성장주에 집중하면 고수익 올릴 기회 온다

원칙적으로 폭락 시기에는 어떤 종목을 가지고 있어도 어렵다. 그래서 너무 다양한 종목에 큰 자금을 투입하는 것 자체가 리스크일 수 있다. 시장 전체가 폭락하기 때문에 안전자산 외에는 손실을 보게 되어 있다. 이러한 시기에는 앞으로 성장할 것이라는 믿음으로 재무제표를 살펴보고 영업이익과 영업활동현금흐름이 지속적으로 증가할 종목에 투자해야 한다. 경제 하락 시기에는 인내심이 없어질 수밖에 없다. 당장 심리적으로 위축되다 보니 손절하고 투자금을 빼버리기 쉽다.

그런데 이런 위기 때 진정한 성장주에서 모든 자금을 빼는 것은 어리석은 짓이다. 오히려 하락기가 오는 신호에 대부분의 종목을 정리했다가 기업분석과 재무분석을 했을 때 나중에 무조건 오를 것으로 판단되는 종목은 싼 가격에 아주 집중적으로 사는 게 좋다. 이럴 때 물량을 많이 확보하면 나중에 몇 배씩 오를 때 수익을 많이 낼 수 있기 때문이다.

사실 경제위기에는 가치주나 성장주 모두 손실을 피할 수 없다. 자세히 보면 에코프로도 2022년 조정이 왔던 시기에는 주가가 널뛰기했고 그 시기에 그냥 팔아버렸다면 절대로 큰 수익을 낼 수 없었을 것이다. 다음은 금리를 본격적으로 인상했던 2022년 9월부터 12월 사이의 주가 차트이다.

금리가 인상되고 경제가 침체기에 들어서면 투자자들은 안전자산으로 도피하게 된다. 현금이 가장 안전하다고 믿고 예적금을 하거나 국공채에 투자하거나 금을 사는 등의 행동을 보인다. 이러한 시기

에는 주식 섹터 가운데 안전한 분야로 돈이 몰리기도 한다. 필수재 종목으로 눈을 돌리는 현상이 벌어지는 것이다. IT 종목이나 바이오 종목은 전반적으로 위기를 경험하곤 한다. 그래서 경제하락기에는 주식 종목을 여러 섹터에 나누어 두는 것도 좋은 전략일 수 있지만 주식 비중을 줄이고 성장주에 집중하는 것보다 고수익을 내기는 어려울 것이다.

그래서 많은 주식 고수는 경제침체기에 주식 종목을 2~3가지로 좁히거나 한 가지 종목에 '몰빵'하는 것 같다. 자기가 제대로 공부해서 가장 안전하고 추후 수익성이 높을 것 같다고 생각하는 종목, 가장 믿을 만한 종목 외에는 투자금을 빼는 것이다.

미래 영업이익이 극대화될 신성장 산업에 투자

미국 주식은 지속적으로 성장해 왔고 하락 폭이 크지 않았던 것을 보면 편한 투자처인 것은 분명하다. 다만, 미국도 경제위기에서 자유롭지 않으므로 미국 주식이라고 무작정 투자하는 것은 좋은 전략이 아니다. 이왕이면 미래에 영업이익이 극대화될 수밖에 없는 신성장 산업에 투자해야 하고 재무제표와 기업의 수요를 모두 분석하고 투자해야 한다. 그러한 산업은 최근 반도체, 2차전지, AI, 로봇 등이었던 것으로 보인다.

반도체 회사를 예로 들어보자. 시가총액이 너무 큰 회사는 경제 침체기에 사더라도 크게 수익을 내서 내 재산을 단기에 불려줄 수는 없다. 그래서 침체기에 시가총액 1조에서 2조 정도 규모의 안정적이

고 고성장하는 종목에 투자하는 것이 좋다. 이오테크닉스의 주봉 차트를 살펴보자.

금리 인상의 도입부였던 2022년 9월 주가는 최저치인 57,200원을 찍고 상승하여 2023년 7월 170,000원을 돌파하였다. 1년도 안 되는 동안 3배 가까운 주가상승이 있었으므로 이 정도면 집중투자를 하더라도 투자 원금이 3배로 금세 불어났을 것이다. 사실 반도체 회사 가운데 고성장의 재무제표가 좋은 회사에 투자하면 크게 올랐을 것이 분명하다. 2차전지나 로봇 회사는 말할 것도 없다.

내가 영혼을 갈아서 함께 갈 만한 회사라고 판단되면 조정기에 반등을 주는 시점에 과감하게 투자 금액을 늘리고 랠리가 지속되어 고점에 가까워지는 시점에 분할매도를 시도하는 것이 수익을 극대화하는 방법 아닐까.

핫이슈와 뉴스를 도배하는 종목들은 반드시 체크하자!

처음 종목을 발굴하는 단계에서 주의 깊게 검토하면 좋은 것이 있다. 뉴스를 달구는 종목들이 그것이다. 네이버 증권홈 → 뉴스 → 뉴스 포커스 → 시황 전망에 들어가면 나오는 리스트에서는 최근에 투자자들이 어떤 종목에 관심이 많고 테마 가운데 가장 핫한 것이 어떤 것들인지를 한눈에 알 수 있다. 이러한 종목에 수급이 몰리는 경향이 있으므로 단기투자로 수익을 내려는 투자자라면 이런 섹터에 관심을 기울이고 어떤 종목이 좋은지 찾아보는 것이 필요하다.

거래량 폭증 종목은 더 주의 깊게 봐야 한다

거래량이 폭증한다는 것은 좋은 방향이든 나쁜 방향이든 인기가 많다는 뜻이다. 다음은 네이버 증권에서 거래량 상위종목을 클릭했을 때 나오는 리스트다. 8월 초 가장 광풍을 일으켜 3일 연속 상한가를 기록하게 만든 테마는 '초전도체'였다. 이러한 테마 종목들의 거래량은 1억 주를 넘기기도 하는데 엄청난 변동성을 보여주게 되어 있다. 단기적인 트레이딩을 연습해 보고자 한다면 이러한 종목에 소액으로 투자해 보는 것도 나쁘진 않다. 다만, 단기적으로 급등한 후 급락이 나온 종목에는 이유가 있으므로 조심해야 한다.

거래량 천만이 넘어가면 일단 그 종목의 재료가 무엇인지 빠르게 공부하자. 그 종목의 거래 수급을 움직이는 재료가 분명히 있을 것이다. 그것이 미래의 독점력과 수익성이든, 지속적인 현금흐름을 창출할 가능성이든 예상보다 높은 어닝서프라이즈이든 상관없다. 이유 없이 급등하는 종목만 일단 걸러내면 된다. 그리고 재료가 신성장 사업이라면 해당 종목이 망할지 반드시 체크해서 망할 만한 재정 상

Top종목

상한가 하한가 상승 보합 하락 **거래량상위** 고가대비급락 시가총액상위

순위	종목명	현재가	전일비	등락률	거래량	거래대금(백만)	매수호가	매도호가
	KODEX 200선물인버스2X	2,500	0	0.00%	108,126,536	270,407	2,500	2,505
	서원	1,895	▼ 325	-14.64%	105,561,206	222,006	1,895	1,896
	KODEX 코스닥150선물인버스	3,485	▲ 35	+1.01%	99,096,663	344,151	3,480	3,485
	휴마시스	3,115	▲ 40	+1.30%	79,577,206	255,422	3,110	3,115
	모비스	3,155	▼ 1,245	-28.30%	74,582,685	273,196	3,155	3,160
	대창	1,565	▼ 550	-26.00%	60,208,814	99,258	1,565	1,566
	덕성	9,180	▼ 510	-5.26%	47,599,136	456,988	9,180	9,190
	웰바이오텍	3,740	▲ 695	+22.82%	47,341,334	166,034	3,740	3,745
	폴라리스오피스	6,140	▲ 1,070	+21.10%	43,226,754	248,837	6,130	6,140
	내타사이언스	5,360	▲ 690	+14.78%	39,673,399	217,376	5,360	5,370

황을 보여주는 단순 테마주라면 믿고 거르는 게 좋다.

거꾸로 투자법의 핵심은 리스트업해서 과거를 깊이 연구하는 것!

한 가지 사례를 들어서 설명해 보겠다. 이후에 조정을 받는 구간도 과거와 비교해서 공부하면 좋을 사례를 하나 가져와 보았다. 네이버가 그러한 종목이다.

네이버는 2023년 8월 초 단기 급등한 종목이다. 2023년 6월 30일

최저가 180,600원에서 2023년 8월 8일 최고가 241,500원까지 33.7% 올랐다. 그러면 이러한 오름세가 단기적으로 어떻게 나왔는지 분석해 보고 앞으로 지속적으로 주가가 오를지 공부해 보아야 한다.

우선 이렇게 주가가 오른 재료가 어떤 것인지 알아볼 필요가 있다. 뉴스를 검색해 보니 재료는 AI인 것 같다. 그렇다면 어떤 이슈가 있는지 구체적으로 들여다보고 미래에 어떠한 흐름을 보일지도 검토해 봐야 한다.

종합정보 | 시세 | 차트 | 투자자별 매매동향 | 뉴스·공시 | 종목분석 | 종목토론실 | 전자공시 | 공매도현황

종목뉴스 ✓제목 ✓내용 종목뉴스 안내 ?

제목	정보제공	날짜
'유일무이 플랫폼' 네이버, 초거대 AI 날개 단다	머니투데이	2023.08.06 18:31
[데이터로 보는 증시]NAVER·카카오, 기관·외국인 주간 코스피 순매...	서울경제	2023.08.06 15:05
심증보다 물증... 네이버·SK텔레콤·SKIET '픽' [株슐랭가이드]	파이낸셜뉴스	2023.08.06 14:37
여전히 네이버페이 흑자, 카카오페이 적자지만…진짜 전쟁은 하반기부터 [머...	헤럴드경제	2023.08.06 09:52
코스피 주간 기관 순매수 1위 'NAVER'	이데일리	2023.08.06 09:33
[핀테크人]⑥ 이우람 네이버페이 책임리더 "마이데이터로 종합금융플랫폼 ...	조선비즈	2023.08.06 06:01
공정위, 네이버 '블로그 게시물 등 인공지능에 활용' 약관 불공정 여부...	조선비즈	2023.08.05 18:08
└ "이용자가 올린 글 AI개발에 사용" 공정위, 네이버 약관 불공정 검...	헤럴드경제	2023.08.05 10:00
관련뉴스 1건 더보기 ∨		
네이버, 6개월 만에 현금 반토막…투자 여력 급감 [이코노 리포트]	이코노미스트	2023.08.05 11:01
'안도한' 네이버·'실망한' 카카오…하반기엔 AI서 진검승부 [유혜림의...	헤럴드경제	2023.08.05 07:02
中, 네이버 차단 석달째 계속…외교부는 여전히 '모르쇠' 일관	연합뉴스	2023.08.04 18:53

1 2 3 4 5 6 7 8 9 10 다음 › 맨뒤 »

한동안 생성형 AI인 챗GPT가 유행하면서 생성형 AI 시장에 대한 관심이 뜨거웠다. 뉴스 키워드만 보면 네이버도 생성형 AI를 개발하고 있고, 최근에 대규모 흑자를 기록했으며, 기관의 순매수세가 높

은 종목이라는 사실을 알 수 있다.

언뜻 호재가 많다고 생각할 수 있지만 좀 더 자세히 분석해야 한다. 1회성 호재가 아니려면 과거에도 이러한 호재가 반복되었는지 알아보아야 한다. 그리고 이런 호재가 반복되고 있고 과거의 호재를 좀 더 강화하고 증명하는 방향의 호재라면 긍정적 재료라고 판단할 수 있다.

그래서 네이버 증권의 해당 종목 뉴스 공시 중에서 6개월 전 혹은 1년 전의 뉴스를 더 찾아보겠다. 아래와 같이 챗GPT 이슈가 뉴스로 등장한다.

종합정보 | 시세 | 차트 | 투자자별 매매동향 | 뉴스·공시 | 종목분석 | 종목토론실 | 전자공시 | 공매도현황

종목뉴스 ✓제목 ✓내용 종목뉴스 안내 ?

제목	정보제공	날짜
네이버 D2SF, 3D 콘텐츠 기술 스타트업 엔닷라이트에 후속 투자	이데일리	2023.02.08 11:50
└ 네이버 D2SF, 콘텐츠 스타트업 '엔닷라이트'에 시리즈A 투자	연합뉴스	2023.02.08 10:04
관련뉴스 1건 더보기		
"인기 브랜드 잡아라" 네이버-무신사 물밑 전쟁	헤럴드경제	2023.02.08 11:17
삼성·네이버·카카오 직원이 멘토…구직자에 노하우 푼다	뉴시스	2023.02.08 10:50
"NAVER, 서치GPT 등 AI사업 주목…목표가 27만→30만 '업'…	서울경제	2023.02.08 08:34
성과급 축소 네이버, 구글과 비교 논란에 "의도와 달라" 사과	뉴시스	2023.02.07 19:12
└ 네이버 CFO, 구글과 비교 논란에 "의도와 달라, 직원들에 사과"	조선비즈	2023.02.07 17:04
관련뉴스 1건 더보기		
빅테크 위협하는 '챗GPT'…MS·구글·네이버 'AI 검색' 경쟁	뉴시스	2023.02.07 19:08
동맹끼리 똘똘… 카카오 vs 네이버 '팬 플랫폼 전쟁' 가열	파이낸셜뉴스	2023.02.07 18:13
└ 카카오-SM엔터 vs. 네이버-하이브 '팬덤 커뮤니티' 격돌(종합)	파이낸셜뉴스	2023.02.07 16:32
SM·카카오 동맹, 콘텐츠·플랫폼 시너지…하이브·네이버와 맞대결도	뉴시스	2023.02.07 18:11
네이버 개발자 컨퍼런스 '데뷰' 27일 코엑스서 개막… '서치GPT' …	조선비즈	2023.02.07 17:16
└ 네이버, 개발자 콘퍼런스 '데뷰' 27일 코엑스서 개최	아시아경제	2023.02.07 13:49
관련뉴스 1건 더보기		

2023년 2월에도 AI 호재가 있었다는 사실을 알 수 있다. 반복되는 호재이고 최근에는 네이버가 하이퍼클로바X라는 생성형 AI를 발표할 것이며, 기능보완을 위해 11월에 사용자 피드백을 반영한 버전을 출시한다고 했다.

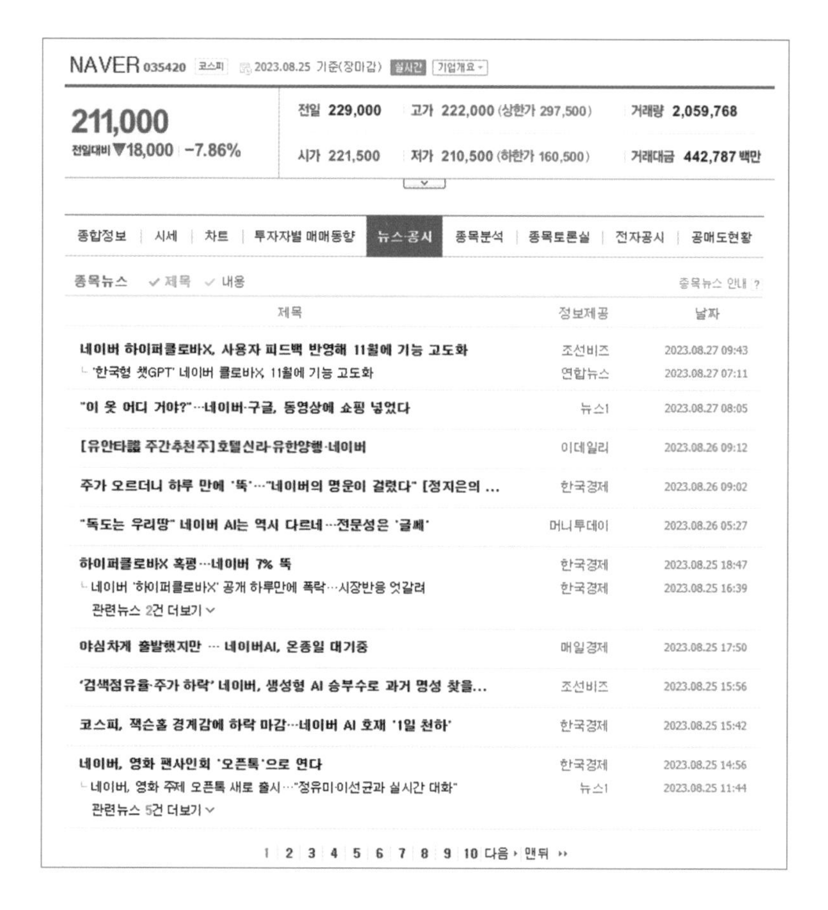

NAVER 035420 코스피 2023.08.25 기준(장마감) 실시간 기업개요

211,000
전일대비 ▼18,000 -7.86%

전일 229,000 | 고가 222,000 (상한가 297,500) | 거래량 2,059,768
시가 221,500 | 저가 210,500 (하한가 160,500) | 거래대금 442,787 백만

종합정보 | 시세 | 차트 | 투자자별 매매동향 | 뉴스·공시 | 종목분석 | 종목토론실 | 전자공시 | 공매도현황

종목뉴스 ✓제목 ✓내용 종목뉴스 안내 ?

제목	정보제공	날짜
네이버 하이퍼클로바X, 사용자 피드백 반영해 11월에 기능 고도화	조선비즈	2023.08.27 09:43
└ '한국형 챗GPT' 네이버 클로바X, 11월에 기능 고도화	연합뉴스	2023.08.27 07:11
"이 옷 어디 거야?"…네이버·구글, 동영상에 쇼핑 넣었다	뉴스1	2023.08.27 08:05
[유안타證 주간추천주]호텔신라·유한양행·네이버	이데일리	2023.08.26 09:12
주가 오르더니 하루 만에 '뚝'…"네이버의 명운이 걸렸다" [정지은의 ...	한국경제	2023.08.26 09:02
"독도는 우리땅" 네이버 AI는 역시 다르네…전문성은 '글쎄'	머니투데이	2023.08.26 05:27
하이퍼클로바X 혹평…네이버 7% 뚝	한국경제	2023.08.25 18:47
└ 네이버 '하이퍼클로바X' 공개 하루만에 폭락…시장반응 엇갈려	한국경제	2023.08.25 16:39
관련뉴스 2건 더보기		
야심차게 출발했지만 … 네이버AI, 온종일 대기중	매일경제	2023.08.25 17:50
'검색점유율·주가 하락' 네이버, 생성형 AI 승부수로 과거 명성 찾을...	조선비즈	2023.08.25 15:56
코스피, 잭슨홀 경계감에 하락 마감…네이버 AI 호재 '1일 천하'	한국경제	2023.08.25 15:42
네이버, 영화 편사인회 '오픈톡'으로 연다	한국경제	2023.08.25 14:56
└ 네이버, 영화 주제 오픈톡 새로 출시…"정유미·이선균과 실시간 대화"	뉴스1	2023.08.25 11:44
관련뉴스 5건 더보기		

1 2 3 4 5 6 7 8 9 10 다음 › 맨뒤 »

2주 정도 지켜보니 주가는 약간 조정을 받는 것으로 보이는데 그 이유는 마찬가지로 거시경제 전체적인 악재로 인한 것으로 판단된다. 일부에서는 하이퍼클로바X 출시 성능에 대한 기대와 실제 성능

의 구현 정도에 따라서 주가가 움직일 수 있다고 하니 그 부분을 중점으로 공부해 보아야 한다.

뉴스만 보면 장기적인 주가의 흐름을 파악하는 데 한계가 있다. 정확히 공시사항과 재무 부분에서도 호재가 있는지 혹은 위험요소는 없는지 파악해야 한다.

영업실적 공시를 보면 전년 대비 영업이익은 9%가량 증가한 것으로 보이며 당기순이익도 증가한 것으로 나온다. 이는 뉴스 호재보다 어찌 보면 더 중요할 수 있다. 실제로 회사에서는 실적도 개선되고 있다는 증거이므로 안전한 투자라는 투자자들 인식을 뒷받침할 것이기 때문이다.

당연히 거꾸로 투자법의 핵심은 과거 자료를 한번 체크해 보는 것에 있다. 영업실적 공시 이후에 주가의 방향이 오르는 쪽이었는지를 한번 더 검증해 보는 것이 그것이다.

"올해 초에도 영업실적 공시 이후에 주가가 좀 올랐네."

2022년 1월 27일 영업실적 공시에서 전년 대비 5.7%의 영업이익 증가를 공시한 후 주가가 오른 것을 확인할 수 있다. 이렇게 더블 체크를 하면서 실적이 개선되면 주가가 오르는 종목이라는 것을 확인하였다.

네이버(주) 영업(잠정)실적(공정공시)

KOSCOM | 2022.01.27

영업(잠정)실적(공정공시)

※ 동 정보는 잠정치로서 향후 확정치와는 다를 수 있음.

1. 실적내용 (단위 : 억원, %)

구분		당기실적 ('21.4Q)	전기실적 ('21.3Q)	전기대비증감율(%)	전년동기실적 ('20.4Q)	전년동기대비증감율(%)
매출액	당해실적	13,731	12,645	8.6	11,589	18.5
	누계실적	50,187	36,456	-	41,266	21.6
영업이익	당해실적	4,082	3,984	2.5	3,864	5.7
	누계실적	15,579	11,497	-	14,408	8.1
법인세비용차감전계속사업이익	당해실적	5,559	5,915	-6.0	4,536	22.6
	누계실적	20,438	14,879	-	16,603	23.1
당기순이익	당해실적	3,831	4,382	-12.6	3,138	22.1
	누계실적	14,946	11,115	-	11,969	24.9
-		-	-	-	-	-

2. 정보제공내역		
	정보제공자	당사임원, IR, Public Relations
	정보제공대상자	기관투자가, 일반투자가, 애널리스트, 언론기관
	정보제공(예정)일시	2022년 1월 27일 공정공시 이후
	행사명(장소)	컨퍼런스콜/인터넷실시간청취(웹캐스트)
3. 연락처(관련부서/전화번호)		IR(1588-3830)

4. 기타 투자판단과 관련한 중요사항

- 상기 실적은 한국채택국제회계기준(K-IFRS)에 따라 작성된 별도재무제표 기준 수치입니다.
- 상기 실적은 외부감사인의 검토가 완료되기 이전 회사의 가결산 수치이므로, 외부감사인의 감사결과에 따라 내용 중 일부가 변동될 수 있습니다.
- 실적발표 컨퍼런스콜은 웹캐스트 방식으로 당사 홈페이지에서 실시간으로 청취 가능합니다.

※ 관련공시

2022-01-12 결산실적공시 예고(안내공시)

2022-01-12 기업설명회(IR) 개최(안내공시)

그다음은 지지와 저항을 통해 매수와 매도 타점을 잡는 것을 연습해야 한다. 지지와 저항만 이해해도 무조건 이익을 본다. 지지선은 바닥을 찍고 몇 차례 반등한 지점에 수평선을 그어보는 작업이다. 그 지점까지 주가가 내려오면 해당 종목을 매수하면 된다.

반대로, 저항선은 주가가 해당 가격을 찍고 몇 차례 내려오는 지점에 수평선을 그어보면 된다. 보통은 저항선에 걸리면 주가는 다시 하락 추세로 변하게 마련이다. 그런데 저항선을 뚫고 급격히 오르면 그 저항선은 다시 지지선이 되기도 한다. 아래에서 네이버의 경우 윗단의 저항선을 강하게 뚫고 올라갔으며 이후 그 저항선이었던 211,000원 정도가 지지선 역할을 해주는지 확인하면서 매수 타이밍

을 잡으면 될 것이다.

더 중요한 것은 과거 주가보다 충분히 매력적으로 주가가 싸게 형성되어 있느냐이다. 네이버는 과거 주가가 465,000원까지 갔던 종목이다. 지금은 200,000원 초반대를 형성하므로 충분히 낮은 가격이라고 판단할 수는 있다.

그리고 내가 잘 사용하는 것이 매물대이다. 차트 분석 옵션에서 매물대분석도 옵션을 켜면 위와 같이 매물대를 파악할 수 있다. 매물대란 주식의 매물 차트에서 일정 기간 특정 가격대에서 거래된 물량을 막대형 그래프로 도식화한 것이며, 매수와 매도 물량이 많이 일어났던 가격대를 의미한다. 매물대는 지지선과 저항선을 파악하는 목적으로 활용되며 위와 같이 네이버는 180,000원부터 220,000원대까지가 매물대의 42.29%로 대부분을 차지한다. 이 가격대가 지지선과 저항선 역할을 한다. 이 가격을 벗어나면 추세가 이탈한 것으로 판단할 수도 있다.

매물대를 뚫고 올라간 상태에서 지지를 받는다면 그때를 매수 타이밍으로 보면 된다.

경제위기나 경기순환 시 이동평균선으로 매수와 매도 타점 잡기

차트분석은 경제 흐름 속에서 주식이나 코인을 투자할 때 필수다. 차트는 주식 투자자들의 심리가 반영되어 있는 그림이다. 데이트레이딩을 하는 투자자뿐만 아니라 가치투자를 하는 장기투자자들도 차트를 활용하는데, 그중에서 중요한 지표가 '이동평균선'이다.

재무제표에서 가장 중요한 요소를 꼽으라면 영업이익과 영업활동현금흐름이라고 자신 있게 말할 수 있듯이 차트에서 가장 중요하게 보는 지표가 무엇인지 물으면 이동평균선이라고 자신 있게 말할 수 있다. 보통 이동평균선은 길고 짧은 추세를 나타내는 지표이다. 추세의 흐름 속에서 주가가 상위에 위치할 수도 있고, 아래에 위치할 수도 있고 그 차이로부터 수익을 창출할 가능성이 존재한다. 이동평균선은 크게 5일선, 20일선, 60일선, 120일선을 사용하고 모두 나름의 활용법이 있다.

물론, 차트가 과거의 궤적임을 이해하듯이, 이동평균선이 지지(사려는 힘)와 저항(팔려는 힘)을 잘 나타내는 지표이지만 너무 맹신하지는 말자. 더욱이 거래량이 적은 종목은 기술적 분석이 잘 통하지 않을 수 있어 주의해야 하며, 재무적 분석과 이슈분석, 거시경제 분석과 결합하면 큰 시너지를 낸다. 지금부터 각각의 이동평균선의 의미와 그 활용방법을 알아보자.

5일 이동평균선

급등하는 종목들은 5일선을 타고 올라가는 경향을 보인다. 5일선은 직전 5일의 종가를 합하여 5로 나눈 평균가격선이므로 단기매매선이라고도 한다. 이는 현재 주가 흐름을 가장 빠르게 반영하므로 최

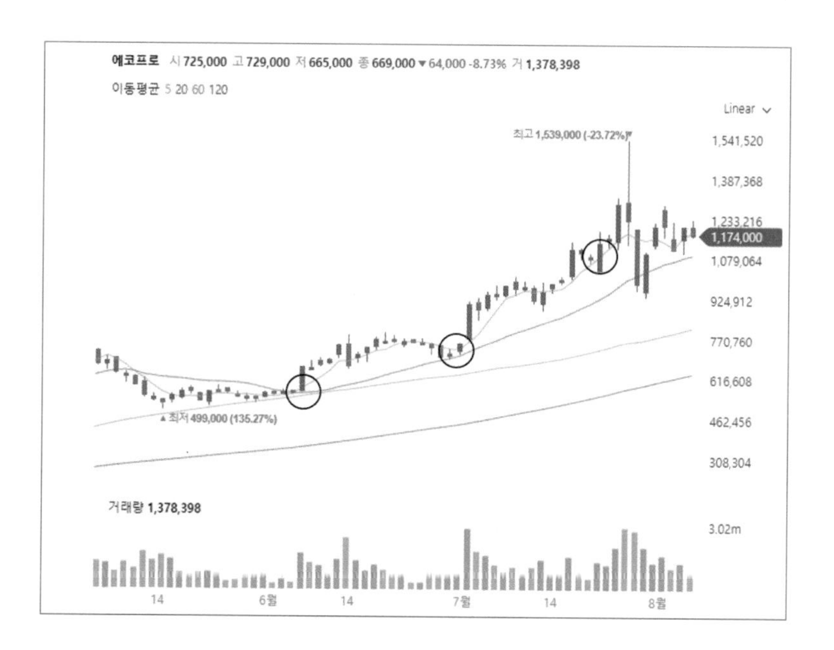

근 주가 흐름을 파악하는 데 중요하다.

단기매매에서 5일선으로 매매하는 중요한 기준이 있다. 5일선 매매는 주가가 5일선 밑으로 놀고 있다가 5일선 위로 올라간 날 그리고 급격히 5일선을 뚫고 올라갈 때는 음봉이 5일선을 터치하면 매수 타이밍이라고 보면 좋겠다. 대부분 이러한 매수 타이밍은 단타를 할 때 유용했다. 위의 에코프로 차트에서 동그라미 친 부분을 보면 이해하기 쉬울 것이다.

이러한 기준 없이 단기투자를 하다 보면 매수 타이밍에 확신이 없어 우왕좌왕하기 쉽다. 처음 시작하는 투자 관점에서는 이러한 신호를 활용해서 매수 시점을 잡아보는 것이 큰 도움이 된다.

20일 이동평균선

20일 이동평균선은 투자자들이 주가 추세의 기준점으로 가장 많이 사용하는 추세선이다. 상승하는 추세에서는 매수심리가 살아 있고, 하락할 때는 매도심리가 살아 있다고 판단한다. 20일선은 한 달의 거래일을 평균 낸 선이면서 흐름을 이어주므로 월봉보다 더 시각적으로 유리하다.

20일 이동평균선은 투자에 정말 많이 참고하는 선이다. 재료가 살아 있을 경우 조정 시 20일선으로 지지되는 시점이 매수 고려 시점이다. 다만, 조정을 받을 때 20일 선에서 지지되지 않고 고꾸라진다면 단기적으로는 올라갈 가능성이 매우 희박하다.

장기적인 성장주 재료가 살아 있는 종목 중 차트에서 조정을 받으면서 20일선의 지지를 받는 매수 타이팅을 표시하면 다음과 같다.

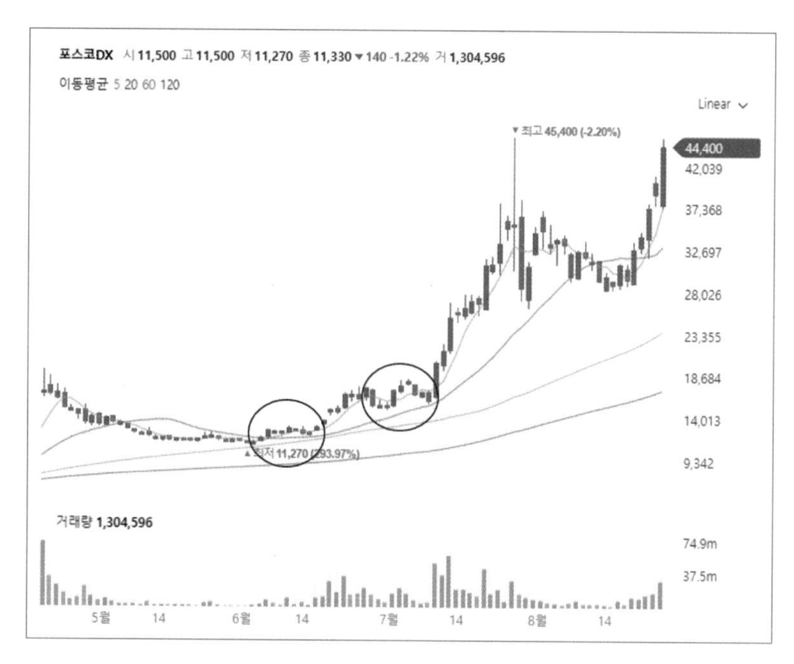
포스코DX 시 11,500 고 11,500 저 11,270 종 11,330 ▼140 -1.22% 거 1,304,596
이동평균 5 20 60 120
Linear
▼최고 45,400 (-2.20%)
44,400
42,039
37,368
32,697
28,026
23,355
18,684
14,013
9,342
▲최저 11,270 (293.97%)
거래량 1,304,596
74.9m
37.5m
5월
14
6월
14
7월
14
8월
14

SK하이닉스 시 117,400 고 118,300 저 115,300 종 116,500 ▼4,400 -3.64% 거 3,507,497
이동평균 5 20 60 120
Linear
▼최고 129,000 (-9.69%)
127,180
120,821
116,500
108,103
101,744
95,385
89,026
82,667
76,308
▲최저 76,700 (51.89%)
거래량 3,507,497
16.8m
12.6m
8.40m
4.20m
14
4월
5월
6월
7월
8월

60일 이동평균선

60일 이동평균선은 호흡이 조금 긴 추세를 나타낸다. 3개월간의 평균 매매가격이므로 종목의 분기 실적이 반영된다. 그래서 실적선이라고도 한다.

주가가 상승하기 전에 이동평균선들이 밀집해 있다가 5일선과 같은 단기선이 60일선과 같은 중장기선을 차례로 뚫고 올라가는 골든크로스가 매수 타이밍이다.

반대로 60일 이동평균선 아래로 주가가 갑자기 무너지면 손절해야 한다는 의견도 많으니 참고하기 바란다. 예를 들어, 네이버 주가 차트에서 5일선, 20일선, 60일선이 몰려 있다가 급락한 후 5일선이

60일선을 뚫고 올라가는 지점이 강력한 매수 타이밍이라고 볼 수 있다. 실제로 저 지점에서 매수를 시작할 경우 수익률 15% 이상을 단기에 올릴 수 있었다.

120일 이동평균선

120일 이동평균선은 종목의 운명을 결정하는 선이라고도 한다. 120일 이평선 아래로 주가가 무너지면 해당 종목에 심각한 악재가 터진 것으로 해석할 수 있으며, 반대로 120일 이평선을 뚫고 주가가 급등하면 이상급등 현상으로 해석하기도 한다.

매매 타점을 점검하는 관점에서, 60일 이평선이 120일 이평선을 뚫고 올라가는 골든크로스 발생 시 큰 상승을 기대해 볼 수 있다.

급락종목은 120일 이평선에서 반등이 일어날 가능성이 아주 많다. 삼성전자 차트에서 동그랗게 표시한 부분이 바로 크게 상승할 매수 타이밍이다.

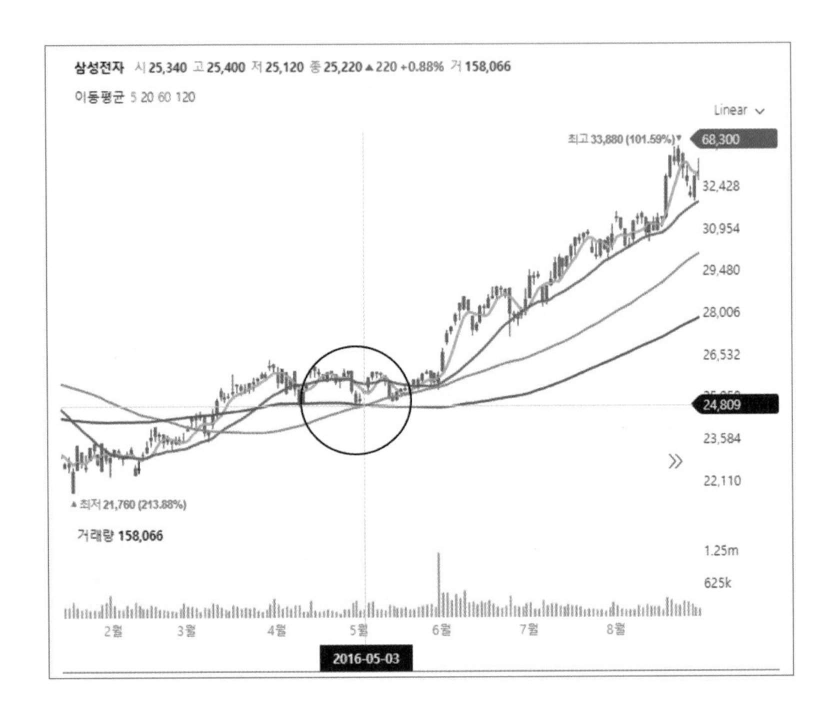

거래량이 단기적으로는 가장 중요한 지표

2023년 8월을 뜨겁게 달군 '초전도체' 테마주 하나를 들어 단기투자 시 주가 폭등의 시그널을 알아보자. 잔잔하게 우상향하는 종목이 아닌 단기에 주가가 두 배씩 급등하는 법칙을 말해보고자 한다.

주가가 폭등하기 전 시그널은 다음과 같이 분석해 볼 수 있다.

- 바닥에서 거래량이 폭증할 경우 분명한 재료가 있다면 다시 급등할 기회가 있는 것이다. 따라서 재료를 신속하게 파악하는 것이 핵심이다. 홈페이지, 뉴스, 공시 등을 확인하여 어떤 이유에서 거래량이 폭증했는지 확인해야 한다.

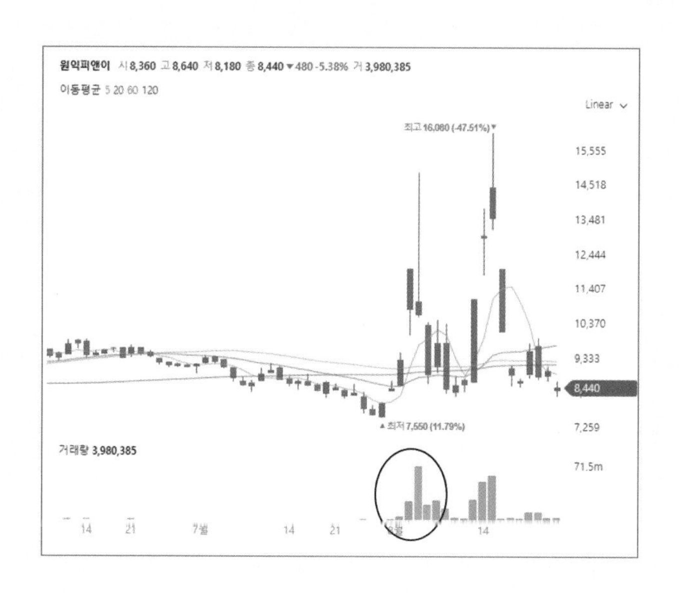

예를 들어, 원익피앤이는 초전도체가 발명되면 우리 삶을 획기적으로 바꿀 거라는 기대와 함께 관련 종목들의 거래량과 주가가 일제히 상승했다. 거래량이 폭증하면서 주가가 급등하는 현상이 있었고 초전도체라는 재료가 있었던 것이다. 물론, 상용화하려면 몇 년이 걸릴지 모르지만 테마로 확실한 이벤트가 발생한 것은 맞다. 이 경우 급락이 나올 수도 있으므로 거래량이 감소하는 시기를 잘 포착해야 한다.

- 거래량이 급감하게 되는 시점에 매수 타이밍을 노려야 한다(거래량과 주가의 감소폭이 크면 다음 날 주가 상승 가능성이 커짐). 대부분 거래량이 지속되지 않으면 주가 급락 현상이 일어난다. 이는 오래전부터 보유하던 투자자들이 익절하고 나간 상황이라고 볼 수 있다. 새로운 수급이 들어오면서 주가를 상승시키고

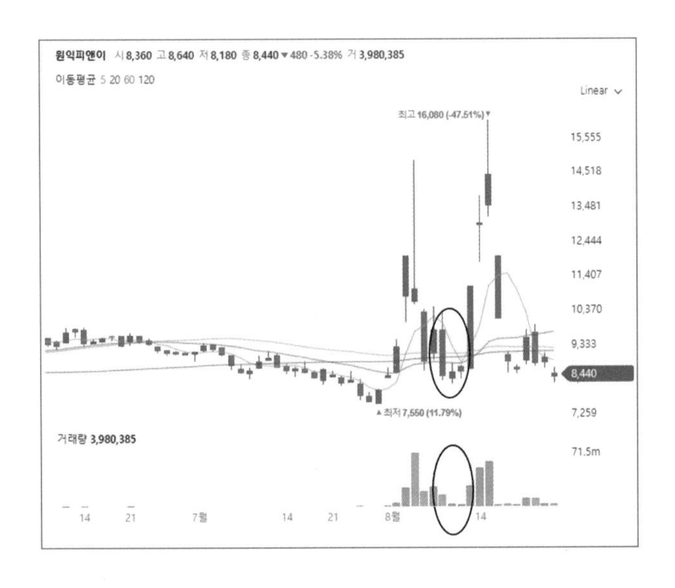

과거 저가에 보유하던 사람들이 매도하면서 거래량이 줄어들면 주가가 급격히 식을 수 있다.

- 거래량이 급감한 날 주가가 5일선과 차이가 크지 않아 힘이 있다면 상승할 가능성이 매우 크다. 즉 이동평균선으로 충분히 주가가 지지되어야 주가가 상승하게 된다. 주가가 한번 상승하면 추격매수, 저가 매수, 주포가 들어와 주가가 추가로 급등할 수 있다. 물론 주가의 갭상승이 발생하면 그 갭은 반드시 메우게 되어 있어 하락에 주의해야 한다.

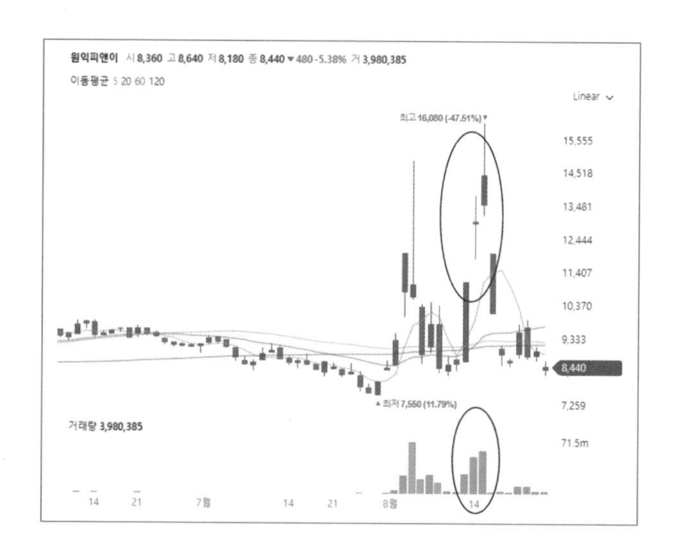

매도 투심이 없어진 상태에서 매수자가 조금만 몰려도 주가가 급등할 수 있다. 이러한 점만 잘 알면 단기투자에서 큰 수익을 여러 번 올릴 수 있다. 저점에 사서 고점에 파는 것만 몇 번 반복해도 수익률 100%를 넘기는 경우도 여러 번 보았다.

장기투자 관점에서 볼 때는 거래량이 적은 가운데 주가가 서서히 오르면 좋은 신호다. 지속적으로 상승하면서 거래량이 적다는 것은 꾸준히 매도세 없이 투자자들이 매집하고 있다는 신호이기 때문이다. 아래는 이오테크닉스의 주가와 거래량 차트인데 거래량의 큰 급등 없이 꾸준히 상승하던 구간에서는 언제든 매수하면 이후 큰 상승을 기대할 수 있었다.

거래량을 통해서 매도 타이밍을 잡는 것은 매수 타이밍보다 여유를 가지는 것이 중요하다. 매도 타이밍은 투자자의 감각에 어느 정도 달려 있으며 기준을 설정하고 그 기준대로 실행하는 것이 핵심이다. 내가 매도 타이밍을 잡는 기준을 공개하면 아래와 같으니 참고하기 바란다.

- 매도는 스스로 자주 트레이딩을 해보면서 감각을 키우는 게 좋다.

- 어느 가격을 손절가로 삼는지도 미리 정해두면 도움이 된다.
- 조금이라도 이익이 나면 매도하는 게 좋다! 욕심을 버리는 게 무조건 이익이다.
- 호재가 발표되었는데도 주가가 흘러내리면 매도한다.
- 테마가 소멸하면 인기도 없어진다. 이때 그냥 매도한다.

주식과 코인에 세금이 붙는 시기를 잘 이용하라

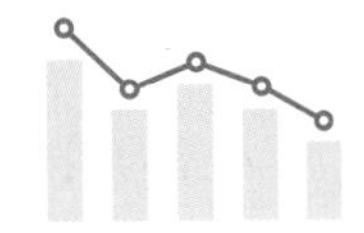

원래 주식거래에는 대주주가 아닌 이상 양도소득세를 과세하지 않았다. 사실 증권거래세는 그 금액이 미미하여 주식거래를 방해하는 요소로 작용하지 않아 부동산에 비해 주식을 선호하는 이유 중 하나가 양도소득세가 없다는 점이었을 정도다. 부동산에는 양도소득세가 적게는 20%에서 많게는 40~50%까지 붙는데 말이다.

상장주식의 매매 차익에도 양도소득세를 과세한다고?

금융투자소득세 과세안을 따르면 2023년까지 펀드의 배당소득, 파생상품 배당소득, 주식의 매매차익에 통합해서 금융투자소득으로 과세하겠다고 한다. 물론, 금융투자소득세 과세안은 2025년부터 시행하므로 아직 시간이 남아 있다. 다만 2025년부터 대주주가 아닌 소수주주 혹은 소액주주의 매매차익에도 금융투자소득세를 과세한다면 소액투자자들의 투자를 위축시켜 기업의 자금조달에 악영향을 미칠 것으로 예상되기에 우려하지 않을 수 없다.

솔직히 기존의 대주주 양도소득세는 현행 유지에 가깝다. 소액개미들에게 세금을 더 걷겠다는 것인데 세수 부족을 메울 수는 있겠지만 주식시장 자체가 심하게 조정이 올 여지가 있다는 점에서 2025년 전후 투자할 때는 상당히 주의해야 한다. 금융투자종합과세인 금융투자소득세 세율이 기본적으로 지방세 포함 22%이며, 1년에 과세표준이 3억 원을 초과하면 그 초과분에 대해서 27.5%나 과세하기 때문이다. 사실상 수익률이 100% 나더라도 78% 정도 효과밖에 누리지 못하고, 수익금액이 커질수록 그 효과는 감소하므로 주식 투자의 장점이 줄어들 수밖에 없다. 물론 주식에서 차익이 났을 때만 과세하고 손실이 발생하면 5년 동안 이월하여 이익본 부분에서 공제받아 세금을 아끼는 방법은 있다.

2025년 1월 1일에 국내 상장주식 매매차익에 전면 과세된다는 점, 증권사에서 7월 10일, 1월 10일 반기별로 원천징수를 하여 미리 세금을 걷어간다는 점에서 주식 투자를 하는 이들에게는 반갑지 않은 소식이다.

다만, 2025년 직전에 주식을 다 팔아서 매매차익에 과세당하지 않고 2025년에 다시 매수하여 취득원가를 새롭게 세팅해 보유할 필요는 없다. 취득원가 자체를 2025년 1월 1일 당시 시가를 기준으로 새롭게 취득한 것으로 간주하기 때문이다. 이러한 세법상 구조 덕분에 2024년 말에 주식이 대량 매도되는 사태가 벌어지지는 않을 것으로 판단한다.

코인 거래차익에도 주식처럼 과세가 적용된다

가상자산에 대해 2021년부터 규제가 강화되었고 개인이 거래하여 버는 돈에 과세해야 한다는 논의가 있어왔다. 내가 로펌에서 일할 때 가상자산에 과세하는 것 때문에 새로운 컨설팅 영역이 탄생할 것이라는 기대가 새록새록 올라왔었다. 가상자산은 경제적 가치를 지니고 거래 또는 이전될 수 있는 전자적 증표로 정의되는데 사고팔고 임대(스테이킹)하여 얻은 이익에 세금을 매기는 것이 합당하다는 의견이 지배적이다.

상장주식과 달리 가상자산은 종합소득 중에서도 기타소득으로 분류하여 분리과세로 과세를 종결할 예정이라고 한다. 2025년 1월 1일 양도부분부터 양도차익에 과세할 예정이며, 취득가액도 2024년 12월 21일 당시 시가와 실제 취득가액 중 큰 금액으로 인정해 투자자에게 불필요한 추가과세가 발생하는 것을 방지해 주고 있다.

가상자산 소득의 기본공제는 양도세 기본공제처럼 250만 원이다. 즉, 가상자산 투자로 250만 원이 넘는 이익을 본 투자자들이 세금을 내는 것이다. 가상자산 거래로 얻은 연간 소득에 거래 수수료 등 필요경비와 기본공제 250만 원을 제외한 이익에 지방세를 포함한 소득세율 22%를 적용하여 과세한다.

가령, 비트코인을 2,000만 원에 취득하여 4,000만 원에 매도했다면 그 차액인 2,000만 원을 소득금액으로 산정하고 기본공제 250만 원 등을 차감하여 과세표준을 계산한 후 22%를 곱하면 400만 원 정도를 세금으로 납부하는 것이다.

현재는 가상자산 거래에 따른 탈세를 방지하려고 해외 가상자산 거래소에서 발생한 소득도 해외 금융계좌 신고대상에 포함되어 해외가상자산계좌를 신고하면 해외 거래소에 개설한 계정뿐만 아니라 보관하려고 개설한 해외 지갑까지 신고해야 한다.

우리나라에서 새롭게 가상자산거래에 과세한다고 해서 가상자산 시장이 폭락할 것 같지는 않다. 해외 각국에서도 유사한 수준으로 과세할 테니 말이다. 독일과 일본은 우리나라처럼 기타소득으로 분류하여 과세하지만 종합소득세율인 누진세율을 적용하도록 되어 있으며 미국과 영국, 호주 등은 가상자산 매매차익을 자본소득으로 간주하여 다른 자본 손익과 통산할 수 있고 손실이 나면 상장주식 매매차익처럼 이월공제도 가능하다고 하니 참고하자.

상장주식 등 매매차익에 과세하면 투자전략을 어떻게 세워야 할까

상장주식에 대한 매매차익에 과세하게 되면 이를 절세하는 방안을 고민해 보아야 한다. 결국 절세방안은 부동산 양도소득세 절세와 비슷한 전략이 적용될 수 있다.

금융투자소득세가 도입되는 2025년부터는 상장주식매매차익이 발생하더라도 5,000만 원이 넘는 소득이 발생해야 세금이 부과된다. 즉, 시세차익이 5,000만 원을 넘지 않는다면 과세되지 않으므로 소액으로 적은 수익을 내는 투자자들은 크게 걱정하지 않아도 된다.

그리고 2024년 말에 주식시장이 폭락하지는 않을 것으로 보여 주식시장 조정에 대한 과도한 우려는 하지 않아도 된다. 상장주식에 과세하는 시점을 기준으로 취득가액을 설정하므로 그전에 주식을 많이 매도할 이유는 없기 때문이다.

주식의 매매차익에 개인소득세가 과세되기 전부터 1인법인을 설립하여 법인명의로 주식 투자를 하는 방법도 생각해 볼 수 있다. 나도 실제로 법인을 설립하여 부동산 투자를 하므로 양도소득세 대신 법인세를 내면서 다양한 지출을 비용처리(손금산입)해 법인세를 절감할 수 있었다.

1인법인으로 투자하면 주식으로 번 돈과 기업의 지출을 상쇄하여 법인세를 내면 되는데, 법인의 경우 주식으로 번 돈에서 여러 경비를 차감한 과세표준이 2억 원을 넘지 않으면 세금을 11%만 내면 되고, 2억 원을 넘으면 그 초과분에 대해 22% 세율로 세금을 내므로 시세차익이 2억 원을 넘지 않으면 유리할 수 있다. 게다가 1인법인의 특성상 이익이 나는 것에 맞추어 여러 직원을 고용하여 비용처리하는 등 세금을 절세할 수 있는 방안이 무척 많다. 물론, 급여를 수령하는 사람은 자신의 소득세율에 따른 소득세를 추가로 납부해야 하지만 말이다.

그리고 경제위기로 주식의 매매차손이 발생하면 그 손실을 10년간 이월하여 매매차익이 나는 해에 세금을 절감할 수 있다. 그래서 경제위기가 오기 전부터 법인을 설립하여 미리 법인으로 주식 투자를 시작하는 것도 절세를 하고 안정적인 투자를 하는 방법이다.

물론, 법인을 설립하려면 설립등기부터 각종 취등록세를 내야 하고 법무사 대행수수료까지 하면 거의 100만 원 정도 비용이 발생할 수 있다. 그렇기에 고액 투자를 계획하는 투자자라면 이러한 비용까지 감안해서 법인 투자를 고민해 보면 좋겠다.

참고로 금융투자소득세가 시행되더라도 주식을 팔아야 매매차익이 발생해서 세금을 내게 된다. 그렇기에 주식을 사서 팔지 않으면 세금이 유예되는 효과가 있다. 주식을 단기간에 사고파는 트레이더들에게는 아주 불리한 제도이지만 한번 사서 장기보유하는 투자자들에게는 금융투자소득세가 당장은 부담스럽지 않을 것이다.

그래서 장기 보유할 만한 우량주에 대한 수요가 경제위기에 세제개편과 맞물려 더 늘어날 것이므로 바닥에 사서 지속적으로 보유할 만한 종목을 추려서 투자하는 것이 좋은 전략이 될 것이다. 또한 바로 차익을 실현하기보다는 배우자에게 증여해서 증여공제를 받아 증여세를 절감하고 배우자가 주식을 매도하여 매매차익을 최소화함으로써 금융투자소득세를 절감하는 방식이 많이 이용될 것으로 예상한다. 이 또한 5,000만 원 이상 양도차익을 예상하는 경우에 해볼 만한 시나리오이니 그렇게 많은 사람이 이런 고민을 할 것 같지는 않다.

경제위기 때는 정부의 세수가 걷히지 않아 세제개편 이후에도 징수를 위한 적극적 개입이 있을 수 있다. 이럴수록 철저하게 종목을 분석하여 오랫동안 주식을 보유할 전략을 구상하고, 손절하여 손실이 나면 세금을 내지 않고 이월되니 이를 활용해 급등주를 매도함으로써 시기에 따른 절세를 하면서 투자해야 할 것이다.

주식과 코인투자도 이제는 부동산처럼 엑시트 시기와 절세까지 고민해야 할 뿐 아니라 경제위기까지 예측해야 수익을 제대로 낼 수 있는 시점이 되었다.

위기일수록
과학적으로 접근하라

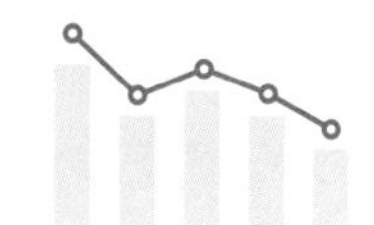

경제위기에도 성장하는 주식은?

모든 사람이 실적을 보고 주식을 사라고 한다. 아니, 재무제표에 있는 이익만 보고 주식에 투자해서 돈을 벌 수 있으면 누구나 떼돈을 벌었을 것이다. 하지만 적자인 회사의 주가가 폭등하는 경우도 있고 나중에 흑자 전환을 하면서 더 크는 회사도 많다. 그래서 재무제표나 기업의 공시자료를 정확하게 볼 줄 알아야 소중한 내 돈을 안전하고 수익성 높은 곳에 투자할 수 있다.

저평가된 우량 종목은 경제위기에 더 빛을 발한다. 저평가된 우량주를 발굴하여 경제위기를 역으로 이용하려면 재무제표 분석과 산업분석을 해야 하는데 이는 뒤에서 설명하겠다.

저평가된 우량주는 경기가 나쁠 때 단기적으로 조정을 받을 수 있다. 그런데 경기가 조금이라도 살아나면 그때부터 무섭게 오른다. 경기 하강국면에서 이러한 종목을 더 발굴하여 사모아야 한다. 그러면 경기 상승국면에서는 이런 종목이 10배, 20배에서 많게는 50배도 상승하면서 내게 큰돈을 벌어준다.

최근 급부상한 2차전지 대부분 종목도 2022년부터 각광받기 전까지는 저평가 우량주들이었다. 게다가 경기침체 조정국면에서 2차전지 회사들이 신규사업으로 불안정적 재무구조를 지닌 데 반해 이익은 안정적으로 창출해 주가 상승의 모멘텀이 있었다. 주가가 저평가되었다는 시그널이었다. 에코프로비엠은 2차전지 양극재 제조와 판매를 영업으로 하는 좋은 회사였다. 2016년에 모회사인 에코프로에서 물적 분할되어 2019년에 코스닥에 상장되었고 지금은 코스닥 대장주로 자리매김했다. 누구든지 단기적인 조정장에서 이 회사를 미리 발굴했다면 10배 이상의 수익을 단기간에 누렸을 것이다.

결국 경제침체 혹은 경제위기가 올 때 저평가 우량주를 발굴할 준비를 해야 한다. 경기가 조정국면에 들어서면 매출액과 영업이익의 성장이 뚜렷한 회사들의 주가도 단기적으로 조정을 받아 낮은 가격이 형성될 수밖에 없다.

큰 파도에도 끄떡없는 종목은 나중에 수십 배의 가치를 발휘한다. 이러한 종목만 몇 개 분석해 두고 가장 저점일 때 사 모은다면 분명 1000% 수익률도 가능하다.

에코프로비엠은 왜 2021년부터 저평가 종목이었을까?

에코프로비엠은 2022년 하반기 미국발 금리상승에 따른 경기 하강 국면에서 눌림목을 보이며 상당한 저평가 상태를 보여주었고, 2023년 초 전년대비 10배에 가까운 실적 발표와 함께 주가가 급상승하여 3년 만에 5~10배에 가까운 성장을 보여주었다. 에코프로비엠은 에코프로의 역사를 알면 쉽게 알 수 있다.

에코프로의 사업보고서를 보면 에코프로는 양극재를 제조 판매하는 에코프로비엠과 양극재의 전 단계 제품인 전구체를 생산하는 에코프로이엠, 전구체와 양극재에 사용되는 수산화리튬 임가공회사로 SK이노베이션과 합작한 에코프로에노베이션, 폐배터리와 폐양극재를 리사이클링해서 원료를 공급하는 에코프로씨엔지 등으로 이루어져 있다.

에코프로비엠은 에코프로의 종속회사들이 생산한 제품의 최종 수요처로써 공급받은 원료와 제품을 기반으로 최종제품인 2차전지 양극재를 생산하여 고객사에 납품하고 있다. 이처럼 폐배터리를 활용한 자체 원료 생산, 수산화리튬의 자체 임가공, 전구체 자체 생산 등으로 외부에서 직접 매입하는 경우와 비교할 때 생산원가를 절감하여 효율적인 생산체계를 구축한 것으로 보인다.

이렇듯 에코프로비엠의 최종제품인 양극재의 수익성 향상을 도모함으로써 에코프로비엠은 2021년부터 지속적으로 매출액, 영업이익이 상승세에서 안정적으로 발생하고 있다.

매출액이 급증하면서 생산설비도 지속적으로 증가시키고 있으며, 앞으로 전방 시장의 수요 증가에 대응하고 시장의 지위를 강화하고자 생산능력 확대를 진행 중인데, 2022년 말 기준 에코프로그룹 전체는 연간 18만 톤의 양극재 생산능력을 확보하고 있다고 한다.

이러한 생산설비를 캐파라고 하는데, 생산성을 늘리는 이유는 그만큼 시장이 성장하고 있고 매출을 견인할 만한 수요가 크기 때문이다. 최근 글로벌 자동차 기업들은 내연기관차의 정동화 추진 확대를 서두르고 있어 미래 전기차 시장의 수요는 높은 성장을 이룰 것으로 전망한다. 이에 국내를 넘어 북미, 유럽 현지에 생산시설을 확보하고자 현재 연간 18만 톤의 생산능력을 2027년까지 71만 톤으로 확대하려고 계획을 세우고 있다.

따라서 미래에 2차전지의 성장세가 꾸준히 이어지면 지속적으로 보유해도 괜찮은 종목이다. 다만, 저평가 우량주라고 판단되던 2021년 말 또는 2022년 조정국면에서 매입했다면 더 좋지 않았을까.

에코프로비엠은 일괄생산체제에 따른 원가절감, 2020년 초 SK이노베이션과 장기공급계약 체결, 삼성SDI와 양극재합작법인 설립 등 다변화된 공급체인을 구축했고 재무적인 성장세 또한 눈에 띄는 종목이었으므로 이를 미리 알고 매입했다면 큰돈을 벌었을 것이다. 경제가 안 좋을 당시 주가가 7만 원도 되지 않았으므로 그 시기에 선견지명이 있으려면 이러한 분석과 공부가 되어 있어야 가능했다.

재무제표 보고 앞으로 급등할 종목 찾기

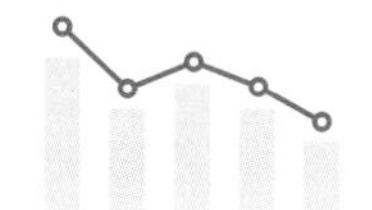

큰 흐름을 보기에는 재무제표만 한 것이 없다. 개미들은 지속적으로 변하는 주가나 시장의 분위기에 휩쓸리고 시장과 주식을 보는 안목도 흐려진다. 이는 재무제표를 잘 모르기 때문에 단기적인 흐름에 일희일비하는 것이다. 경제위기에도 마찬가지다. 경제위기 속에서도 잘나가는 회사, 튼튼한 회사는 결국 주가가 회복된다. 주가는 결국 투자자들의 심리와 수급의 결과이지만 장기적으로는 본질가치에 수렴하게 되어 있다. 본질가치는 결국 기업의 재무제표와 현금흐름을 반영하게 되어 있다. 주가를 알려면 재무제표를 공부하고 현금흐름을 예측해야 하는 이유이기도 하다.

기업들의 실적 발표를 앞두고 주가가 급등 혹은 급락하는 경우를 자주 봤을 것이다. 주가는 그만큼 실적에 민감하다는 이야기이기도 하다. 금리가 오르고 경기가 침체하면 이익의 질이 나빠질 수밖에 없다. 당연히 기업의 실적이 좋을 리가 없다. 이러한 점은 재무제표에 고스란히 반영되어 주가도 하락하게 된다. 유독 실적에 주가가 민감한 이유는 실적이 결국 미래 해당 종목의 방향을 결정해 주기 때문이다.

단기적으로는 수급을 이길 수 없지만 수급만 따라가면 주식 투자에 금방 지치게 된다. 그리고 큰돈을 벌려면 주가가 단기적으로 떨어지더라도 참아야 한다. 언젠가 오를 종목은 반드시 오르게 되어 있다. 이런 마인드는 정확히 분석할 때만 가질 수 있다. 그래야 몇백 퍼센트 수익을 누릴 수 있다.

기본으로 돌아가 영업이익률과 그 상승세를 보면 주가가 보인다

기업의 주가는 결국 그 기업의 실적이 나타낸다. 실적이 좋으면 주가가 오르고, 실적이 나쁘면 주가가 하락한다. 단기적으로는 수급이나 세력, 다양한 뉴스의 영향을 받겠지만 결국 주가는 영업실적을 따라서 움직일 수밖에 없다.

물론 지금과 같은 효율적 시장에서 정보가 넘쳐날 때는 간혹 실적보다 주가가 앞서서 움직이기도 한다. 주주들이 똑똑해져 미리 재무적 분석과 실적을 예상하여 수급을 움직이는 것이 그것이다. 이 또한 영업실적이 주가를 움직이는 사례이기는 마찬가지다. 주가를 움직이는 기업의 실적은 매출액, 영업이익, 당기순이익이다. 그래서 손익계산서를 공부하는 것이 주식 공부에서 가장 기본이다.

손익계산서(2020. 1. 1~12. 31)

	매출액	+	영업외수익
−	매출원가	−	영업외비용
=	매출총이익	=	법인세비용차감전순손익
−	판매비와 관리비	−	법인세비용
=	영업이익	=	당기순이익

손익계산서에서 주가를 예측할 때 가장 중요하게 보아야 하는 항목이 '영업이익'이다. 영업이익은 매출액에서 매출원가를 빼고 얻은 매출총이익에서 다시 판매비와 관리비를 빼서 순수하게 영업활동으로 벌어들인 이익이며 그 기업의 본질적 활동으로 지속될 이익을 보여준다. 모든 절대가치평가법에서 영업이익을 기준으로 기업가치평가와 주식가치평가를 하므로 영업이익과 관련된 지표를 분석하여 주가를 예상하는 것이 가장 정확도가 높다. 이 때문에 기업분석에서 영업이익에 대한 실적전망을 더 주의 깊게 보는 것이다.

우리나라 대표적 종목인 삼성전자의 경우 2023년 상반기에 2분기 영업이익 전망을 두고 비관적인 뉴스가 발표되고 나서 단기적으로는 악재 해소라는 해석도 있었으나 반등 이후 주가가 한동안 낮았던 것을 생각해 보면 쉽게 이해할 수 있다.

영업이익은 영업외손익과 달리 기업활동으로 지속적으로 벌어들이는 이익을 말한다. 그만큼 계속기업의 가정 아래 기업이 미래에 벌어들일 이익도 반영하는 중요한 지표인 것이다. 영업외손익은 일시적인 손익이므로 앞으로 미래의 주가에 반영되기를 기대하기는 사실

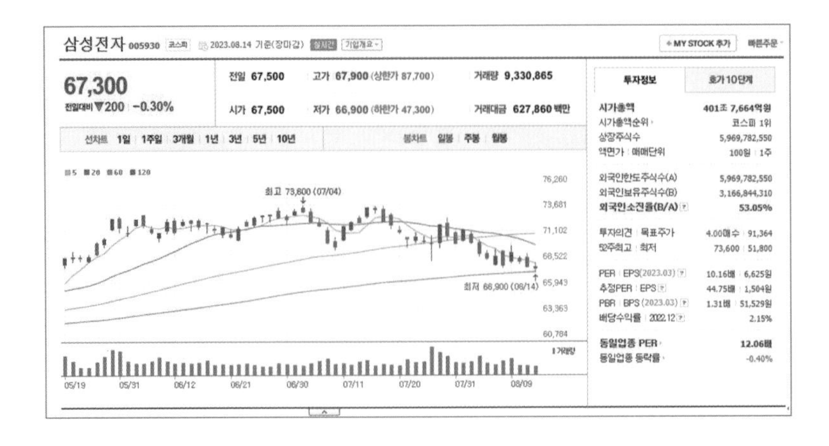

상 어렵다.

주가는 결국 다른 종목보다 초과영업이익이 지속될 때에만 상승할 수 있다. 초과이익이야말로 기업의 수익성을 대변한다. 초과영업이익은 동종기업의 평균영업이익을 상회하는 영업이익이다. 초과영업이익이 난다는 것은 시장에서 뭔가 독보적 위치를 차지해 망하지 않는다는 의미로 해석된다.

결국 시장에서 독보적인 지위는 높은 영업이익률(영업이익/매출액)로 나타나게 된다. 계산을 쉽게 하도록 높은 영업이익률과 영업이익성장률에서 초과이익을 달성하고 있는지 가늠해 보자. 평균영업이익률을 일일이 추산하여 현재 내가 보고 있는 대상 종목과 비교할 수는 없는 노릇이니 말이다. 특히나 급등과 급락이 반복되는 장세에서나 경기침체로 인한 하락장에서는 영업이익률이 높은 회사가 장기적으로 주가가 상승할 가능성도 높고 투자수익률도 극대화해 줄 수 있다.

2023년은 중국의 제로코로나 정책과 미국발 고금리정책 등으로 리스크가 매우 커져왔다. 상반기에는 물류 수급 불균형, 인력난, 인건비 상승, 원자재 가격 상승 등으로 물가가 안정되기 어려워 보였다. 지금도 미국의 소비자물가지수는 안정을 되찾은 것처럼 보이지만 좀처럼 화끈하게 떨어지지는 못하고 있으며, 생산자물가지수도 예상보다 높게 나타나고 있다.

IT업계는 인력난에 따른 임금인상 경쟁으로 네이버, 카카오 등은 물론 미국의 IT회사들도 원가상승 압력에 직면해 있다. 이를 주가가 반영이라도 하듯 네이버와 카카오 주가는 지속적으로 하락해 왔다. 물론, 최근에 다시 저점이라는 이야기가 나오며 반등하고 있고 AI 수혜주로 분류되는 등 성장 모멘텀이 있어 기대해 보고 있지만 2023년 하반기 확실하게 급등세를 보이지는 못하고 있는 것이 현실이다.

영업이익률 증가로 급등 종목 발굴 사례

급등하는 여러 회사가 영업이익률이 지속적으로 상승하는 데 반해 다른 재무지표들이 매우 안정적인 모습을 보여왔다. 그중에서 ISC라는 종목을 예로 들어 설명한다.

ISC는 2001년에 설립되어 반도체 테스트 소켓을 주력으로 하고 있다. 반도체 집적회로의 양품 여부를 판단하는 적기적 성능검사 장비와 디바이스를 연결하는 소모성 부품을 생산하고 있다. 특히 반도체 테스트용 실리콘러버소켓은 세계 최초로 상용화, 양산화에 성공해 글로벌 시장 약 90%를 점유하고 있다. 현재 신사업으로

mmWave(28GHz) 5G 안테나용 FCCL 제조를 위한 사업을 추진 중이다.

ISC는 약 20년간의 업력과 축적된 노하우를 바탕으로 다품종 단납기에 대응하는 생산시스템을 구축하고 있다. ISC가 세계 최초로 상용화, 양산화한 실리콘러버소켓은 메모리반도체 테스트에 전량 사용되며 2017년부터 시스템 반도체용 테스트에도 상당수 사용되면서 서버용 CPU, GPU 반도체 테스트에 탁월한 성능을 보여 다수의 글로벌 반도체 제조사와 팹리스 고객사들이 ISC의 실리콘러버소켓을 채택하고 있다.

2023년에는 포고핀 전문기업 (주)프로웰을 인수하여 포고핀 소켓의 선행기술확보, 생산능력 확대에 집중하고 있으며 이를 바탕으로 글로벌 테스트소켓 시장의 약 70%를 차지하는 포고핀 소켓의 매출과 점유율이 늘어날 것으로 기대하고 있다. 또 제품 생산을 위한 전체 공정을 내재화해 다품종, 단납기라는 반도체 테스트소켓 시장의 특성에 맞게 안정적인 품질유지, 원가절감, 리드타임에 경쟁우위를 확보하고 있다.

해외는 제품 유통형태로 북미지역은 자회사인 ISC 인터내셔널에서 대응하고 있으며 그 외 지역은 현지 바이어에 대한 직접 판매와 대리점을 통한 판매 등 다양한 방식으로 대응하고 있다. 국내는 전략적 기술 영업판매조직을 구축하여 개발 초기부터 양산까지 적극적으로 대응하고 있다.

2022년 매출 기준으로는 반도체 (메모리 및 비메모리) 테스트용 소모성 부품인 ISC 러버 & IC 테스트 소켓류가 전체 매출의 85.1%(1,423억 원)를 차지했으며 TIU(PCB 보드 등), 시스템반도체 솔루션제품 및 각종 전자기기 테스트용 장비인 토털 테스트 솔루션 관련 제품류는 전체 매출의 14.9%(248억 원)를 차지했다.

자산 구성을 보면 유형자산이 급격히 증가하고 있는데 이는 공장 설비의 신설 여파로 보인다. 유형자산이 2021년에 400억 원, 2022년에 200억 원 정도 증가하였는데, 부채 항목을 보면 전환사채가 2021년에 300억 원, 2022년에 200억 원 발행된 것을 알 수 있다.

전환사채를 발행한 것은 베트남 공장 시설 증설과 국내 법인 운영이 그 이유이며 전환사채를 2021년에 주식전환을 하여 부채상환

II.비유동자산	212,620,971,456	182,330,501,525	171,487,084,834
당기손익-공정가치금융자산(비유동)	7,155,401,220	9,832,025,767	16,751,899,823
기타포괄손익-공정가치금융자산	5,674,338,949	2,610,000,000	2,570,000,000
종속기업투자주식	45,262,951,753	25,462,892,853	54,801,081,673
관계기업투자주식		3,342,200,190	4,000,000,000
매출채권 및 상각후원가측정금융자산(비유동)	3,092,103,890	5,458,752,030	12,378,633,183
투자부동산	4,254,857,226	4,514,663,459	6,527,647,919
유형자산	109,814,857,121	88,253,103,485	42,833,354,163
무형자산	7,686,675,227	8,900,108,978	13,111,382,197
사용권자산	1,525,083,090	748,818,502	523,415,798
이연법인세자산	3,275,347,037	4,609,623,339	3,474,815,167
기타비유동자산	12,322,301,342	15,075,916,484	1,225,076,426
금융리스채권	11,472,622,598	13,200,945,985	13,289,778,485
순확정급여자산	1,084,432,003	321,450,453	
III. 매각예정자산			1,800,000,000
자산총계	348,664,149,786	266,230,720,897	264,469,085,546

부채			
I.유동부채	72,535,934,585	40,603,589,563	52,273,378,149
매입채무 및 기타금융부채(유동)	23,143,792,468	17,464,927,819	14,332,303,319
차입금	10,000,000,000	10,000,000,000	
리스부채(유동)	615,869,718	374,076,266	280,765,786
기타유동부채	1,381,294,347	614,656,242	1,278,085,942
충당부채	563,920,880	2,171,909,421	2,377,181,355
당기법인세부채	16,831,057,172	6,370,942,980	4,170,474,558
전환사채		3,607,076,835	29,834,567,189
교환사채	20,000,000,000		
II.비유동부채	3,725,629,251	3,524,755,715	4,504,240,337
순확정급여부채			664,043,398
매입채무 및 기타금융부채(비유동)	2,807,097,000	3,167,638,000	3,620,083,000
리스부채(비유동)	918,532,251	357,117,715	220,113,939
부채총계	76,261,563,836	44,128,345,278	56,777,618,486

부담도 줄어든 것을 알 수 있다.

ISC의 주력제품으로 인한 매출액은 해마다 급격히 증가하였고 영업이익은 더 무섭게 오르고 있다. 게다가 당기순이익도 2022년에 약 480억 원으로 2021년의 244억 원보다 두 배에 달한다. 그러니 주

	제 22 기	제 21 기	제 20 기
매출액	170,675,478,667	143,762,785,338	116,524,219,562
매출원가	90,212,665,785	88,940,486,298	76,855,734,760
매출총이익	80,462,812,882	54,822,299,040	39,668,484,802
판매비와관리비	23,165,778,361	21,078,698,719	19,171,011,330
영업이익	57,297,034,521	33,743,600,321	20,497,473,472
금융수익	1,633,623,799	1,352,811,712	1,730,772,817
금융원가	141,514,148	153,812,327	62,586,129
기타수익	14,808,133,056	5,395,751,627	17,463,193,135
기타비용	6,806,385,210	9,872,341,341	8,746,798,801
법인세비용차감전순이익	66,790,892,018	30,466,009,992	30,882,054,494
법인세비용	18,491,500,515	6,057,419,165	4,577,240,650
당기순이익	48,299,391,503	24,408,590,827	26,304,813,844

가가 두 배 이상 오른다고 해도 이상하지 않은 것이다.

이러한 성장세를 주가가 조금 늦게 반영하는 것은 아닌가 할 정도로 2023년 7월 이후에 주가가 두 배로 급등했다. 결국 재무적 분석을 차분하게 해두고 영업이익의 성장세를 읽어 미리 해당 종목을 사두었다면 2~3배 주가 상승으로 큰 수익을 낼 수 있었다.

그렇다. 주가가 상승하고 나서 뉴스는 약간 뒷북을 치고 있다. 미리 공시자료와 재무제표를 분석해 두었다면 주가가 당연히 상승할 것을 알 수 있었을 것을 주가가 오르고 나서 2023. 8. 14. 뉴시스 기사를 보면 2분기 영업이익이 65억으로 내년 실적 성장을 기대한단다. 물론 이러한 상황이 이미 주가에 반영된 것으로 보이지만 지속적으로 성장에 대한 기대감이 있는 것으로 해석된다.

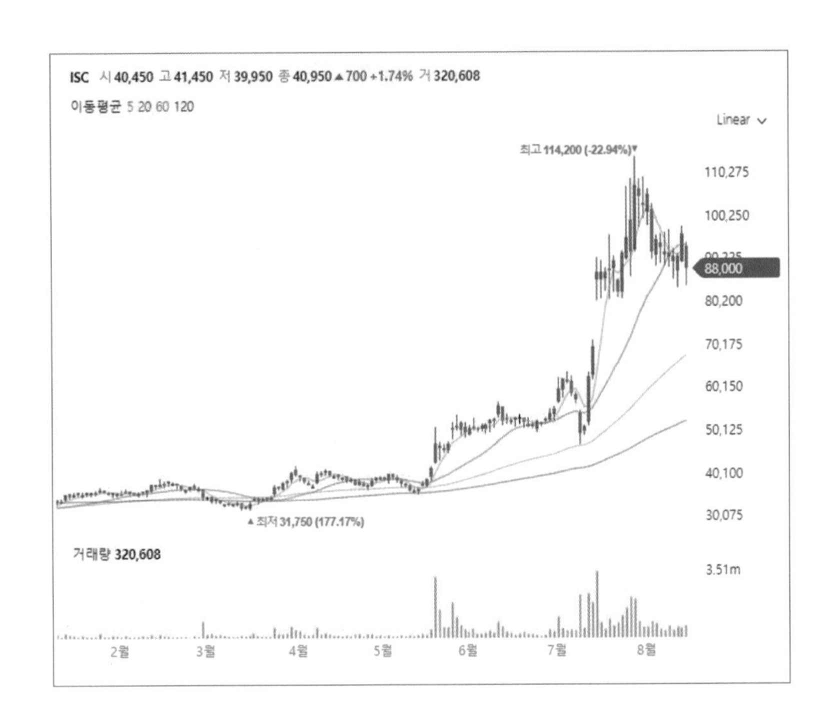

영업이익률과 영업이익성장률, 순이익률을 동시에 보자

앞서 살펴본 ISC 사례에서 영업이익이 지속적으로 상승하는 것을 확인할 수 있었다. 그런데 초과영업이익까지 난다고 볼 수 있을지는 영업이익률을 분석해 보아야 한다. 영업이익률이 충분히 높고 영업이익성장률도 지속적으로 상승하면 주가는 떨어지지 않고 고속성장할 것이기 때문이다.

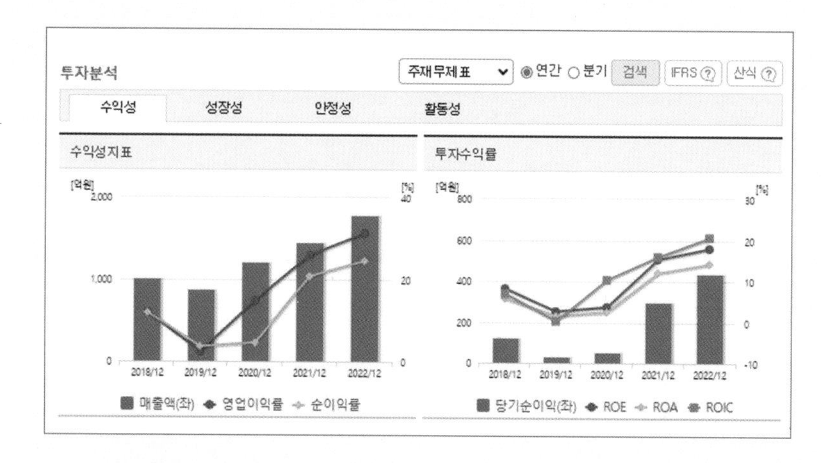

ISC의 매출액이 파란 기둥인데 지속적으로 상승하고 있고 영업이익률도 우상향하는 추세인 것을 확인할 수 있다. 영업이익률은 종목의 주가 상황을 나타내는 것과 같다. 주가가 2019년부터 2022년 말까지 꾸준히 상승하는 것과 일맥상통한다. 영업이익증가율을 별도로 계산해 보는 것도 의미가 있다. 영업이익증가율은 주가가 상승하는 속도를 예상하는 데 도움이 된다. 다행히 우리에게는 네이버 증권의 투자분석 코너가 있다.

네이버 증권에서 해당 종목을 검색한 후 투자지표를 누르고 투자분석에서 성장성을 클릭하면 증가율을 확인할 수 있다.

영업이익증가율이 2020년 12월 기준 792%, 2021년 12월 기준 107%, 2022년 12월 기준 48%이다. 약간씩 둔화되고 있지만 영업이익이 계속 증가하는 추세이며 주가가 상승세일 것을 예상할 수 있다.

이런 종목은 만약 주가가 경제위기 상황에서 크게 조정을 받거나 폭락한다면 매수하는 것을 고려해 볼 수 있다. 그러나 이러한 비율만 가지고 단순히 주식 투자를 해서는 큰코다친다. 몇 가지 지표

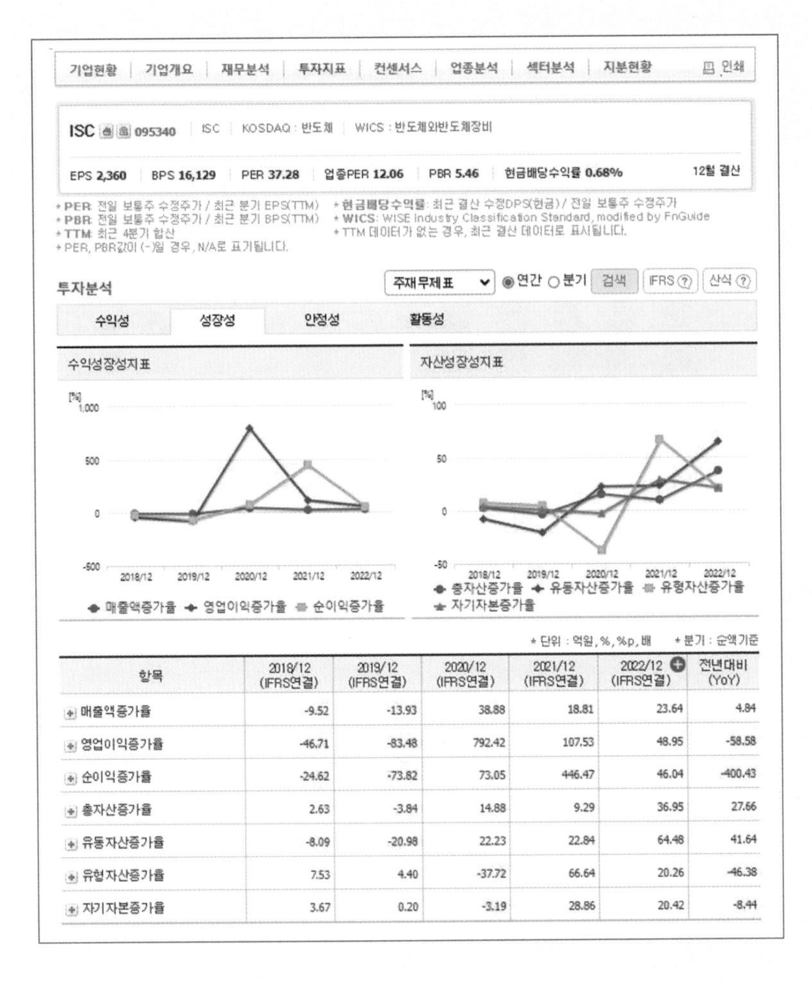
기업현황 | 기업개요 | 재무분석 | 투자지표 | 컨센서스 | 업종분석 | 섹터분석 | 지분현황 인쇄

ISC 095340 | ISC | KOSDAQ : 반도체 | WICS : 반도체와반도체장비

EPS 2,360 | BPS 16,129 | PER 37.28 | 업종PER 12.06 | PBR 5.46 | 현금배당수익률 0.68% 12월 결산

* PER: 전일 보통주 수정주가 / 최근 분기 EPS(TTM)
* PBR: 전일 보통주 수정주가 / 최근 분기 BPS(TTM)
* TTM: 최근 4분기 합산
* PER, PBR값이 (-)일 경우, N/A로 표기됩니다.
* 현금배당수익률: 최근 결산 수정DPS(현금) / 전일 보통주 수정주가
* WICS: WISE Industry Classification Standard, modified by FnGuide
* TTM 데이터가 없는 경우, 최근 결산 데이터로 표시됩니다.

투자분석

주재무제표 연간 분기 검색 IFRS 산식

수익성 | 성장성 | 안정성 | 활동성

* 단위 : 억원, %, %p, 배 * 분기 : 순액기준

항목	2018/12 (IFRS연결)	2019/12 (IFRS연결)	2020/12 (IFRS연결)	2021/12 (IFRS연결)	2022/12 (IFRS연결)	전년대비 (YoY)
매출액증가율	-9.52	-13.93	38.88	18.81	23.64	4.84
영업이익증가율	-46.71	-83.48	792.42	107.53	48.95	-58.58
순이익증가율	-24.62	-73.82	73.05	446.47	46.04	-400.43
총자산증가율	2.63	-3.84	14.88	9.29	36.95	27.66
유동자산증가율	-8.09	-20.98	22.23	22.84	64.48	41.64
유형자산증가율	7.53	4.40	-37.72	66.64	20.26	-46.38
자기자본증가율	3.67	0.20	-3.19	28.86	20.42	-8.44

를 바탕으로 일반화하는 것만큼 위험한 투자는 없다. 이는 참고해야 할 지표일 뿐 해당 종목이 속한 산업이 지속적으로 성장할지, 해당 종목의 기업이 미래에 지속적으로 영업이익을 낼 수 있는지 등을 꾸준히 분석하는 것이 더 중요할 수 있다.

영업활동현금흐름으로 오르는 기업 찾기

매출액, 영업이익과 영업이익증가율을 보고 주가의 흐름을 예측하는 것은 기본 가운데 기본이다. 그런데 그것만으로는 기업가치와 주가를 정확하게 예측할 수 없다. 이는 재무제표가 발생주의에 따라 작성된다는 한계 때문에 그렇다. 게다가 재무제표도 어느 정도는 작성자 의도에 따라 조작이 가능해서 주의해야 하는데, 이때 발생주의가 무엇인지 간단히 소개하면 다음과 같다.

일정한 거래가 발생하면 어느 시점을 기준으로 회계처리를 할지 결정해야 한다. 이때 현금이 들어온 시점이 아니라 회계기준에 따라 인식해야 하는 시점을 기준으로 자산과 부채를 잡고 매출액과 이익을 기록하는 것이 발생주의이다.

발생주의 회계는 현금유출입이 아니라 거래나 사건이 발생한 기간에 수익과 비용을 인식하므로 회계처리 방식에 따라 다른 금액이 인식될 위험을 내포하고 있다. 계약을 체결해 계약 내용에 따라 특정한 의무를 이행한다고 할 때 미리 계약금을 받더라도 이를 수익으로 계상할 수 없다. 나중에 의무를 이행한 시점에 수익으로 인식해야 하기에 돈은 들어왔지만 수익은 0원인 상황도 벌어질 수 있어 주의가 필요하다.

현금주의로 회계처리를 하면 이러한 문제를 해결할 수 있다. 궁극적으로 기업의 가치는 기업이 버는 돈을 현재가치화로 계산한 것이다. 기업의 가치에서 부채의 가치를 빼면 주주의 가치가 계산되고 주가가 추정될 수 있다. 결국 영업이익에서 이를 현금주의로 변환하여 기업이 영업활동으로 버는 돈을 계산해야 정확한 주가를 산출할 수 있는데, 이것이 바로 '영업활동현금흐름'이다.

다시 돌아와서 ISC의 주가와 영업활동현금흐름을 비교해 보자.

현금흐름표

제 22 기 2022.01.01 부터 2022.12.31 까지
제 21 기 2021.01.01 부터 2021.12.31 까지
제 20 기 2020.01.01 부터 2020.12.31 까지

(단위 : 원)

	제 22 기	제 21 기	제 20 기
Ⅰ.영업활동으로 인한 현금흐름	60,475,770,788	39,223,971,470	24,254,480,785
1. 당기순이익	48,299,391,503	24,408,590,827	26,304,813,844
2. 당기순이익 조정을 위한 가감	20,823,146,229	18,562,904,562	8,154,712,475

영업활동으로 인한 현금흐름은 2020년 말 대비 2022년 말에는 거의 세 배 증가하였다는 사실을 알 수 있다.

주가는 2020년 말 1만 원대 초반에서 2022년 말 3만 5,000원대로 세 배 이상 증가한 것을 알 수 있다.

이것은 기가 막힌 우연일까? 영업활동현금흐름은 주식가치평가를 하는 모형 중 이론적으로 가장 우수하다고 하는 현금흐름할인법 DCF, Discounted Cash Flow의 기초가 된다. 해마다 영업활동으로 버는 현금흐름을 기업의 리스크를 반영한 할인율로 나누어 계산한 뒤 부채를 조정하면 주가가 계산된다는 것이다. 결국 영업활동현금흐름의 추세를 추적해 나가면 주가가 상승할지 하락할지를 어느 정도 가늠할 수 있고, 이로써 저평가 우량주를 발굴해낼 수 있다.

그러면 손실이 나고 있는데 주가가 오르는 회사도 영업활동현금흐름은 상승세에 있어서 그런 것일까? 그럴 가능성이 높다. 카카오가 적자인데도 주가가 급상승하던 시절이 있었다. 그때의 주가와 영업활동현금흐름을 비교해 보자.

다음은 카카오의 월봉으로 본 주가의 흐름이다. 한때 국민주식으로 불렸던 카카오는 2021년에 최고가 173,000원을 찍고 지속적으로 하락해 2023년에는 5만 원대를 기록하고 있다. 2016년부터 2020년 액면분할하기 전까지 주가는 지속적으로 상승흐름을 이어갔는데 이때 손익계산서만 보면 이해할 수 없는 모습이기도 했다. 영업이익이 상승하기는 했으나 당기순손실을 기록하며 적자가 누적되고 있었기 때문이다.

주가는 상승하는데 지속적으로 적자가 나는 것은 얼핏 보면 이해가 가지 않는다. 그나마 영업이익은 상승하고 있으니 그것으로는 이해가 가긴 하지만 왠지 불안하다.

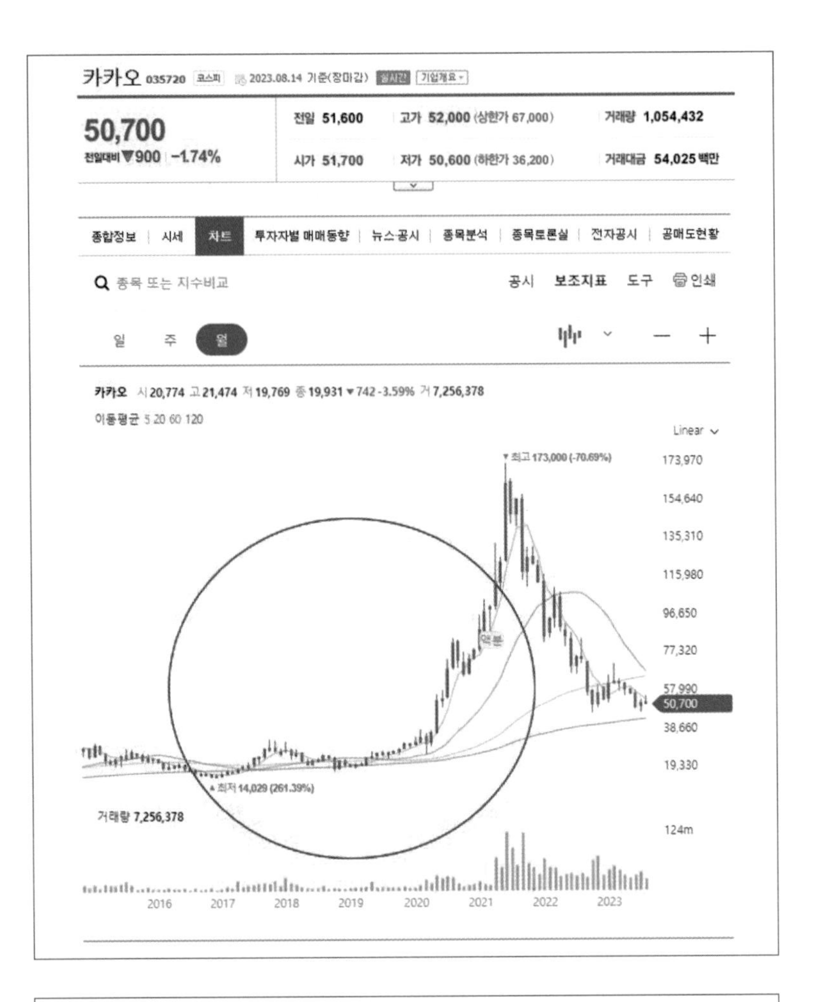

구분	제26기	제25기	제24기
	(20. 1. 1~20.12.31)	(19. 1. 1~19.12.31)	(18. 1. 1~18.12.31)
매출액	1,779,194,942,006	1,513,471,072,651	1,173,924,651,860
영업이익(손실)	300,064,492,177	196,063,924,523	122,366,055,178
당기순이익(손실)	(117,878,818,553)	(259,705,692,892)	90,230,380,212
당기총포괄이익(손실)	(25,530,789,871)	(256,176,668,054)	97,437,870,358
기본주당이익 (원)	(1,392)	(3,258)	1,174
희석주당이익 (원)	(1,392)	(3,258)	1,138

카카오는 자회사가 많기 때문에 이를 모두 포함한 연결재무제표를 보는 것이 좀 더 타당할 것이다. 그래서 연결 현금흐름표를 보기로 했다.

연결 현금흐름표

제 26 기 2020.01.01 부터 2020.12.31 까지

제 25 기 2019.01.01 부터 2019.12.31 까지

제 24 기 2018.01.01 부터 2018.12.31 까지

(단위 : 원)

	제 26 기	제 25 기	제 24 기
영업활동현금흐름	971,096,476,573	752,667,420,203	491,469,889,907
영업으로부터 창출된 현금흐름	1,024,982,602,003	831,143,180,278	608,033,177,146
이자의 수취	20,642,240,811	38,171,290,837	35,897,795,215
이자의 지급	(11,451,279,218)	(11,380,717,370)	(11,532,102,648)
배당금 수입	14,375,894,156	5,326,865,486	380,603,010
법인세 납부	(77,452,981,179)	(110,595,199,028)	(141,309,582,816)

표에서 보듯이 영업활동현금흐름은 지속적으로 증가하는 모습을 보였다. 그렇다면 2021년 이후 2023년 8월까지 주가의 상승과 하락은 어떻게 설명할 수 있을까?

2020년 말부터 매출은 증가하긴 했으나 완만했다. 그럼 정상적이라면 주가도 완만하게 증가할 것으로 예상할 수 있다. 영업이익을 보니 그래도 지속적으로 증가했고 당기순이익도 적자에서 흑자로 전

구분	제28기 (22. 1. 1~22.12.31)	제27기 (21. 1. 1~21.12.31)	제26기 (20. 1. 1~20.12.31)
매출액	2,456,590,805,969	2,132,915,884,804	1,779,194,942,006
영업이익(손실)	551,113,878,999	402,025,254,785	300,064,492,177
당기순이익(손실)	1,617,331,663,538	506,621,417,832	(117,878,818,553)
당기총포괄이익(손실)	448,601,219,593	680,544,359,282	(25,530,789,871)
기본주당이익 (원)	3,713	1,172	278
희석주당이익 (원)	3,657	1,147	278

참고: 상기 3개년도의 기본주당이익(원) 및 희석주당이익(원)은 주식분할에 따른 액면가 100원 기준입니다

환한 이후 가파르게 증가했다. 이런 지표들은 발생주의를 따르다 보니 혼란스럽기만 하다. 이제 영업활동현금흐름을 살펴보자.

연결 현금흐름표

제 28 기 2022.01.01 부터 2022.12.31 까지

제 27 기 2021.01.01 부터 2021.12.31 까지

제 26 기 2020.01.01 부터 2020.12.31 까지

(단위 : 원)

	제 28 기	제 27 기	제 26 기
영업활동현금흐름	678,376,491,408	1,306,571,526,446	971,096,476,573
영업으로부터 창출된 현금흐름	935,229,755,687	1,487,783,316,407	1,024,962,602,003

이제야 문제가 생긴 것을 볼 수 있다. 영업활동현금흐름이 2020년에서 2021년에 급증했다가 2022년 말 반토막이 난 것을 확인할 수 있다. 그렇다면 주가를 다시 한번 확인해보자.

놀랍게도 주가 흐름은 영업활동현금흐름의 모습과 일치한다. 2020년부터 2021년 말까지 주가가 급등하다가 2022년 중순 이후 급락하여 반토막 아래로 내려왔다. 그러면 앞으로 주가가 어떻게 될지는 영업활동현금흐름을 보면서 예상하는 것이 정확하다는 사실을 알 수 있다.

공시자료에 나타난 영업활동현금흐름은 2022년 6월 말에 비해 2023년 6월 말에 상당히 증가했다. 이러한 추세에 비추어 올해는 반등할 가능성을 미리 엿볼 수 있다. 물론 미국의 잇따른 금리 인상이나 경제침체 등의 흐름을 잘 타는 종목이기도 해서 그런 점 때문에 2023년 말까지 조정 흐름을 보일 수도 있지만 현금흐름은 주가의 유의미한 선행지표 역할을 한다는 판단으로 투자하는 것이 좋다.

다른 수많은 종목도 월봉으로 그려본 장기적 주가그래프와 영업

연결 현금흐름표

제 29 기 반기 2023.01.01 부터 2023.06.30 까지

제 28 기 반기 2022.01.01 부터 2022.06.30 까지

(단위 : 원)

	제 29 기 반기	제 28 기 반기
영업활동현금흐름	403,323,460,212	37,593,017,374
영업으로부터 창출된 현금흐름	551,567,708,351	193,324,426,612

활동현금흐름의 추세는 거의 정확히 일치하는 것을 알 수 있다. 어느 정도 시차는 있지만 고점과 저점은 일치하게 된다. 많은 사람이 주가수익비율PER과 자기자본이익률ROE로만 주식을 해석하는데, 이제 그것만으로는 예측력이 너무 떨어진다.

정부의 경제정책과 재정정책 이용해 위기 돌파하기

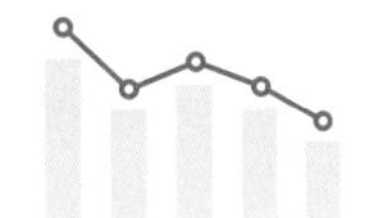

금리에 따라 오르는 주가

금리가 오르면 일반적으로 기업의 투자와 소비자의 소비가 줄고 경제 총생산이 감소하여 그만큼 주가가 하락한다고 생각하기 쉽다. 이론적으로 보면 금리 상승은 채권이나 예금의 수익률이 오르므로 주식시장에서 자금이 빠져나가 안전자산으로 몰리면서 주가가 하락해야 한다. 또 기업의 비용 압박으로 실적이 나빠져 주가가 하락해야 한다. 그런데 실제 데이터를 보면 반드시 그런 것도 아니다.

오히려 코스피 시장을 보면 반대로 금리가 인상하는 것과 주가가 상승하는 방향이 일치하고 금리가 하락하면 주가도 급락하는 현상이 발생하곤 했다. 다음의 한국거래소 자료를 따르면 미국 기준금리 인상 시기에 코스피지수는 상승하는 것을 볼 수 있다. 그리고 반

미국 기준금리와 코스피지수의 상관관계
(출처: 미국 연방준비제도, 한국거래소)

대로 금리 하락 시기에 코스피도 급하게 하락하는 모습을 보였는데, 이는 당시 경제 상황과 정부 정책, 투자자들의 기대와도 큰 관련이 있다.

먼저, 기준금리 상승 시기에 주가가 상승한 이유는 채권시장과 대체재로 볼 수 있는 주식시장의 측면에서 설명할 수 있다. 금리가 상승하면 고금리 은행예금으로 돈이 몰리듯 채권에서도 자금 이동이 발생한다. 채권은 채권의 공급 대비 수요가 줄어들면 채권가격이 하락하고, 채권수익률은 상승하게 된다. 정확히 말하면 채권의 기대수익률이 상승한다. 채권가격이 하락하면 채권 투자의 메리트가 줄어들어 자금이 주식시장으로 이전하므로 그 유동성의 증대로 주가 상승이 일어난다.

한편, 금리 인상은 경제주체들과 투자자에게 다양한 시그널을 준다. 정부가 여러 가지 경제지표와 경기 상황을 체크해 금리를 인상했다는 사실 자체가 침체된 경기가 다시 살아나고 경제가 견고하다는 점을 나타낸다는 것으로 해석된다. 경기 활성화에 대한 기대는 주가의 상승 요인으로 작용한다. 실제로 경제가 활성화되면 개인이 소비를 늘리면서 기업의 이윤이 증가하여 투자도 증대된다. 이러한 투자는 다시 고용과 소비를 촉진하고 경제가 선순환해 주가가 상승하게 하는 동력이 된다.

결국 금리가 상승할 때 단순히 경제가 침체될 테니 투자하면 안 되겠다는 생각보다는 왜 금리가 상승하는지를 생각해 봐야 한다. 그리고 금리가 상승하는 시기에는 주가가 약간 살아날 수 있지만 이후 하락장이 올 수도 있는데, 일시적으로 자금이 이동하는 것도 예상하며 투자해야 단기적으로도 손해 보지 않을 수 있다.

보통 기준금리를 올리는 이유는 인플레이션을 잡기 위해서다. 이때 정부는 경기침체를 우려하여 성장을 주도하는 정책을 펼치게 된다. 결국 소비와 투자가 침체되는 것을 막으려고 신성장동력에 대한 투자에는 세제 혜택 혹은 보조금 혜택을 주거나 해외 직접투자에 혜택을 주는 조치를 하게 된다. 이러한 정책에 혜택을 받는 섹터의 종목은 크게 오를 수 있다.

2022년 기준금리를 올린 미국은 반도체 산업, 전기차 산업 등에 보조금 혜택을 발표했다. 이에 미국의 전기차 종목뿐만 아니라 우리나라 2차전지 산업의 종목들도 호조세를 이어갔다.

한국무역협회 자료를 보면 2023년 1~7월 양극재 수출액은 18억 3,600만 달러(약 2조 4,392억 원)로 2022년(6억 6,100만 달러)보다 177.8% 뛰었다. 특히 양극재 대미 수출액은 2022년 하반기 매달 1억 달러(약 1,330억 원) 중후반을 오가며 호조세를 보였으며 2023년

1월부터는 2억 달러선을 넘어섰다. 이후 3월에는 3억 2,600만 달러(약 4,333억 원)로 역대 최고치를 경신했다.

법안을 따르면 배터리 부품은 북미에서 절반 이상 제조·조립되어야 한다. 다만 2023년 3월 미국 재무부가 추가 지침에 양극재·음극재를 '구성 소재'로 분류하면서 양극재 업계의 숨통이 트였다. 구성 소재로 분류된 핵심광물은 미국과 자유무역협정을 맺은 한국에서 생산하면 세제 혜택을 받을 수 있기 때문이다. 이와 함께 한미 합작 배터리 공장의 가동도 양극재 수출 증가에 한몫했다. 한국 배터리 기업들이 미국 완성차 제조업체와 합작법인을 만들어 북미 배터리 공장 신설·증설 투자를 활발하게 하고 있다.

참고로, 이러한 미국의 인플레이션 감축법IRA 통과로 배터리 수출의 수혜를 입은 에코프로는 주가가 1년 사이에 거의 10배나 상승했다. 포스코홀딩스 등 관련 종목들도 마찬가지다. 이미 2022년에 금리가 상승할 때부터 신성장동력의 종목은 상승 모멘텀을 가지고 있다는 점을 알아채 적극적으로 투자에 나섰다면 지금 대단한 수익률을 누렸을 것이다

금리에 따라 떨어지는 주가

금리가 하락하는 시기에 주가가 급락하는 모습을 보이는 경우도 많았다. 우리나라 코스피도 금리가 하락하는 시기에 지수도 하락하는 경향을 보였는데 이 또한 정부정책과 투자자의 기대에 대한 반응이

라고 할 수 있다.

미국의 기준금리가 하락한 2000년부터 2002년 사이에 코스피 지수도 지속 하락하는 양상을 보였는데 당시 닷컴버블이 붕괴되면서 투자자들이 금리를 인하해 경제를 부흥해야 할 정도로 절실한 상황으로 받아들였던 시기이기도 하다.

기준금리를 거의 0%대로 하락시킨 2008년 금융위기 당시에도 코스피 지수가 3분의 1 토막이 난 것을 확인할 수 있다. 금리가 낮아진다는 것은 시중에 돈을 풀어서라도 경기를 부양해야 할 정도로 경제 상황이 나쁘다는 증거이기도 하고, 투자자들도 하루하루 불안하여 매도세가 강해지는 시기이기도 하다.

물론 금리가 낮아져 시중에 돈이 풀리고 유동성이 확보되면 그 자금은 분명히 주식시장이나 부동산 시장으로 흘러가서 가격을 상승시키겠지만 단기적으로는 가격이 크게 하락할 수 있다는 점을 알 수 있다. 이를 역으로 이용하면 금리가 하락하는 시기에 주식이나 부동산 등 위험성 자산의 비중을 줄이고 현금을 확보해 두었다가 바닥을 다지고 오를 시점에 다시 투자하는 식으로 타점을 잡는 것도 좋다.

당기순이익의 이면 읽기

다시 카카오 사례로 돌아와서 2021년까지 증가하던 주가가 2023년까지 왜 흘러내렸을지 고민해 보자. 물론 거시경제적으로 미국 기준금리 인상의 여파로 인한 조정의 영향도 있었을 것이라고 보이지만 근본적으로 당기순이익의 감소도 한몫을 한 것으로 보인다. 분명히 주주들은 당기순이익이 감소하여 순이익 대비 시가총액인 PER Price Earning Ratio가 지나치게 높다는 생각을 했을 수도 있다.

연결 포괄손익계산서

제 28 기 2022.01.01 부터 2022.12.31 까지

제 27 기 2021.01.01 부터 2021.12.31 까지

제 26 기 2020.01.01 부터 2020.12.31 까지

(단위 : 원)

	제 28 기	제 27 기	제 26 기
영업수익	7,106,836,860,945	6,136,669,167,665	4,156,816,120,723
영업비용	6,526,520,867,884	5,541,752,254,630	3,700,960,605,512
영업이익(손실)	580,315,993,061	594,916,913,035	455,855,515,211
기타수익	2,013,526,888,470	1,733,428,879,888	352,352,754,380
기타비용	1,111,460,704,300	407,247,470,350	546,064,398,874
금융수익	342,770,344,861	177,819,476,133	216,105,567,316
이자수익	122,729,259,737	36,888,967,232	23,454,414,222
기타금융수익	220,041,085,124	140,930,508,901	192,651,153,094
금융비용	463,159,902,728	315,317,249,849	72,670,378,433
지분법이익	100,293,933,787	596,401,092,499	68,920,902,095
지분법손실	157,923,180,356	86,307,972,918	60,228,536,634
법인세비용차감전순이익(손실)	1,304,363,372,795	2,293,693,668,438	414,271,425,061
법인세비용	241,785,686,519	647,540,309,157	240,911,753,146
당기순이익(손실)	1,062,577,686,276	1,646,153,359,281	173,359,671,915

물론, 다음과 같이 주가 흐름을 가장 잘 반영하는 영업활동현금흐름이 반토막 난 것이 가장 큰 원인일 수도 있으나 영업활동현금흐름은 2023년 분기보고서와 반기보고서를 살펴보면 다시 회복되는

	제 28 기	제 27 기	제 26 기
영업활동현금흐름	678,376,491,408	1,306,571,526,446	971,096,476,573
영업으로부터 창출된 현금흐름	935,229,755,687	1,487,783,316,407	1,024,982,602,003
이자의 수취	118,712,778,652	32,739,475,730	20,642,240,811
이자의 지급	(113,100,781,190)	(28,454,592,567)	(11,451,279,218)
배당금 수입	55,457,793,628	41,882,252,158	14,375,894,156
법인세 납부	(317,923,055,369)	(227,378,925,282)	(77,452,981,179)

느낌이다.

우선 손익계산서 항목 중 기타비용 항목이 두 배 이상 증가한 것을 바로 알 수 있다. 기타비용이 왜 그렇게 증가해서 당기순이익을 하락시켰는지는 재무제표의 주석을 보면 알 수 있다. 주석은 재무제표에 나타난 숫자의 의미와 스토리를 적어놓은 재무제표 항목이다.

<기타비용>		
유형자산처분손실	27,525,106	679,858
무형자산처분손실	43,445,321	7,390,519
유형자산폐기손실	3,078,303	491,077
유형자산손상차손	871,311	-
무형자산손상차손	735,708,202	294,352,601
기타자산손상차손	-	3,220,760
지분법주식손상차손	173,740,029	370,310
지분법주식처분손실	24,321,751	5,386,185
종속기업투자주식처분손실	6,531,048	4,953,841
기부금	24,821,556	15,216,760
지급수수료	13,306,335	43,612,058
외환차손	9,536,348	5,724,155
외화환산손실	1,441,286	467,731
잡손실	45,442,675	17,424,467
리스변경손실	2,325	-
기타의대손상각비	1,675,029	2,482,780
기타의충당부채 전입액	-	2,944,477
기타	14,079	2,529,891
기타비용 계	1,111,460,704	407,247,470

주석에서 기타비용을 보면 무형자산손상차손과 지분법주식손상차손의 영향이 크다는 점을 알 수 있다. 무형자산손상차손은 자회사를 인수하는 과정에서 발생한 영업권의 평가차손이고 지분법주식손상차손도 유사한 이슈이다. 결국 영업과 무관한 항목에서 발생한 인위적·일시적 손실항목임을 알 수 있다.

카카오는 2019년에도 대규모 적자를 기록했는데 당시 인수합병에 따른 무형자산손실을 기록한 것으로 알려져 있다. 결국 주주로서는 영업활동에 큰 문제가 없다고 안도할 수도 있고, 다른 한편으로는 왜 쓸데없는 인수합병을 많이 해서 당기순이익을 악화했는지 의문을 제기할 수도 있다.

손익계산서에서 당기순이익만 보고 투자하거나 단순히 PER만 분석한 뒤 고PER라서 투자하면 안 된다거나 저PER라서 투자해야 한다는 말은 걸러 들어야 한다. 내가 투자하고 있는 종목들에 대해 적어도 경제침체기에는 재무제표를 자세히 읽어보기 바란다.

전자공시사이트에서 재무제표 입수하는 방법

원하는 종목의 공시자료, 특히 재무제표와 주석 등을 확인하고 싶다면 먼저 전자공시시스템(https://dart.fss.or.kr)에 접속한다.

검색조건을 회사명으로 두고 원하는 종목명을 입력한다. 예를 들

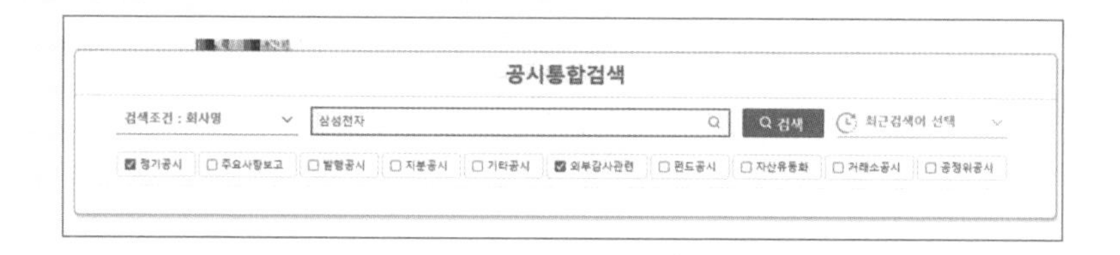

어 삼성전자를 입력하고 이후 정기공시와 외부감사 관련 체크박스를 체크한다.

검색버튼을 누르면 다음과 같은 리스트가 뜬다.

번호	공시대상회사	보고서명	제출인	접수일자	비고
1	삼성전자	반기보고서 (2023.06)	삼성전자	2023.08.14	
2	삼성전자	분기보고서 (2023.03)	삼성전자	2023.05.15	
3	삼성전자	사업보고서 (2022.12)	삼성전자	2023.03.07	연
4	삼성전자	분기보고서 (2022.09)	삼성전자	2022.11.14	
5	삼성전자	반기보고서 (2022.06)	삼성전자	2022.08.16	
6	삼성전자	분기보고서 (2022.03)	삼성전자	2022.05.16	
7	삼성전자	사업보고서 (2021.12)	삼성전자	2022.03.08	연
8	삼성전자	분기보고서 (2021.09)	삼성전자	2021.11.15	
9	삼성전자	반기보고서 (2021.06)	삼성전자	2021.08.17	
10	삼성전자	분기보고서 (2021.03)	삼성전자	2021.05.17	

이 중에서 반기보고서는 1월부터 6월까지의 재무상황을 확인할 수 있는 보고서이며 분기보고서는 1월부터 3월까지의 재무상황을 확인할 수 있다. 사업보고서는 보통 12월 말 현재의 기업현황을 나타내는 보고서이다.

사업보고서(2022. 12)를 클릭하면 다음과 같은 창이 뜬다.

사 업 보 고 서

(제 54 기)

사업연도 2022년 01월 01일 부터
2022년 12월 31일 까지

금융위원회
한국거래소 귀중　　　　2023년 3월 7일

제출대상법인 유형 : 주권상장법인

면제사유발생 : 해당사항 없음

회 사 명 : 삼성전자주식회사

대 표 이 사 : 한 종 희

본 점 소 재 지 : 경기도 수원시 영통구 삼성로 129(매탄동)
(전 화) 031-200-1114
(홈페이지) https://www.samsung.com/sec

작 성 책 임 자 : (직 책) 재경팀장　(성 명) 김 동 욱
(전 화) 031-277-7218

여기서 III. 재무에 관한 사항 중에서 4. 재무제표를 클릭하면 재무상태표, 손익계산서, 현금흐름표 등을 확인할 수 있다. 그룹사인 경우 그룹 전체의 성과를 확인하려면 2. 연결재무제표를 클릭하면 된다.

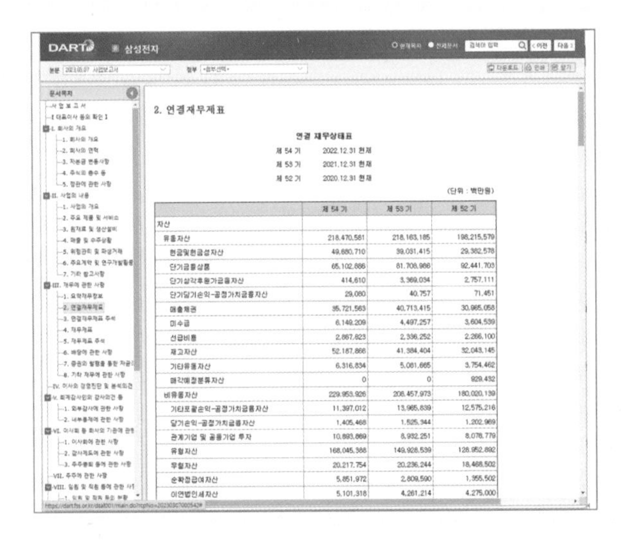

2. 연결재무제표

연결 재무상태표

제 54 기 2022.12.31 현재
제 53 기 2021.12.31 현재
제 52 기 2020.12.31 현재

(단위 : 백만원)

	제 54 기	제 53 기	제 52 기
자산			
유동자산	218,470,581	218,163,185	198,215,579
현금및현금성자산	49,680,710	39,031,415	29,382,578
단기금융상품	65,102,886	81,708,986	92,441,703
단기상각후원가금융자산	414,610	3,369,034	2,757,111
단기당기손익-공정가치금융자산	29,080	40,757	71,451
매출채권	35,721,563	40,713,415	30,965,058
미수금	6,149,209	4,497,257	3,604,539
선급비용	2,867,823	2,336,252	2,266,100
재고자산	52,187,866	41,384,404	32,043,145
기타유동자산	6,316,834	5,081,665	3,754,462
매각예정분류자산	0	0	929,432
비유동자산	229,953,926	208,457,973	180,020,139
기타포괄손익-공정가치금융자산	11,397,012	13,965,839	12,575,216
당기손익-공정가치금융자산	1,405,468	1,525,344	1,202,969
관계기업 및 공동기업 투자	10,893,869	8,932,251	8,076,779
유형자산	168,045,388	149,928,539	128,952,892
무형자산	20,217,754	20,236,244	18,468,502
순확정급여자산	5,851,972	2,809,590	1,355,502
이연법인세자산	5,101,318	4,261,214	4,275,000

그리고 재무제표 숫자에 대한 구체적 설명을 확인하려면 3. 연결재무제표 주석 또는 5. 재무제표 주석을 클릭하면 된다.

부록

투자대상 종목 발굴 체크리스트

재무제표가 크게 의미가 없다고 생각하는 투자자들이 의외로 많다. 당장 테마주나 세력주처럼 급등하거나 급락하는 재미가 없어서 그렇다고 말하는 투자자도 많이 봤다. 이는 분명 잘못된 생각이다. 대부분 주식 고수가 동의하는 점은 재무제표가 좋은 회사는 언젠가는 성장하고 주가도 상승하게 되어 있다는 것이다. 재무적으로 좋은 종목에는 투자해도 불안하지 않다. 결국 버티면 주가가 오르기 때문이다.

어느 정도 회계 지식을 갖추려고 회계학 강의를 듣거나 재무제표 관련 주식강의를 들어도 종목을 걸러내는 데는 어려움이 많다. 재무제표를 분석하면서 주식 투자하는 것 자체가 상당한 노력이 들어가며, 해당 종목을 분석하고 검증하는 데 시일이 꽤 걸리기 때문이다. 이렇게 분석하며 다양한 종목을 선별해 내는 일은 주식 초보자는 불가능에 가깝다. 그래서 아래와 같이 투자대상 종목을 발굴하는 체크리스트를 준비했다. 이 체크리스트 점수는 높으면 높을수록 좋으며 점수가 가장 높은 종목 순으로 투자를 고려하면 된다.

특히 경제위기에는 좋은 종목들의 가격이 저평가되기 쉽다. 그리고 저점구간을 지나 시장이 전체적으로 상승세에 돌입할 때는 단기간에 급등해서 큰 수익을 안겨줄 수 있는 종목이 늘어나게 마련이다. 이때가 가장 좋은 기회다. 보유해서 크게 먹고 나올 생각으로 장기보유해도 좋지만 목표수익률을 20% 정도로 짧게 잡고 스윙매매를 하는 것이 전체 수익과 자산증식에는 도움이 될 수 있다. 다음은 스윙매매하기 좋은 급등주, 우량주를 선별해 주는 체크리스트이니 활용해 보기 바란다.

재무제표부터 체크해서 고득점 한 종목부터 투자대상으로 삼기

재무제표는 급등하는 종목, 우량한 종목, 망하지 않을 종목을 찾는 첫걸음이다. 재무제표에서 우상향하는 신호와 작은 리스크, 높은 안정성이 담보된다면 저평가구간과 차트, 재료와 수급을 분석하여 크게 수익을 낼 수 있다.

구분	내용	점수
가점 요소	매출액이 전년 대비 10% 이상 증가	+1점
	영업이익이 전년 대비 10% 이상 증가	+1점
	영업활동현금흐름이 증가하는 추세	+1점
	당기순이익이 3년 연속 증가	+1점
	유동비율이 200% 이상	+1점
	부채비율이 50% 이하	+1점
	계약자산이 1.5배 이상 급증	+1점
	높은 전환가격의 전환사채 발행	+1점
감점 요소	매출액이 전년 대비 감소	–1점
	영업이익이 마이너스	–1점
	영업이익이 하락 추세	–1점
	영업활동현금흐름이 하락 추세	–1점
	유동비율이 50% 미만	–1점
	부채비율이 200% 초과	–1점
	재고자산이 1.5배 이상 급증	–1점
	신주발행 유상증자(현금 부족 원인)	–1점

초기에 0점을 기준으로 위의 표에서 가점 요소에 해당하면 1점씩 더하고 감점 요소에 해당하면 1점씩 차감한다. 음영 표시한 항목은 반드시 체크하며 그 외 항목은 해당 사항이 있을 때만 체크해도 상관없다.

위 항목을 체크했을 때 플러스(+)이면 투자 고려종목으로 가져가도 좋다고 판단하여 적극적으로 투자분석을 하면 된다. 반대로 위 항목 체크에서 마이너스(-)이면 재무적으로 안 좋은 신호이므로 단타할 생각이 아니라면 투자대상에서 제외하는 것이 바람직하다.

이제 실습을 해보자.

SK하이닉스 사례를 기준으로 점수를 매겨보겠다. 네이버 증권에서 SK하이닉스를 검색하면 아래와 같이 나타난다.

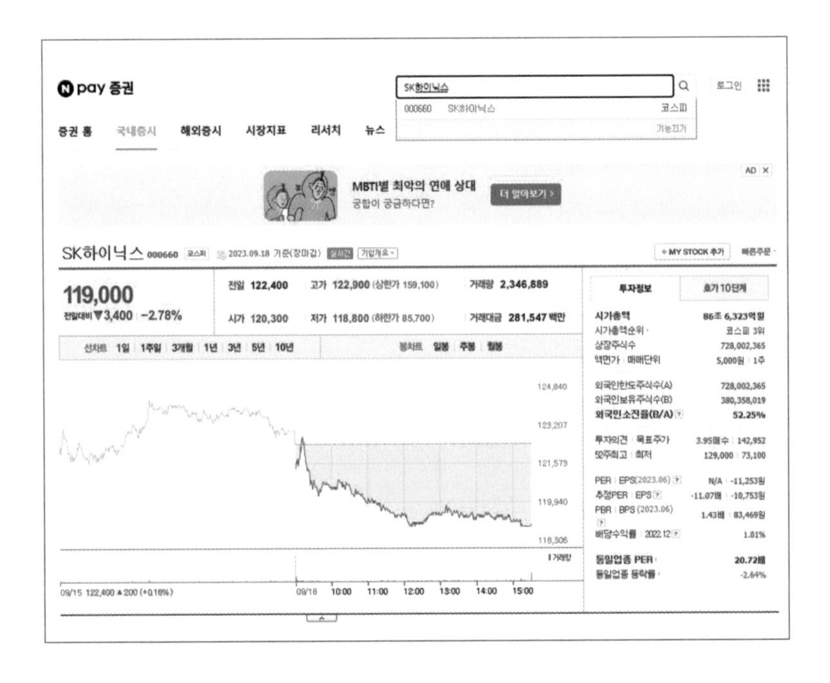

종목분석에서 재무분석에 들어가면 재무제표 관련 항목을 확인할 수 있다.

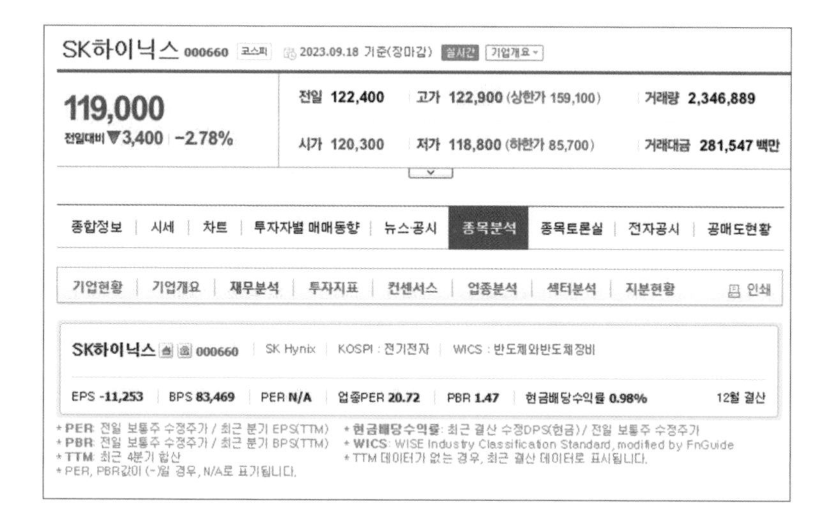

먼저 포괄손익계산서를 클릭하면 아래와 같이 매출액과 영업이익, 당기순이익 등을 확인할 수 있다.

* 단위 : 억원, %, 배, 천주 　* 분기 : 순액기준

항목	2018/12 (IFRS연결)	2019/12 (IFRS연결)	2020/12 (IFRS연결)	2021/12 (IFRS연결)	2022/12 (IFRS연결)	전년대비 (YoY)
매출액(수익)	404,450.7	269,907.3	319,004.2	429,977.9	446,215.7	3.8
*내수		269,907.3	319,004.2	429,977.9	446,215.7	3.8
*수출						
매출원가	151,808.4	188,188.1	210,897.9	240,456.0	289,937.1	20.6
매출총이익	252,642.3	81,719.2	108,106.3	189,521.9	156,278.6	-17.5
판매비와관리비	44,204.8	54,527.4	57,980.1	65,418.5	88,184.4	34.8
영업이익	208,437.5	27,191.8	50,126.2	124,103.4	68,094.2	-45.1
*기타영업손익						
영업이익(발표기준)	208,437.5	27,191.8	50,126.2	124,103.4	68,094.2	-45.1
*[구K-IFRS]영업이익						
금융수익	16,919.6	12,476.4	33,279.1	23,775.2	37,142.8	56.2

금융원가	11,421.3	15,314.2	19,804.1	14,698.6	50,915.5	246.4
기타영업외손익	-655.5	-254.0	-868.0	-642.9	-15,605.5	-2,327.4
종속기업,공동지배기업및관…	130.1	226.3	-362.8	1,622.8	1,311.9	-19.2
법인세비용차감전계속사업…	213,410.3	24,326.4	62,370.4	134,159.9	40,027.8	-70.2
법인세비용	58,010.5	4,235.6	14,781.2	37,998.0	17,611.1	-53.6
종속회사매수일전순손익						
처분된종속회사순손익						
계속사업이익	155,399.8	20,090.8	47,589.1	96,161.9	22,416.7	-76.7
중단사업이익						
*중단사업법인세효과						
당기순이익	155,399.8	20,090.8	47,589.1	96,161.9	22,416.7	-76.7

현금흐름표를 클릭하면 영업활동현금흐름도 쉽게 확인할 수 있다. 매년 흐름이 증가도 감소도 아닌 중립적 추세인 것을 확인할 수 있다.

* 단위 : 억원, %, 배, 천주 * 분기 : 순액기준

항목	2018/12 (IFRS연결)	2019/12 (IFRS연결)	2020/12 (IFRS연결)	2021/12 (IFRS연결)	2022/12 (IFRS연결)	전년대비 (YoY)
영업활동으로인한현금흐름	222,272.0	65,497.4	123,145.7	197,976.5	147,805.2	-25.3
당기순이익	155,399.8	20,090.8	47,589.1	96,161.9	22,416.7	-76.7
법인세비용차감전계속사업…						
현금유출이없는비용등가산	127,676.7	100,342.3	122,503.2	156,346.4	209,481.1	34.0
현금유입이없는수익등차감	4,857.2	4,176.1	24,426.2	12,809.9	14,161.7	10.6
영업활동으로인한자산부채…	-19,969.2	2,701.4	-16,498.5	-30,183.6	-26,897.2	10.9
*영업에서창출된현금흐름	258,250.2	118,958.3	129,167.7	209,514.8	190,838.9	-8.9

재무상태표를 클릭하여 자산 양상을 확인해 보겠다. 하이닉스는 특이하게도 재고자산이 75% 증가하였고 계약자산도 62% 증가하였다. 수주로 인한 재고 증가라고 해석할 수도 있으나 어쨌든 각각 +1점과 -1점을 해준다.

* 단위 : 억원, %, 배, 천주　　* 분기 : 순액기준

항목	2018/12 (IFRS연결)	2019/12 (IFRS연결)	2020/12 (IFRS연결)	2021/12 (IFRS연결)	2022/12 (IFRS연결)	전년대비 (YoY)
자산총계	636,583.4	652,483.5	711,738.5	963,465.3	1,038,715.1	7.8
유동자산	198,941.5	144,576.0	165,709.5	269,070.8	287,333.3	6.8
재고자산	44,227.3	52,958.4	61,363.2	89,500.9	156,647.1	75.0
유동생물자산						
당기손익-공정가치측정금융…	54,964.5	13,902.9	15,355.2	31,399.2	10,163.6	-67.6
기타포괄손익-공정가치측정…						
상각후원가측정유가증권						
상각후원가측정금융자산						
단기금융자산	5,283.9	3,052.0	4,417.8	4,857.7	4,298.9	-11.5
매출채권및기타채권	63,335.8	42,783.7	49,954.7	84,274.7	54,443.0	-35.4
당기법인세자산(선급법인세)	222.5	1,998.1	2.0	41.1	145.2	253.1
계약자산	242.9	557.2	536.1	567.0	919.1	62.1
반품(환불)자산						
배출권						

투자지표를 클릭한 후 안정성을 클릭하면 부채비율과 유동비율을 확인할 수 있다.

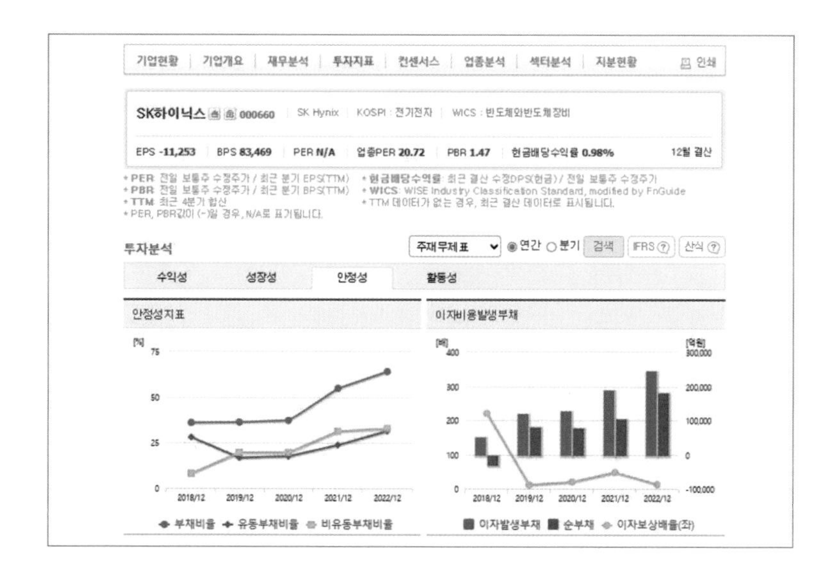

* 단위 : 억원, %, %p, 배 * 분기 : 순액기준

항목	2018/12 (IFRS연결)	2019/12 (IFRS연결)	2020/12 (IFRS연결)	2021/12 (IFRS연결)	2022/12 (IFRS연결)	전년대비 (YoY)
부채비율	35.87	36.12	37.11	54.92	64.12	9.20
유동부채비율	27.82	16.61	17.48	23.69	31.35	7.66
비유동부채비율	8.05	19.51	19.63	31.23	32.77	1.54
순부채비율	-6.59	17.10	15.31	16.85	29.04	12.20
유동비율	152.66	181.58	182.65	182.60	144.80	-37.80
당좌비율	76.36	96.91	97.50	100.17	60.27	-39.90
이자보상배율	220.25	11.08	19.78	47.74	12.77	-34.97
금융비용부담률	0.23	0.91	0.80	0.60	1.20	0.59
자본유보율	1,262.49	1,286.81	1,398.15	1,643.64	1,668.32	24.68

결과를 요약해 보면 다음 표와 같다. 하이닉스는 0점이므로 투자 고려대상이나 제외 대상 어느 것에도 속하지 않는다. 투자 가능 종목이기는 하지만 점수가 더 높은 종목을 더 발굴해 보는 것이 좋겠다.

구분	내용	점수
가점 요소	매출액이 전년 대비 10% 이상 증가	0
	영업이익이 전년 대비 10% 이상 증가	0
	영업활동현금흐름이 증가하는 추세	0
	당기순이익이 3년 연속 증가	0
	유동비율이 200% 이상	0
	부채비율이 50% 이하	0
	계약자산이 1.5배 이상 급증	+1점
	높은 전환가격의 전환사채 발행	0
감점 요소	매출액이 전년 대비 감소	0
	영업이익이 마이너스	0
	영업이익이 하락추세	0
	영업활동현금흐름이 하락 추세	0

감점 요소	유동비율이 50% 미만	0
	부채비율이 200% 초과	0
	재고자산이 1.5배 이상 급증	–1점
	신주발행 유상증자(현금 부족 원인)	0

이런 방식으로 플러스 점수가 높을수록 투자 우선순위를 두면 좀 더 안전하게 수익률을 내는 투자를 할 수 있으며 단기적으로 하락하더라도 장기적으로는 재무에 따라 오른다는 확신을 가지고 투자할 수 있다.

차트와 수급분석으로 투자대상 좁히기

수요와 공급의 약자인 수급은 거래량과 가격의 변화 방향으로 판단할 수 있다. 아무리 재무제표가 좋더라도, 재료나 호재가 있더라도 수급이 따르지 않으면 주가가 급등하기는 어렵다. 급등을 기다리는 종목에 투자해야 수익률을 높일 수 있으므로 앞서 재무제표로 1차 종목을 골라냈다고 해도 수급을 보면서 투자대상을 좁혀야 돈을 벌 수 있다.

수급과 관련해서도 주식 초보자들을 위해서 0점에서 시작해 아래 사항에 점수를 가감하여 플러스(+)인 경우 투자를 고려하면 된다. 즉, 아래의 체크리스트 점수는 종목의 매수 타이밍을 잡기 위한 체크리스트이며 점수가 높을수록 유리한 종목이라고 판단하면 된다.

구분	내용	점수
가점 요소	코스피와 코스닥 지수가 대세 상승기 (아무리 좋은 종목도 큰 파도를 타야 함)	+1점
	최근 1년간 고점 대비 30% 이상 주가가 낮은 경우	+1점
	외국인의 지분이 급등하거나 꾸준히 증가	+1점
	기관의 지분이 급등하거나 꾸준히 증가	+1점
	거래량 폭증 이후 조정 및 횡보하면서 매집봉이 3번 이상 관찰	+1점
	볼린저밴드의 하한선을 터치하고 반등하는 초기	+1점
	200일 이동평균선에서 차트(주가)가 지지 혹은 반등	+1점
	주도주 테마, 호재의 확인	+1점
감점 요소	코스피와 코스닥 지수가 대세 상승기 (아무리 좋은 종목도 큰 파도를 거스르기 어려움)	+1점
	최근 1년간 저점 대비 100% 이상 주가가 높은 경우	−1점
	외국인의 지분이 급감하거나 꾸준히 감소	−1점
	기관의 지분이 급감하거나 꾸준히 감소	−1점
	거래량이 지속적으로 감소하면서 주가가 하락세	−1점
	볼린저밴드의 상한선을 터치하고 하락하는 초기	−1점
	20일 이평선, 100일 이평선, 200일 이평선 모두 정배열로 하락 추세인 경우	−1점
	확실한 악재의 확인, 불성실공시	−1점

위 체크리스트에서 점수를 체크해 보고 해당 종목이 1점을 넘기면 투자를 고려하면 좋으며 3점 이상인 경우 적극적으로 분석하여 매수를 고려하면 된다. 이하 체크포인트에 대해 추가로 설명한다.

거래량과 차트의 패턴으로 세력이나 큰손의 매집 여부를 따라가자

먼저 거래량이 많아지는 패턴을 보면 급등주를 추려낼 수 있다. 거래량이 계속 줄거나 지속적으로 발생하지 않는다면 그 종목의 주가는 한동안 흘러내려 하락 추세에 돌입할 수밖에 없고, 거래량이 많아지는 추세에 있거나 급등하면, 재료나 호재만 확실하다면 주가는 분명히 급등한다.

거래량이 전날 대비 급등하였는데 주가가 양봉 몸통을 길게 마무리하지 못하고 꼬리를 달고 내려왔다는 것은 그 주식을 특정한 세력이 매집한다는 신호로 볼 수 있다. 주가가 급등하면서 꼬리를 달고 내려가는 봉차트가 많으면서 주가가 그대로라면 어느 순간 매집이 끝나면 그 종목의 주가는 오르게 되어 있다. 이러한 패턴만 먼저 체크한 후 약간의 상승시점에 편승해도 좋다.

다음은 금양의 차트인데 위꼬리를 달고 내려오는 차트 중 거래량이 급등한 부분만 표시하면 아래와 같다.

이렇게 매집하는 구간을 지나면 주가는 조정을 받다가 갑자기 급등하게 되는데 이러한 패턴만 잘 익혀두면 재무제표가 좋아서 안정적인 종목들 중에서도 급등주에 투자해 안정성과 수익성을 모두 잡을 수 있다.

앞서 설명한 매집 구간을 지나고 거래량이 갑자기 터지면서 주가가 급등하였다. 이런 패턴을 공부해야 수익률을 극대화할 수 있다. 참고로 두 달 사이에 매집 이후 주가가 3배 급등했던 종목임을 알

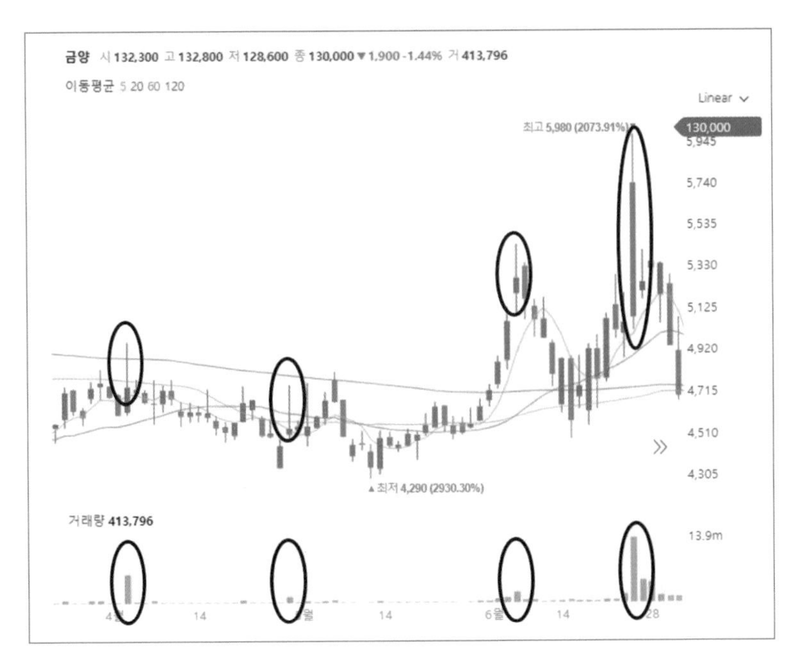
금양 시 132,300 고 132,800 저 128,600 종 130,000 ▼1,900 -1.44% 거 413,796
이동평균 5 20 60 120
Linear
130,000
최고 5,980 (2073.91%)
5,945
5,740
5,535
5,330
5,125
4,920
4,715
4,510
4,305
▲최저 4,290 (2930.30%)
거래량 413,796
13.9m
14
6월
14
28

금양 시 4,890 고 4,960 저 4,780 종 4,920 ▲60 +1.23% 거 525,681
이동평균 5 20 60 120
Linear
130,000
12,792
최고 12,000 (983.33%)
11,726
10,660
9,594
8,528
7,462
6,396
5,330
4,264
▲최저 4,440 (2827.93%)
거래량 525,681
59.2m
39.5m
19.7m
6월
14
7월
14
8월
14

수 있다.

아이엠의 재무제표 점수는 좋지 않지만 차트의 패턴만 익히기에는 나쁘지 않은 종목이어서 사례로 소개한다.

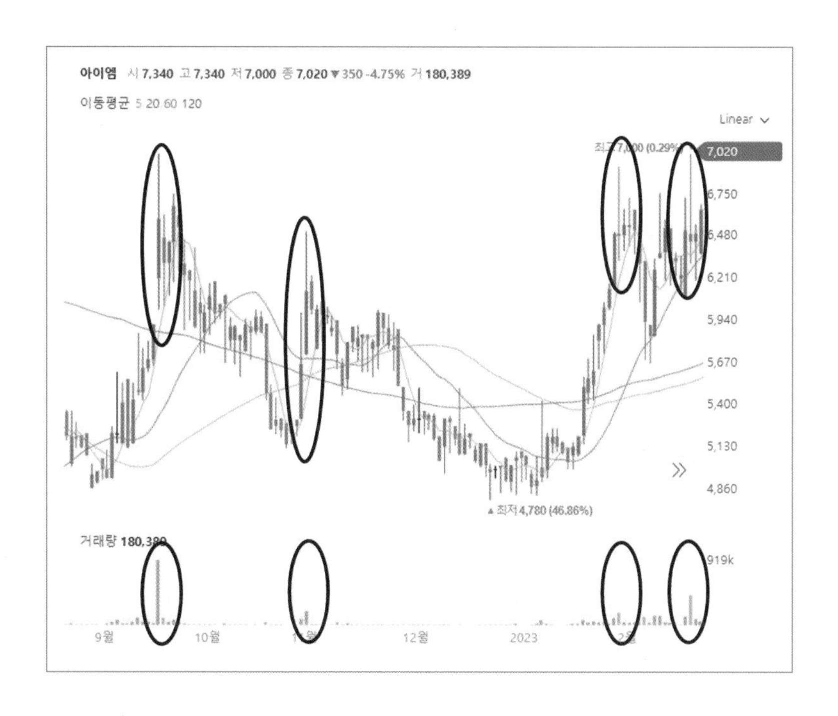

이렇게 매집하고 난 이후 주가 추세를 살펴보자.

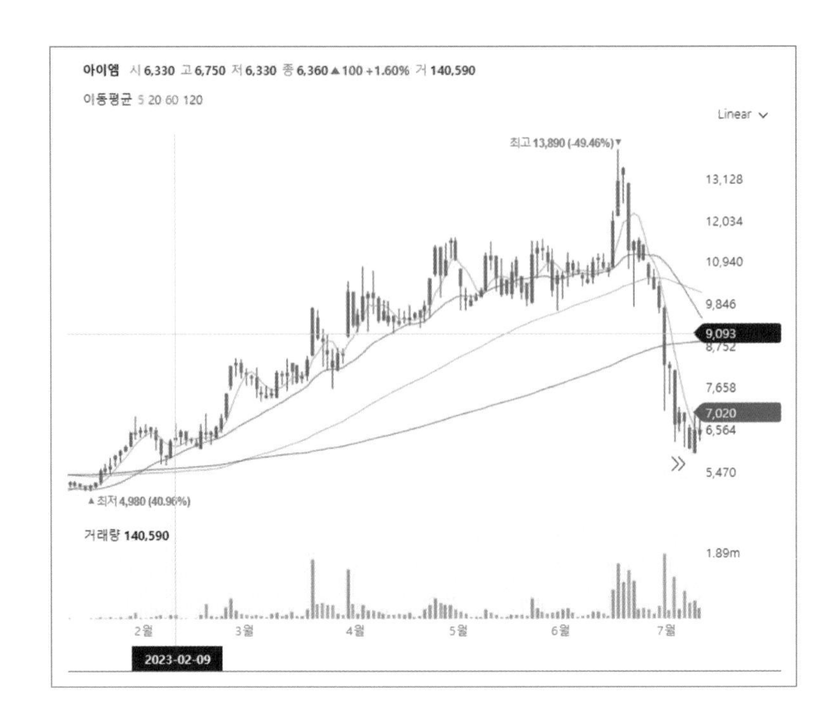

이후 세력이 주가를 떨구기 전까지는 매집 구간의 주가인 6,000원대에서 1만 2,000원대까지 2배 올랐다.

외국인과 기관의 순매수량이 크게 증가한 종목이 우선순위다

외국인이나 기관은 개미들보다 우월한 정보력을 바탕으로 투자한다. 웬만해서는 수익을 보는 집단이기에 외국인이나 기관이 지속적으로 매집하거나 크게 지분을 늘린 경우 대부분 급등이 예고되어 있다. 어떤 정보를 가지고 있든 그 종목 투자로 시너지를 일으키든 손해

보지 않는 투자를 할 것이기 때문이다.

크리스탈신소재라는 종목은 재무제표 점수도 좋으면서 과거에 외국인 지분이 급등한 이력이 있었다. 한때 외국인 지분이 들어와서 급등했다가 조정국면에서 800원대까지 떨어졌는데 이때 회사의 재무제표를 믿고 투자했던 사람은 이후 1년도 되지 않아 5,000원대로 7배 이상의 주가 급등을 경험했을 것이다.

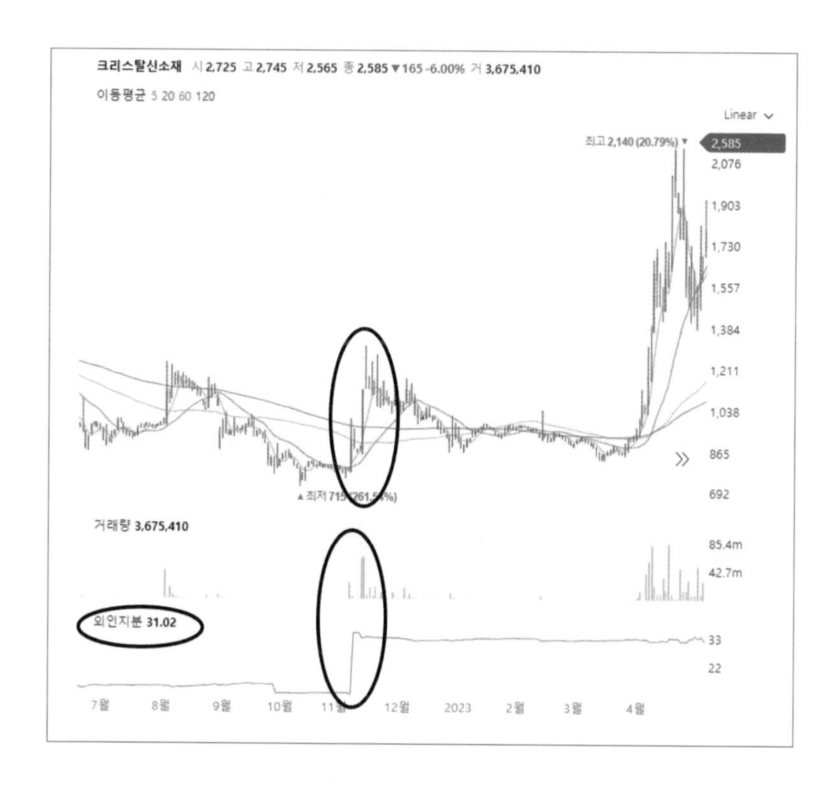

차트를 압축적으로 보면 더 실감이 날 것이다.

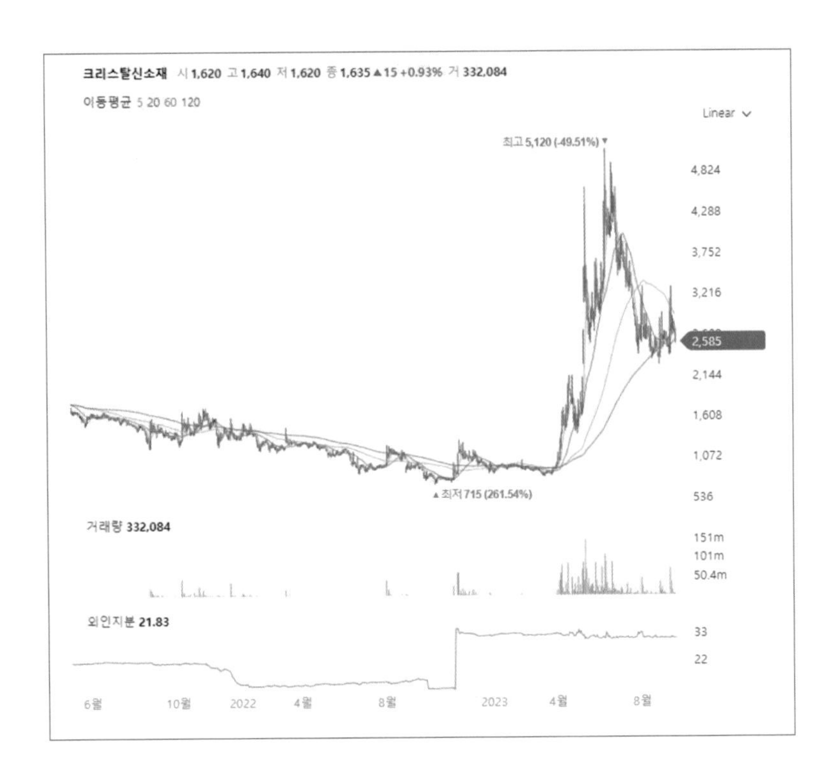

차트상 저평가된 종목일수록 매수 타이밍이다

차트상 저평가되어 있다는 것은 저점이라고 판단할 구간이라는 이야기다. 저점을 판단하기가 쉬운 것은 아니지만 차트 모양으로 대략 감을 잡을 수 있으며 업종 평균 PER나 PBR에 비해 해당종목의 PER나 PBR가 낮으면 신뢰해도 좋다.

경제위기 시점에는 차트가 저점을 그리는 경우가 많으며 이는 횡보장에서도 마찬가지다.

아이엠 차트는 2023년 6월 19일 최고점 13,890원 대비 가격이 6,000원인 때가 고점 대비 50% 아래였으므로 재무제표만 좋다면 그리고 재료와 수급만 받쳐준다면 수익을 볼 수 있다고 확신해도 좋다.

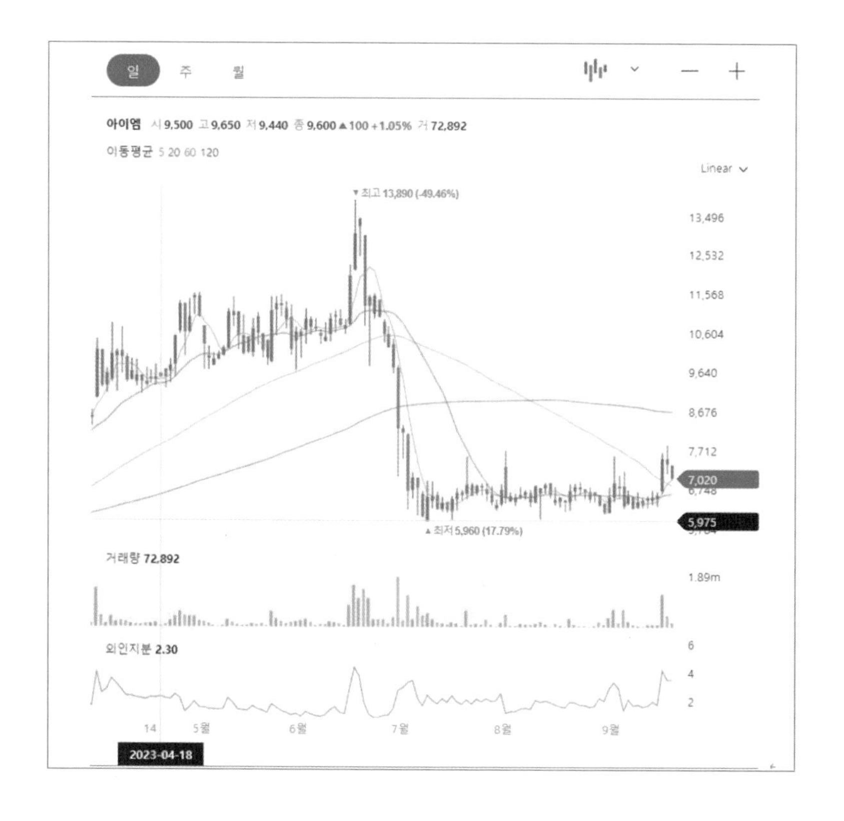

재무적으로 우월한 종목은 아니지만 횡보하는 중 매수하여 7,600원대에 팔아 15% 이상의 수익을 거둘 수 있었다. 물론 재무적으로 검증되지 않은 종목에 대한 모험적 투자였지만 단기 스윙매매를 실험하기에는 좋은 전략이었다.

그 밖에 많은 종목에 이런 방식으로 투자해 안정적인 투자를 할 수 있었는데, 이때 내 원칙은 다음과 같다.

재무제표상 투자대상 종목으로 판단된 종목 중 고점 대비 50% 이상 떨어졌으면 투자를 적극적으로 고려해 보아야 한다. 다만 이때도 한동안 지지를 받으면서 주가가 횡보하거나 단기 이동평균선이 모이면서 안정적으로 주가가 바닥인 것처럼 보이면 비중을 높게 매수해도 좋다.

아이엠은 내가 투자하여 차익을 실현할 당시 바닥을 다지면서 6,000원 초반대를 지지해 주고 있음을 확인했고 중간중간 매집봉(꼬리 달고 내려오는 봉과 거래량 상승)을 확인하면서 확신을 가지고 매수했다.

나가는 글

경제위기를 기회로 만들고 저점을 활용하는 최고의 책

우리는 주식 투자를 하면서 자주 손실을 보곤 한다. 사실 주식 투자 원리는 '쌀 때 사서 비쌀 때 팔자'는 것인데 이 원칙을 지키기는 쉽지 않다. 우선 쌀 때 사는 것이 쉽지 않다. 언제가 가장 쌀 때인지 분석하는 것도 어려울 뿐만 아니라 투자자들은 대부분 자기가 살 때가 가장 싸다는 착각을 하기 때문이다.

언제 객관적으로 저점인지 찾는 방법은 거시경제를 제대로 읽어내는 것이다. 즉 경제위기나 각종 위기의 순간 그리고 투자시장의 공포가 휩쓸어 폭락이 오고 난 직후가 가장 저점일 가능성이 크다. 그러한 저점에는 고점 대비 낙폭이 큰 종목들 위주로 검토하면 투자수익률을 극대화할 수 있다. 이렇게 투자하면 자산을 3배에서 5배 불릴 수 있다.

경제위기가 있었던 2000년대 초반과 2008년 그리고 코로나19가 발생했던 2020년 초반의 코스피지수만 봐도 경제위기가 바닥이라는 사실은 분명하다.

저점은 경제위기 때 제대로 알 수 있다. 개별종목으로 치면 전고점 대비 50% 이상 폭락하는 종목이 많아지게 되고 그러한 종목 중 앞서 소개한 기법을 적용한 투자를 하면 재산을 10배 이상도 늘릴 수 있다.

삼성전자, LG의 차트로 분석해 봐도 경제위기인 고점 대비 50%

아래로 빠진 시점에 약 1,000만 원을 투자하면 2023년 6월 기준으로 얼마가 되었을지 보면 직관적으로 이해될 것이다.

삼성전자의 경우 2000년 7월 31일 종가 5,900원 대비 2000년 10월 31일 종가 2,850원으로 약 50% 아래로 폭락한 것을 알 수 있다.

2000년 10월 31일에 2,850원으로서 전고점 대비 50%나 하락한 것을 파악하고 삼성전자의 재무제표와 각종 지표를 분석하여 1,000만 원을 매수했다면 2023월 6월 30일에는 주가가 72,200원으로 투자금이 2억 5,300만 원이 되어 있을 것이다. 경제위기에 1,000만 원

투자하여 2억 5,000만 원이라는 거금을 만들어낸 것이다.

그렇다면 LG의 경우에는 전고점 대비 50%나 하락한 시점에 투자하면 투자원금은 얼마나 불어났을까?

LG도 전고점 대비 50% 이상 떨어진 지점에 투자했다고 가정해 보자. LG는 1999년 12월 30일 주가 53,826원에서 2000년 9월 28일 주가 3,211원으로 대폭락을 했다. 물론 당시 최저점이 2,693원이었지만 현실적으로 6월 말 주가에 살 수 있을 것으로 보고 이 가격에 매수했다고 생각해 보자.

이 당시 닷컴버블이 꺼지고 경제위기가 급격하게 온 시점이어서 대부분 주가도 엄청나게 하락하기는 했다. 만약 우리가 2000년 9월 28일에 1,000만 원을 LG에 투자했다고 가정하면, 2023년 6월 30일에 주가가 88,000원이 되어 투자금이 약 2억 7,000만 원이 되어 있을 것이다. 1억을 투자했다면 20억 가까이 벌게 되는 셈이다.

이처럼 거시경제의 흐름 속에서 경제위기 때 괜찮은 종목에 투자하면 엄청난 부를 축적할 수 있는 것은 분명하다.

어떻게 좋은 종목을 가려낼지 그리고 단기적으로 어떻게 손해 보지 않고 좋은 투자를 이어나갈지를 이 책에 충실하게 담고자 노력했다.

이 책에는 경제위기의 신호를 포착하는 방법, 경제위기의 역사와 그 원인, 경제위기에 특별히 통하는 투자나 경제위기 전과 후에 투자자로서 어떤 것들을 준비하고 대비해야 하는지, 재산을 불리는 투자 원리를 솔직하고 자세하게 담았다. 그간의 경험과 공부, 노하우를 아낌없이 공개한 만큼 많은 분에게 도움이 될 거라고 생각한다.

이 책을 읽는 모든 분이 경제위기에 투자해서 위기를 기회로 만들고 부자가 되었으면 한다.

곽상빈

위기를 기회로 삼아 경제적 자유를 이루길

종종 '김피비님은 비관론자인가요?' 하는 오해를 받곤 한다. 대체로 위기에 대한 콘텐츠를 다루고 있기 때문이다. 하지만 나는 낙관론자라고 말하고 싶다. 자본주의는 낙관론자들이 이끌어가고 바꾸어가는 세상임을 잘 알고 있으며, 중장기적으로 시장은 상승한다는 것이 불변의 진리이기 때문이다.

그럼에도 매체에서 위기나 리스크 이야기를 주로 하는 것은 스스로 충신을 자처하기 때문이다. 간신은 듣기 좋은 말을 하는 사람이고 충신은 들어야 할 말을 하는 사람이다. 눈앞에 위험이 있는데 듣기 좋은 달콤한 말만 늘어놓는 것이 과연 여러분을 위한 마음일까? 그렇지 않다. 유튜브 채널 가운데 상승만 이야기하는 채널이 많다. 그게 구독자들이 듣고 싶은 이야기고, 긍정적인 이야기를 해야만 구독자가 늘고 시청 수를 확보하는 데 도움이 되기 때문이다.

그러나 비관론자라며 비난을 받을지언정 위험한 시기에는 리스크적인 관점을 계속 강조하고 얘기해야만 독자들이 합리적이고 냉철하게 판단할 수 있으리라 믿는다. 하물며 이렇게 리스크적인 관점을 얘기해도 결국 미처 대응을 못 했다는 이들을 보면 리스크나 위기는 100번이고 1,000번이고 강조해도 지나치지 않다는 생각이 든다.

나는 이번 경제침체에서 1,000명 정도가 경제침체를 피할 뿐 아니라 오히려 이 위기를 기회로 삼아 과거보다 큰 부를 일구는 것을 목표로 하고 있다. 더 많은 분이 도움을 받았으면 좋겠지만, 어차피 모두가 피해 가는 경제침체는 있을 수 없으며 더 많은 분에게 긍정적인 영향을 줄 정도의 조예는 아직 부족해서 갖추어 가는 과정이라고 생각하기 때문이다. 그래도 한 분이라도 더 리스크를 피하고 이를 오히려 기회로 삼아 경제적 자유를 이루는 데 도움을 드리고자 하는 마음뿐이다.

주식시장과 금융시장의 역사가 시작된 이후 상승장은 더 길어지고 하락장은 더더욱 짧아지고 있다. 하지만 경제침체로 인한 1~2년의 하락장에 자산을 대부분 잃는 게 바로 투자시장이다. 예전에 가랑비가 자주 내렸던 시장이라면, 이제는 비가 올 때 한번에 소나기로 폭우가 내리는 시장이 되었다. 게다가 우리나라는 다른 나라들에 비해 독보적으로 빚을 많이 지고 있다. 그리고 그 빚은 사업이나 부동산, 주식 투자 등에 활용되곤 하는데, 우리나라는 이러한 가계부채 구조상 하락장에 더욱 취약하다. 같은 경제침체에도 더 큰 피해를 볼 수 있는 구조라는 것이다.

그러므로 늘 살얼음판을 걷듯 금융시장에 문제는 없는지, 낙관하여 투자해도 되는 국면인지, 앞으로 어떠한 리스크들이 우리를 기다리고 있는지 등을 면밀하게 살펴보고 여러분의 경제활동과 투자에 도움을 드리는 역할을 계속 자처하고 싶다. 그리고 이러한 과정을 늘 즐기고, 내 일을 사랑한다. 이렇게 여러분에게 도움을 드리는 것을 오랜 시간 낙으로 살아가고 싶다.

김피비